铁路改革研究丛书

铁路企业运行机制研究

左大杰 等 著

西南交通大学出版社

·成 都·

图书在版编目（ＣＩＰ）数据

铁路企业运行机制研究 / 左大杰等著. —成都：
西南交通大学出版社，2020.3
（铁路改革研究丛书）
ISBN 978-7-5643-7403-7

Ⅰ. ①铁… Ⅱ. ①左… Ⅲ. ①铁路企业 – 企业经营管
理 – 研究 – 中国 Ⅳ. ①F532.6

中国版本图书馆 CIP 数据核字（2020）第 054320 号

铁路改革研究丛书
Tielu Qiye Yunxing Jizhi Yanjiu
铁路企业运行机制研究

左大杰 等 著

责 任 编 辑	罗爱林
封 面 设 计	曹天擎

出 版 发 行	西南交通大学出版社
	（四川省成都市金牛区二环路北一段 111 号
	西南交通大学创新大厦 21 楼）
发行部电话	028-87600564　028-87600533
邮 政 编 码	610031
网 　 　 址	http://www.xnjdcbs.com
印 　 　 刷	四川煤田地质制图印刷厂
成 品 尺 寸	170 mm×230 mm
印 　 　 张	15.75
字 　 　 数	234 千
版 　 　 次	2020 年 3 月第 1 版
印 　 　 次	2020 年 3 月第 1 次
书 　 　 号	ISBN 978-7-5643-7403-7
定 　 　 价	102.00 元

总　序

我国铁路改革始于 20 世纪 70 年代末。在过去的 40 多年里，铁路的数次改革均因铁路自身的发展不足或改革的复杂性而搁置，铁路改革已大大滞后于国家的整体改革和其他行业改革，因而铁路常被称为"计划经济最后的堡垒"。2013 年 3 月，国家铁路局和中国铁路总公司①（以下简称铁总）分别成立，我国铁路实现了政企分开，铁路管理体制改革再一次成为行业研究的热点。

以中国共产党第十八届中央委员会第三次全体会议（简称中共十八届三中全会）为标志，全面深化铁路改革已经站在新的历史起点上。在新的时代背景下，全面深化铁路改革，必须充分考虑当前我国的国情、路情及铁路行业发展中新的关键问题，并探索解决这些关键问题的方法。经过较长时间的调研与思考，作者认为当前深化铁路改革必须解决如下 12 个关键问题。

第一，铁路国家所有权政策问题。国家所有权政策是指有关国家出资和资本运作的公共政策，是国家作为国有资产所有者要实现的总体目标，以及国有企业为实现这些总体目标而制定的实施战略。目前，如何处理国家与铁路之间的关系，如何明确国有经济在铁路行业的功能定位与布局，以及国有经济如何在铁路领域发挥作用，是全面深化铁路改革在理论层面的首要关键问题。

第二，铁路网运关系问题。铁路网运合一、高度融合的经营管理体制，是阻碍社会资本投资铁路的"玻璃门"，也是铁路混合所有制难以推进、公益性补偿机制难以形成制度性安排的根源，因而是深化铁路改革难以逾越的体制性障碍。如何优化铁路网运关系，是全面深化

---

① 2019 年 6 月 18 日，中国铁路总公司正式改制挂牌成立中国国家铁路集团有限公司。

铁路改革在实践层面的首要关键问题。

第三，铁路现代企业制度问题。中共十八届三中全会明确提出，必须适应市场化、国际化的新形势，进一步深化国有企业改革，推动国有企业完善现代企业制度。我国铁路除了工程、装备领域企业之外，铁总及所属 18 个铁路局[①]、3 个专业运输公司绝大多数均尚未建立起完善且规范的现代企业制度，公司制、股份制在运输主业企业中还不够普及。

第四，铁路混合所有制问题。发展铁路混合所有制不仅可以提高铁路国有企业的控制力和影响力，还能够提升铁路企业的竞争力。当前[②]我国铁路运输主业仅有 3 家企业（分别依托 3 个上市公司作为平台）具有混合所有制的特点，铁总及其所属企业国有资本均保持较高比例甚至达到 100%，铁路国有资本总体影响力与控制力极弱。

第五，铁路投融资体制问题。"铁路投资再靠国家单打独斗和行政方式推进走不动了，非改不可。投融资体制改革是铁路改革的关键，要依法探索如何吸引社会资本参与。"[③] 虽然目前从国家、各部委到地方都出台了一系列鼓励社会资本投资铁路的政策，但是效果远不及预期，铁路基建资金来源仍然比较单一，阻碍社会资本进入铁路领域的"玻璃门"依然存在。

第六，铁路债务处置问题。铁总在政企分开后承接了原铁道部的资产与债务，这些巨额债务长期阻碍着铁路的改革与发展。2016 年，铁总负债已达 4.72 万亿元（较上年增长 15%），当年还本付息就达到 6 203 亿元（较上年增长 83%）；随着《中长期铁路网规划（2016—2030）》（发改基础〔2016〕1536 号）的不断推进，如果铁路投融资体制改革不能取得实质性突破，铁路债务总体规模将加速扩大，铁路债务风险将逐步累积。

---

① 2017 年 7 月"铁路改革研究丛书"第一批两本书出版时，18 个铁路局尚未改制为集团有限公司，为保持丛书总序主要观点一致，此次修订仍然保留了原文的表述方式（类似情况在丛书总序中还有数处）。

② 此处是指 2017 年 7 月"铁路改革研究丛书"第一批两本书出版的时间。截至本丛书总序此次修订时，铁路混合所有制已经取得了积极进展，但是铁路国有资本总体影响力与控制力仍然较弱。

③ 2014 年 8 月 22 日，国务院总理李克强到中国铁路总公司考察时做出上述指示。

第七，铁路运输定价机制问题。目前，铁路运输定价、调价机制还比较僵化，适应市场的能力还比较欠缺，诸多问题导致铁路具有明显技术优势的中长途以及大宗货物运输需求逐渐向公路运输转移。建立科学合理、随着市场动态调整的铁路运价机制，对促进交通运输供给侧结构性改革、促进各种运输方式合理分工具有重要意义。

第八，铁路公益性补偿问题。我国修建了一定数量的公益性铁路，国家铁路企业承担着大量的公益性运输。当前铁路公益性补偿机制存在制度设计缺失、补偿对象不明确、补偿方式不完善、补偿效果不明显、监督机制缺乏等诸多问题。公益性补偿机制设计应从公益性补偿原理、补偿主体和对象、补偿标准、保障机制等方面入手，形成一个系统的制度性政策。

第九，铁路企业运行机制问题。目前，国家铁路企业运行机制仍受制于铁总、铁路局两级法人管理体制，在前述问题得到有效解决之前，铁路企业运行的有效性和市场化不足。而且，铁总和各铁路局目前均为全民所有制企业，实行总经理（局长）负责制，缺少现代企业制度下分工明确、有效制衡的企业治理结构，决策与执行的科学性有待进一步提高。

第十，铁路监管体制问题。铁路行业已于 2013 年 3 月实现了政企分开，但目前在市场准入、运输安全、服务质量、出资人制度、国有资产保值/增值等方面的监管还比较薄弱，存在监管能力不足、监管职能分散等问题，适应政企分开新形势的铁路监管体制尚未形成。

第十一，铁路改革保障机制问题。全面深化铁路改革涉及经济社会各方面的利益，仅依靠行政命令等形式推进并不可取。只有在顶层设计、法律法规、技术支撑、人力资源以及社会舆论等保障层面形成合力，完善铁路改革工作保障机制，才能推进各阶段工作的有序进行。目前，铁路改革的组织领导保障、法律法规保障、技术支撑保障、人力资源保障、社会舆论环境等方面没有形成合力，个别方面还十分薄弱。

第十二，铁路改革目标路径问题。中共十八届三中全会以来，电力、通信、油气等关键领域改革已取得重大突破，但关于铁路改革的顶层设计尚未形成或公布。个别非官方的改革方案对我国国情与铁路的实际情况缺乏全面考虑，并对广大铁路干部职工造成了较大困扰。

"十三五"是全面深化铁路改革的关键时期，当前亟须结合我国铁路实际研讨并确定铁路改革的目标与路径。

基于上述对铁路改革发展 12 个关键问题的认识，作者经过广泛调研并根据党和国家有关政策，初步形成了一系列研究成果，定名为"铁路改革研究丛书"，主要包括 12 本专题和 3 本总论。

（1）《铁路国家所有权政策研究》：铁路国家所有权政策问题是全面深化铁路改革在理论层面的首要关键问题。本书归纳了国外典型行业的国家所有权政策的实践经验及启示，论述了我国深化国有企业改革过程中在国家所有权政策方面的探索，首先阐述了铁路国家所有权政策的基本概念、主要特征和内容，然后阐述了铁路的国家所有权总体政策，并分别阐述了铁路工程、装备、路网、运营、资本等领域的国家所有权具体政策。

（2）《铁路网运关系调整研究》：铁路网运关系调整是全面深化铁路改革在实践层面的首要关键问题。本书全面回顾了国内外网络型自然垄断企业改革的成功经验（特别是与铁路系统相似度极高的通信、电力等行业的改革经验），提出了"路网宜统、运营宜分、统分结合、网运分离"的网运关系调整方案，并建议网运关系调整应坚持以"顶层设计+自下而上"的路径进行。

（3）《铁路现代企业制度研究》：在现代企业制度基本理论的基础上，结合国外铁路现代企业制度建设的相关经验和国内相关行业的各项实践及其启示，立足于我国铁路建立现代企业制度的现状，通过理论研究与实践分析相结合的方法，提出我国铁路现代企业制度建设的总体思路和实施路径，包括铁总改制阶段、网运关系调整阶段的现代企业制度建设以及现代企业制度的进一步完善等实施路径。

（4）《铁路混合所有制研究》：我国国家铁路企业所有制形式较为单一，亟须通过混合所有制改革扩大国有资本控制力，扩大社会资本投资铁路的比例，但是网运合一、高度融合的体制是阻碍铁路混合所有制改革的"玻璃门"。前期铁路网运关系的调整与现代企业制度的建立为铁路混合所有制改革创造了有利条件。在归纳分析混合所有制政策演进以及企业实践的基础上，阐述了我国铁路混合所有制改革的总体思路、实施路径、配套措施与保障机制。

（5）《铁路投融资体制研究》：以铁路投融资体制及其改革为研究对象，探讨全面深化铁路投融资体制改革的对策与措施。在分析我国铁路投融资体制改革背景与目标的基础上，借鉴了其他行业投融资改革实践经验，认为铁路产业特点与网运合一体制是阻碍社会资本投资铁路的主要原因。本书研究了投资决策过程、投资责任承担和资金筹集方式等一系列铁路投融资制度，并从投融资体制改革的系统性原则、铁路网运关系调整（基于统分结合的网运分离）、铁路现代企业制度的建立、铁路混合所有制的建立等方面提出了深化铁路投融资体制改革的对策与措施。

（6）《铁路债务处置研究》：在分析国内外相关企业债务处置方式的基础上，根据中共十八大以来党和国家国有企业改革的有关政策，提出应兼顾国家、企业利益，采用"债务减免""债转资本金""债转股""产权（股权）流转"等措施合理处置铁路巨额债务，并结合我国国情、路情以及相关政策，通过理论研究和实践分析，提出了我国铁路债务处置的思路与实施条件。

（7）《铁路运输定价机制研究》：在铁路运价原理的基础上阐述价值规律、市场、政府在铁路运价形成过程中的作用，阐述了成本定价、竞争定价、需求定价3种方式及其适用范围，研究提出了针对具有公益性特征的路网公司采用成本导向定价，具有商业性特征的运营公司采用竞争导向定价的运价改革思路。

（8）《铁路公益性补偿机制研究》：分析了当前我国铁路公益性面临补贴对象不明确、补贴标准不透明、制度性安排欠缺等问题，认为公益性补偿机制设计应从公益性补偿原理、补偿主体和对象、补偿标准、保障机制等方面形成一个系统的制度性政策，并从上述多个层面探讨了我国铁路公益性补偿机制建立的思路和措施。

（9）《铁路企业运行机制研究》：国家铁路企业运行机制仍受制于铁总、铁路局两级法人管理体制，企业内部缺乏分工明确、有效制衡的企业治理结构。在归纳分析国外铁路企业与我国典型网络型自然垄断企业运行机制的基础上，提出了以下建议：通过网运关系调整使铁总"瘦身"成为路网公司；通过运营业务公司化，充分发挥运输市场竞争主体、网运关系调整推动力量和资本市场融资平台三大职能；通过进一步规范公司治理和加大改革力度做强、做优铁路工程与装备行业；从日益壮大的国有资本与国有经济中获得资金或资本，建立铁路国有资本投资运营公司，以铁路国资改革促进铁路国企改革。

（10）《铁路监管体制研究》：通过分析我国铁路监管体制现状及存在的问题，结合政府监管基础理论及国内外相关行业监管体制演变历程与经验，提出我国铁路行业监管体制改革的总体目标、原则及基本思路，并根据监管体制设置的一般模式，对我国铁路监管机构设置、职能配置及保障机制等关键问题进行了深入分析，以期为我国铁路改革提供一定的参考。

（11）《铁路改革保障机制研究》：在分析我国铁路改革的背景及目标的基础上，从铁路改革的顶层设计、法律保障、政策保障、人才保障和其他保障等方面，分别阐述其现状及存在的问题，并借鉴其他行业改革保障机制实践经验，结合国外铁路改革保障机制的实践与启示，通过理论研究和分析，提出了完善我国铁路改革保障机制的建议，以保证我国铁路改革相关工作有序推进和持续进行。

（12）《铁路改革目标与路径研究》：根据党和国家关于国企改革的一系列政策，首先提出了铁路改革的基本原则（根本性原则、系统性原则、差异性原则、渐进性原则、持续性原则），然后提出了我国铁路改革的目标和"六步走"的全面深化铁路改革路径，并对"区域分割""网运分离""综合改革"3个方案进行了比选，最后从顶层设计、法律保障、人才支撑等方面论述了铁路改革目标路径的保障机制。

在12个专题的基础上，作者考虑到部分读者的时间和精力有限，将全面深化铁路改革的主要观点和建议进行了归纳和提炼，撰写了3本总论性质的读本：《全面深化铁路改革研究：总论》《全面深化铁路改革研究：N问N答》《全面深化铁路改革研究：总体构想与实施路线》。其中，《全面深化铁路改革：N问N答》一书采用一问一答的形式，对铁路改革中的一些典型问题进行了阐述和分析，方便读者阅读。

本丛书的主要观点和建议，均为作者根据党和国家有关政策并结合铁路实际展开独立研究而形成的个人观点，不代表任何机构或任何单位的意见。

感谢西南交通大学交通运输与物流学院为丛书研究提供的良好学术环境。丛书的部分研究成果获得西南交通大学"中央高校基本科研业务费科技创新项目"（26816WCX01）的资助。本丛书中《铁路投融资体制研究》《铁路债务处置研究》两本书由西南交通大学中国高铁发展战略研究中心资助出版（2017年），《铁路国家所有权政策研究》（2682018WHQ01）（2018年）、《铁路现代企业制度研究》（2682018WHQ10）（2019年）两本书由西南交通大学"中央高校基本科研业务费文科科研项目"后期资助项目资助出版。感谢中国发展出版社宋小凤女士、西南交通大学出版社诸位编辑在本丛书出版过程中给予的大力支持和付出的辛勤劳动。

本丛书以铁路运输领域理论工作者、政策研究人员、政府部门和铁路运输企业相关人士为主要读者对象，旨在为我国全面深化铁路改革提供参考，同时也可供其他感兴趣的广大读者参阅。

总体来说，本丛书涉及面广，政策性极强，实践价值高，写作难度很大。但是，考虑到当前铁路改革发展形势，迫切需要出版全面深化铁路改革系列丛书以表达作者的想法与建议。限于作者知识结构水平以及我国铁路改革本身的复杂性，本丛书难免有尚待探讨与诸多不足之处，恳请各位同行专家、学者批评指正（意见或建议请通过微信/QQ：54267550发送给作者），以便再版时修正。

左大杰

西南交通大学

2019 年 3 月 1 日

长期以来，我国铁路运输业的自然垄断性与市场经营性互相交织，阻碍了以市场为导向的铁路改革进程，经营管理水平有待提高、中长期债务难以处理、公益性补偿不到位、现代企业制度不完善、社会资本难以进入等诸多问题存在于我国铁路的综合管理、企业经营、投资建设和计划规划等各个层面，铁路系统内部深层次问题较为突出，发展形势总体上比较严峻。现行的铁路经营管理体制不仅难以满足市场经济条件下铁路行业的发展需求，而且在一定程度上成为铁路进一步发展的体制性障碍，全面深化铁路改革刻不容缓。

全面深化铁路改革应当是一个有层次、有逻辑的系统演变过程。结合我国国有企业改革几十年不懈探索的宝贵经验，我们认为，全面深化铁路改革具有四个层次：国家所有权政策层次、国有资产管理体制层次、企业治理结构层次、企业运行机制层次。其中，国家所有权政策是国有企业发展和管控的根源，国有资产管理体制是实现国家所有权政策的有效途径，企业治理结构是企业运作的骨架，企业运行机制是直接实现国有企业效益的层次。

本书主要阐述铁路企业运行机制问题。尽管本书涉及的内容最贴近铁路行业各企业的实际运行，也是广大铁路干部职工最为关心的问题，但是企业经营策略能否改善经营状况，不是企业经营策略单一因素作用的结果。只有在解决了国家所有权政策层次、国有资产管理体制层次、企业治理结构层次等问题之后，各类经营策略才能最大限度地发挥作用。也就是说，作为与企业效益直接相关的企业运行机制，其高效运作需要国家所有权政策的引导以及"资产管理"和"治理结构"的支撑。正因为如此，我们将本书放在"铁路改革研究丛书"中比较靠后的位置。

　　首先，本书从理论上阐述了现代企业运行机制的基础内容，主要包括企业决策机制、企业激励机制、企业约束机制，以及企业人事、劳动、分配等制度。尽管企业法人治理结构应当属于国有企业改革四个层次中企业治理结构层次，但由于其同企业运行机制具有紧密的联系，本书中也有涉及，以便对企业运行机制有更为完整的阐述。其次，本书列举通信、航空、电力三大领域的优秀国有企业或改革典型企业，探讨其在企业运营策略和模式方面的可鉴之处，为铁路领域企业的运行机制寻求启发。最后，本书从铁路路网、运营、工程、装备、资本五大领域着手，针对不同领域企业的特点和当前发展状况，分别对其运行机制进行阐述，并提出建议。

　　西南交通大学左大杰副教授负责拟定本书的基本框架、总体思路与主要观点，并承担第 1 章、第 3~7 章、第 9 章的撰写；西南交通大学硕士研究生王孟云、黄蓉分别承担第 2 章、第 8 章的撰写。全书由左大杰负责统稿。

　　本书中参阅了大量国内外著作、学术论文和相关文献等资料（由于涉及文献较多，难免出现挂一漏万的情况），在此谨向这些作者表示由衷的谢意！

　　由于我国铁路各领域企业正在快速发展中，作者水平和能力所限，本书中难免会存在不足之处，欢迎批评指正。

左大杰

2018 年 11 月 2 日

目 录

第 1 章　绪　论

企业运行机制是指企业有机体各构成要素之间、企业与外部环境之间相互作用、相互依赖、相互制约的关系及其功能[1]。本章主要通过梳理国有企业改革的 4 个层次，结合铁路改革的背景，讨论企业运行机制在铁路改革中的地位与作用，并介绍本书的研究内容与研究方法。

1.1　研究背景与研究意义

1.1.1　国有企业改革的 4 个阶段

改革开放以来，国有企业改革不断取得重大发展，各项改革工作顺利展开，主要经历了 4 个阶段：探索阶段、突破阶段、完善阶段和深化阶段。在分析国有企业改革的 4 个层次之前，我们先梳理国有企业改革的发展历程。

1. 国有企业改革的探索阶段（1978—1992 年）

（1）1978—1981 年扩权让利阶段。

从 1978 年 10 月开始，四川首次试行"扩权让利"，即扩大企业自主权，成功拉开国有企业改革序幕。其主要内容：对国有企业的利润进行核对，建立利润指标化管理；在企业生产方面要求企业完成当年的利润规划，同时也允许企业试行自己的职工生产奖励和年终相关奖金发放[2]。

（2）1981—1983 年经济责任制阶段。

1981 年第一季度以来，大型国有企业以发展为首要目标，实现国有企业权责的深化改革，随后快速发展到全国各地，出现了雨后春笋般的发展新局面，实现了我国工业不断自主发展的新天地。

（3）1983—1987 年两步利改税（调整企业和国家分配关系）阶段。

1983 年开始实行"利改税"的第一步，即利税并存的制度。其具体做法：在工商税的基础上增加所得税；不同规模的企业确定不同的所得税税率。

1984 年 9 月，"利改税"进行第二步改革。具体做法：第一，国家对国有企业征收所得税和调节税代替原来国营企业①利润直接上缴国家；第二，有针对性地实行税率的调节；第三，国营企业在贷款方面实现在缴纳所得税前获得利润优先取得条件；第四，对小型国营企业放宽要求标准；第五，对经营不善亏损企业和微利企业实行盈亏包干；第六，实现税源的不断增加。

（4）1987—1992 年承包经营责任制（促进经营权与所有权分离）阶段。

1986 年 12 月，国务院发布了《关于深化企业改革增强企业活力的若干规定》，决定推行多种形式的经营责任制。1987 年，第一次承包热潮创造了承包经营的多种实现形式。

2．国有企业改革的突破阶段（1992—2002 年）

（1）1992—1993 年确立目标：宏观上建立市场经济体制，微观上建立现代企业制度。

1992 年《股份制企业试点办法》对股份制企业试点的范围、原则、股权设置和政府管理等方面做出了初步的规定，规范了股份制试点工作[3]。

（2）1993—1998 年试点突破：现代企业制度试点阶段。

现代企业制度试点主要从企业产权关系入手，从产权关系的管理与调整实现国有企业的试点改革，从公有制形式转变为多种所有

---

① 1993 年 3 月 29 日通过的《宪法》修正案将"国营企业"改为"国有企业"。

制方式对国有企业进行改革，建立点线面发展辐射区域，并逐步向全国扩散。

1993 年以后，股份制得到迅速发展，上市公司数量快速增加，国务院于 1993 年年底建立了现代企业制度试点工作协调会议制度。国务院对国有企业改革首批的 100 家国有企业进行试点改革。当年内就成功批复 94 家国有企业，并进入相应的改革实施阶段。此后几年，不断面向全国各地推广，成功地实现国有企业改革步伐的更快推进。

（3）1998—2002 年全面推广：大中型国有企业"脱困建制"建立现代企业制度和国有企业战略性改组阶段。

2001 年，国家有关部门开展了规范建立现代企业制度工作，帮助国家重点企业完成公司制改造，要求改制企业要依法设立股东会、董事会、监事会和经理层，初步形成了公司法人治理结构。

2002 年，国有资本继续向重点行业、大型重点企业聚集，在关系国民经济命脉的重要行业和关键领域，诸如石油、石化、电力、电信、冶金、有色金属、铁路、军工等行业，国有经济发展迅速，促进了国有经济的结构调整和布局优化。在诸如机械、电子等一般性竞争性领域，非公有制经济异军突起，国有经济的比重明显下降，所有制结构出现积极变化。

3. 国有企业改革的完善阶段（2002—2011 年）

（1）2002—2003 年完善股份制和建立现代产权制度。

2002 年，相当一批国有企业通过规范上市、中外合资和相互参股，实行股份制，进行了公司制改革业务，初步实现了投资主体多元化的格局。

2003 年，党的十六届三中全会通过了《中共中央关于完善社会主义市场经济体制的若干问题的决定》。决定强调，要建立"归属清晰、权责明确、保护严格、流转顺畅"的现代产权制度[4]。

（2）2003—2005 年国有资产监督管理委员会成立和全面推行阶段。

2002 年，党的十六大指明了国有资产管理体制改革的方向，指出在坚持国家所有的前提下，充分发挥中央和地方的积极性。国家要制定法律法规,建立中央政府和地方政府分别代表国家履行出资人职责,享有所有者权益,权利、义务和责任相统一,管资产和管人、管事相结合的国有资产管理体制。

各级政府的国资监管机构全部按照出资份额依法平等行使出资人职责。让不同级别的国资监管机构在工作上有进行指导和监督的权力,一般是上级监督指导下级,但是上下级国资监管机构没有行政隶属关系;不同国资监管机构之间按照平等交易的市场原则进行资本流动重组[5]。

（3）2005—2011年国有企业公司治理结构形成和不断完善阶段。

1993年年底出台的《中华人民共和国公司法》促进了国有企业公司制的进一步改革。1994年,国务院发布的《国有企业财产监督管理条例》规定:法人财产权由企业享有,国家授予企业依法独立支配其经营管理的财产,企业法人财产不受政府和监督机构的直接支配。

监事会的设立及其作用的发挥是国有企业公司治理结构中的重要内容。第九届全国人大第十三次会议对《中华人民共和国公司法》(简称《公司法》)进行了修改。根据《公司法》的相关规定,股东大会、董事会、经理层以及监事会构成我国有限责任公司和股份有限公司的治理结构,从而使企业在发展中实现各种部门相互监督、相互制衡,使企业在发展中处于稳健的发展态势。

4．国有企业改革的深化阶段（2012年至今）

党的十八大以后,随着我国改革开放的进一步深化,国有企业改革在以往改革的基础上又进行了进一步的深化和发展,诸如进行结构调整、发展混合所有制经济、建设社会主义法制经济等政策。

（1）2012—2013年转变经济发展方式,促进产业结构调整。

2012年11月,党的十八大着重提出要深化经济体制改革,处理好政府和市场的关系问题,毫不动摇地巩固和发展公有制经济,推行公有制多种实现形式,深化国有企业改革,完善各类国有资产管理体制,推动国有资本更多投向关系国家安全、国民经济命脉的重要行业和关键领域,不断增强国有经济活为、控制力、影响力。毫不动摇鼓励、支持、引导非公有制经济发展，保证各种所有制经济依法平等使用生产要素、公平参与市场竞争、同等受到法律保护。健全现代市场体系，加强宏观调控目标和政策手段机制化建设。同时，还要全面提高经济开放水平，加快经济发展方式的转变，促进产业结构的转型升级。

（2）2013—2014 年进一步完善现代公司制度，发展混合所有制经济。

2013 年 11 月，党的十八届三中全会提出要进一步推动国有企业完善现代企业制度。国有企业在发展方面和改革工作方面大体上与市场发展相结合，在改革的同时要求国有企业应该与国际国内经济市场相融合，规范国有企业经营模式，不断增强国有企业的市场综合竞争能力，强化企业内部管理，优化国有企业的企业文化，提高国有企业员工的整体素质，从而提高企业经济效益。

（3）2014—2015 年建立法治经济，完善国有企业改革外部配套设施。

2014 年 10 月，党的十八届四中全会提出要建立社会主义法治经济，加强对国有、集体资产所有权、经营权和各类企业法人财产权的保护。加强企业社会责任立法。完善激励创新的产权制度、知识产权保护制度和促进科技成果转化的体制机制。加强市场法律制度建设，为国有企业改革创建一个公平有序的外部环境[6]。

（4）2015—2016 年国有企业分类改革发展，国资委向"以管资本为主"转变。

2015 年 8 月 24 日，中共中央、国务院印发了《关于深化国有企业改革的指导意见》。意见明确指出：第一，到 2020 年在重要领域和关键环节取得决定性成果。形成更符合我国基本经济制度和社会主义市场经济要求的国资管理体制、现代企业制度、市场化经营机制，国有经济活力、控制力、影响力、抗风险能力明显增强。第二，将国有企业分为商业类和公益类，并实行分类改革、分类发展、分类监管、分类定责、分类考核，推动国有企业同市场经济深入融合。第三，针对国有企业存在的制约不足的问题，提出积极引入各类投资者实现股权多元化，大力推动国有企业改制上市，创造条件实现集团公司整体上市。第四，混合所有制改革不设时间表。第五，国资委向"以管资本为主"转变。第六，加强和改进党对国有企业的领导。可见，这些新措施可以有力地提升国有企业的盈利能力，增强国有企业的竞争力尤其是研发创新能力，从而加快国有企业的发展步伐。

（5）2015—2016 年创新、协调、绿色、开放、共享的企业发展理念。

2015 年 11 月 10 日，中国共产党第十八届中央委员会第五次全体会议审议通过了《中共中央关于制定国民经济和社会发展第十三个五年规划的建议》[7]，创造性地提出了"创新、协调、绿色、开放、共享"五大发展理念。党的十八届五中全会提出的各项部署要求，对国有企业国资改革发展产生重大而深远的影响，会议精神要求国有企业必须深刻认识我国经济发展进入新常态这一阶段性特征，主动适应新常态、把握新常态、引领新常态，必须努力破解发展难题，增强发展动力，厚植发展优势，必须全面深化改革，做强、做优、做大国有企业，更好地发挥顶梁柱和主力军的作用。

1.1.2　国有企业改革的 4 个层次

从以上国有企业改革的发展历程中我们可以看到，国有企业改革探索阶段，诸如"扩权让利""利改税""经济责任承包制"等举措，是从企业运行管理方式层面进行变革，旨在提升国有企业运行活力，但并没有涉及更为深层次的国有企业体制问题，可以理解为上层建筑没有发生变化。在之后的突破阶段开始调整上层建筑的构架，建立现代企业制度；在完善阶段进一步深入，通过建立国资委来改革国有资产管理体制。从国有企业改革逐步纵向深入的发展历程，我们可以得到国有企业改革的发展层次。在《国有企业改革与董事会建设》一书中，作者认为国有企业改革有 3 个层次，即国有资产管理体制层次、企业治理结构层次、企业运行机制层次[8]。但本书作者认为国有企业改革应当在此基础上增加一个层次，共 4 个层次，即国家所有权政策层次、国有资产管理体制层次、企业治理结构层次、企业运行机制层次（见图 1-1）。

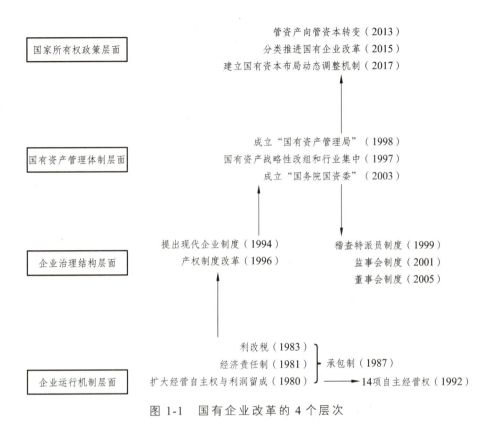

图 1-1 国有企业改革的 4 个层次

（1）国家所有权政策层次。中国的国有企业改革中存在的问题不仅有企业本身的问题，还有国家的政策、国家的有关体制、法律本身不健全的问题。比如我国关于国有企业的目标、行为，政府和国有企业的关系，国有企业与市场，包括民营、国民的关系这方面的规则一直不明确。国家应该根据国有资本的战略定位和发展目标，结合不同国有企业在经济社会发展中的作用、现状和发展需要，将国有企业进行分类定位，并采取适宜的控制政策。国有经济的背后涉及的是国家所有权，国家所有权政策的实施效果如何，不仅会影响我国国有企业的发展和改革，而且对我国经济的发展具有重大的现实意义。

（2）国有资产管理体制层次。国有企业的所有者是全体人民，这种名义上的所有者无法履行其权能，无法直接参与企业管理。于是，全体人民作为出资人的权利、义务、责任的"人格化"实现，以及由此建立起来的国有资产管理体制，是讨论一切机制和体制的基础。除此之外，还需要存在一种问责机制，使国家作为所有者的"所有权政策"有深谋远虑的战略目标以及具体的年度目标。在国有资产管理体制这一层次，我们还有许多制度需要设计与完善。

（3）企业治理结构层次。保证出资人权利在国企内部能够落地，保证股东权利精准化实现，需要完善公司治理结构。在市场经济国家，董事会制度是国有公司普遍采用的、代表出资人履行所有者权能的制度。但如何在国有企业中完善董事会制度和监事会制度，真正实现企业所有权和经营权的有效分离，仍然值得深入研究和探索。比如，如何完善国家委派的董事的选拔机制，选择专业并且具有责任感的人进入董事会中；如何处理好董事会、监事会、内部董事和外部董事之间的关系，进一步完善国有企业领导体制。这些都需要进一步深化改革。

（4）企业运行机制层次。企业运行机制是指在一定生产关系和外部环境条件下，企业正确地处理人、财、物关系和责、权、利关系，并使这些关系互相结合、互相协调、互相促进，保障企业各种生产经营活动有效运作的机理和功能。运行机制是一个综合体系，由许多分机制构成，有了这些分机制才能保证企业运行机制活动的实现。简而言之，企业在高级管理人员的组织下进行企业的生产经营活动，就是企业运行层次。

在国有企业改革 40 年中，虽然在企业运行层次上的效果是最为突出的，但是与国际著名企业相比，我国国有企业的经营管理水平还存在一定差距。这体现在，虽然在企业资产规模和销售规模上与国际一流企业的差距在缩小，但在盈利能力、技术创新、品牌建设等方面还有较大差距。在国有资产管理体制和现代公司治理结构不断取得制度性新突破的改革新形势下，企业运行层次上的问题再度成为改革热点。

在这 4 个改革层次中，企业运行机制是直接实现国有企业效益的层次，而国家所有权政策是国有企业发展和管控的根源，国有资产管理体制是实现国家所有权政策的有效途径，企业治理结构则是沟通连接企业与国家的骨架。作为与企业效益直接相关的企业运行机制，其高效运作需要国家所有权政策的引导以及"资产管理"和"治理结构"的支撑。

简单来讲，企业运行机制是企业在高级管理人员的组织下进行企业的生产经营活动。从发达市场经济国家的经验来看，企业的高级管理人员通常是职业经理人，他们是出资人选择和委托进行经营管理活动的"代理人"。按照经济学的基本理论，经理人与出资人在利益目标上不完全一致，出资人对经理人存在着"信息弱势"，并且监督困难。在激励机制缺失或者机制设计不合理的情况下，经理人会以损害出资人利益的方式来为私利服务。这些私利可能表现为偷懒和不作为，短期行为和腐败，形式多样。同时，经理人还存在着能力与岗位要求不匹配的情况。这两方面的问题，仅仅通过企业运行层面是无法解决的，需要"治理结构层面"和"资产管理层面"的相应机制发挥作用。同时，国有企业行为和决策还需要国家所有权政策对其进行约束和引导。所以说，国家所有权政策层面是企业运行机制层面的顶层设计，国有资产管理体制层面和企业治理结构层面是企业运行机制的保障，企业运行机制是直接实现企业价值的重要层面。

国家所有权政策层面、国有资产管理体制层面、企业治理结构层面、企业运行机制层面，这 4 个大层面形成了我国国有企业的改革逻辑。对于国有企业改革，我国的摸索历程是由下到上、由浅入深，由企业运行机制向国有资产管理体制延伸，并正向国家所有权政策层面积极探索。而在积累了丰富改革经验的今天，再谈国有企业改革，我们应当充分认识到这 4 个层次之间的关系，进而由上到下，由根到枝，全面规划国有企业改革。

1.1.3 全面深化铁路改革的逻辑

长期以来，我国铁路运输业的自然垄断性与市场经营性互相交织，阻碍了以市场为导向的铁路改革进程，经营管理水平落后、中长期债务难以处理、公益性补偿不到位、现代企业制度不完善、社会资本难以进入等诸多问题存在于我国铁路的综合管理、企业经营、投资建设和计划规划等各个层面，铁路系统内部深层次问题比较突出、发展形势制约因素较多。现行的铁路经营管理体制不仅难以满足市场经济条件下铁路行业的发展需求，并在一定程度上成为铁路进一步发展的体制性障碍，全面深化铁路改革刻不容缓。

在"铁路改革研究丛书"中，我们对铁路错综复杂的问题进行了梳理，从全面统筹和整体规划的角度，将深化铁路改革面临的问题分为铁路的国家所有权政策、网运关系、现代企业制度、混合所有制、投融资体制、债务处置、公益性补偿、定价机制、企业运行机制、改革保障机制、监管体制、改革目标与路径 12 个方面。而在这 12 个方面中，实则隐含着"国家所有权政策层面""国有资产管理体制层面""企业治理结构层面""企业运行机制层面"这 4 个国有企业改革层面的内在逻辑。

"铁路改革研究丛书"中的 12 个专题与国有企业改革 4 个层次的关系，如图 1-2 所示。其中，一个特定的专题可能同时涉及多个层面。例如，《铁路债务处置研究》主要属于企业运行机制层面，但债务处置中的债转资本金、债转股等方式，意味着产权制度、股权在改变，这又属于国有资产管理层面，也可能带来企业治理结构的改变，同时还涉及国家所有权政策的相关规定；再如，《铁路混合所有制研究》既涉及国家所有权政策与国有资产管理体制又会影响企业治理结构。

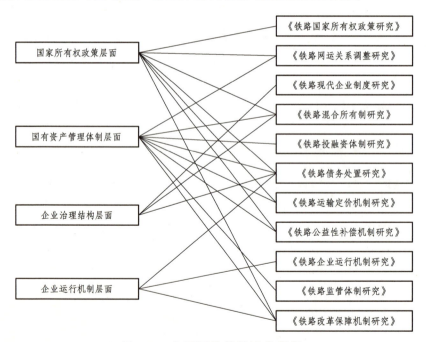

图 1-2　全面深化铁路改革逻辑

注：任意一个专题与所涉及的国有企业改革层次之间在图中用连线表示，但并不意味着该专题与其他没有连线的层次之间没有任何联系。

《铁路国家所有权政策研究》是全面深化铁路改革的基础。明确铁路在国民经济中的性质及功能定位，明确国家在铁路各个领域要实现的发展目标及实施战略，是后续改革方案设计的依据和基础。只有确定了铁路各领域的企业目标和功能定位，厘清铁路公益性和竞争性的内在属性，才能进一步明确国家对各领域的控制方式、是否允许社会资本参加、铁路各领域国有企业的出资人、法律形式以及相应的治理结构。

明确了铁路国家所有权政策（特别是明确路网应以垄断性和公益性为主、运营应以竞争性和商业性为主）之后，根据党中央、国务院和有关部委关于国有企业"分类改革、分类发展、分类监管、分类考核"的有关精神，对铁路网运关系进行调整就显得十分必要。铁路网运关系调整是实施铁路国家所有权政策，解决铁路其余深层次问题的破门之斧，也是深化铁路改革技术层面的首要关键问题。本书认为"路网宜统、运营宜分、统分结合、网运分离"，并建议在铁路领域实施以"网与运分离、网与网统一、运与运分离"为特点的"统分结合的网运分离"方案。铁路网运关系调整在国家所有权政策的层面上，可以理解为国有资本在铁路路网和运营两个领域的布局调整。在铁路网运方面，将国有资本调整为集中于路网领域，保证国家对铁路的控制力，运营领域向社会资本全面开放（部分运营可能仍然需要国有资本控股），充分发挥铁路市场机制的作用，释放铁路运营领域的竞争活力。

铺垫好了铁路国家所有权政策和铁路网运关系调整这两块基石，后续改革就有了最深层次的依据和深入推进的条件。接着，笔者继续深入研究了铁路投融资体制改革、混合所有制改革、公益性补偿机制等内容，这些内容同接下来在企业治理结构层面研究的现代企业制度和企业运行机制层面上的债务处置等问题虽说有层次上的不同，但可以同时推进，不像铁路国家所有权政策和铁路网运关系调整一样，与后续改革之间存在逻辑上的先后关系。有些时候，它们甚至相互交融，互相促进。比如混合所有制改革与投融资、债务处置有交叉之处，同时还可以促进企业法人治理结构的建立和完善。

在 1.1.2 节"国有企业改革的 4 个层次"中我们提到，在这 4 个改革层次中，企业运行机制是直接实现国有企业效益的层次。铁路改革在突破了上层体制障碍之后，最终毫无悬念地会落实到企业运行机制这个最直接体现改革效益的层次，也只有解决了铁路前 3 个层次的问题，在企业运行机制方面的改革才能发挥效用。

例如，《铁路债务处置研究》一书只是描述了企业运行当中某一类非常具体的问题的对策，属于企业运行机制层面的改革，但铁路债务处置必须在明确铁路国家所有权政策、现代企业制度的前提下才能顺利实现。

再如，《铁路企业运行机制研究》一书是在明确了铁路国家所有权政策、现代企业制度的前提下，阐述了对铁路工程、装备、路网、运营、资本 5 个领域的企业运作方面的思考，是作者对构想之中的铁路行业发展形势的整体描述，也是铁路改革所有深层次问题破冰之后企业最直观的外在表现，还是对铁路 5 个主要领域相互作用关系的描述，是整个深化铁路改革的最终呈现。

1.2　研究内容与研究路线

1.2.1　研究内容

本书主要研究内容如下：

首先，从理论上阐述现代企业运行机制的基础内容，主要包括企业决策机制、企业激励机制、企业约束机制，以及企业人事、劳动、分配等制度。尽管企业法人治理结构应当属于国有企业改革 4 个层次中企业治理结构层次，但由于其同企业运行机制具有紧密的联系，在本书的第 2 章会同时涉及企业法人治理结构的基本理论，以便对企业运行机制有更为完整的阐述。

其次，本书列举通信、航空、电力三大领域的优秀国有企业或改革典型企业，探讨其在企业运营策略和模式方面的可鉴之处，为铁路领域企业的运行机制寻求启发。

最后，本书从铁路路网、运营、工程、装备、资本五大领域着手，针对不同领域企业的特点和当前发展状况，分别对铁路五大领域企业的运行机制进行阐述并提出作者的建议。

在路网领域，"统分结合的网运分离"改革方案中，我们将路网与铁路运营分离开来，作为单独的路网企业，主要描述在这种新型模式下，路网企业如何承担路网规划与建设、运行线路生产与销售、列车运行调度与指挥、海外系统集成供应商等职能，如何与运营、投资、装备、工程等领域协调运作。

在运营领域，从运营企业的发展变革、多元经营、产品策略等方面对铁路运营企业的运行机制进行分析，主要阐述了在"统分结合的网运分离"的改革方案中，运营企业如何从附属走向主体，如何挖掘其在经营过程中实行多元化经营的潜力，并分析客货运产品策略以及三大专业运输公司的运行策略。

在工程领域，本书将梳理铁路工程企业发展的 3 个时期，从决策机制、动力机制、约束机制 3 个方面阐述铁路工程企业的优化策略，并从基础设施建设任务、勘察设计与咨询服务、工程设备及零部件制造业务、房地产开发业务等方面分析其产品策略。

在装备领域，本书首先介绍铁路装备领域重点企业的概况，并对我国铁路装备企业发展的时代机遇进行分析；其次以中国中车股份有限公司为重点研究对象，分析其发展过程的"内忧"与"外困"，以及如何精益求精，打造国际优质品牌。

在资本领域，本书首先对中国铁路国有资本投资运营公司的组建背景及成立时机进行讨论；其次对中国铁路国有资本投资运营公司如何在铁路领域发挥作用，如何助力铁路实业发展进行分析；最后对中国铁路国有资本投资运营公司的规范运行提出建议。

1.2.2　技术路线

本书首先从理论上阐述现代企业运行机制的基础内容；其次探讨其他国有企业在企业运营策略和模式方面的可鉴之处，为铁路领域企业的运行机制寻求启发；最后分别对路网、运营、工程、装备、资本五大铁路领域企业的运行机制进行阐述，并提出作者的建议。

本书的技术路线，如图 1-3 所示。

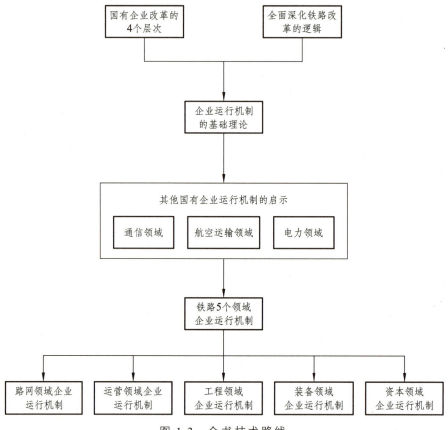

图 1-3　全书技术路线

1.3　本章小结

本章为全书的绪论，主要阐释全书的研究背景、研究意义、研究内容与研究路线。其主要内容如下：

（1）国有企业改革经历了探索、完善、突破、深化 4 个阶段，以及国家所有权政策、国有资产管理体制、企业治理结构、企业运行机制 4 个层次。

（2）全体人民作为出资人的权利、义务、责任的"人格化"实现，以及由此建立起来的国有资产管理体制，是讨论一切机制和体制的基础。

（3）保证出资人权利在国有企业内部能够落地，保证股东权利精准化实现，需要完善公司治理结构。

（4）在这 4 个改革层次中，企业运行机制是直接实现国有企业效益的层次，而国家所有权政策是国有企业发展和管控的根源，国有资产管理体制是实现国家所有权政策的有效途径，企业治理结构则是企业运作的骨架。

（5）在"中国铁路改革研究丛书"中，我们对铁路错综复杂的问题进行了梳理，从全面统筹和整体规划的角度，将深化铁路改革面临的问题分为铁路国家所有权政策、网运关系、现代企业制度、混合所有制、投融资体制、债务处置、公益性补偿、定价机制、企业运行机制、改革保障机制、监管体制、改革目标与路径 12 个方面。而在这 12 个方面中，实则隐含着国家所有权政策、国有资产管理体制层面、企业治理结构层面、企业运行机制层面这 4 个层面的内在逻辑。

（6）本书首先从理论上阐述现代企业运行机制的基础内容；其次探讨其他国有企业在企业运营策略和模式方面的可鉴之处，为铁路领域企业的运行机制寻求启发；接着分别对路网、运营、工程、装备、资本五大铁路领域企业的运行机制进行阐述，并提出作者的建议。

第 2 章　现代企业运行机制的基础理论

本章主要从理论上介绍企业运行机制所包含的一般内容，主要有企业决策机制、企业激励机制、企业约束机制，以及企业人事、劳动、分配等制度。由于现代企业制度的企业法人治理结构同企业运行机制具有紧密的联系，本章同时涉及企业法人治理结构的基本理论，以便对企业运行机制有更为完整的阐述。

2.1　企业法人治理结构

法人治理结构（Corporate Governance）是现代企业制度中最重要的组织架构。狭义的公司治理主要是指公司内部股东、董事、监事及经理层之间的关系，广义的公司治理还包括与利益相关者（如员工、客户、存款人和社会公众等）之间的关系。公司作为法人，也就是作为由法律赋予了人格的团体人、实体人，需要有相适应的组织体制和管理机构，使之具有决策能力、管理能力，行使权利，承担责任，从而使公司法人能有效地活动起来，因而法人治理结构很重要，是公司制度的核心。

法人治理结构，按照《公司法》的规定，由以下 4 个部分组成：

（1）股东会或者股东大会，由公司股东组成，所体现的是所有者对公司的最终所有权，是公司的最高权力机构。

（2）董事会，由公司股东大会选举产生，对公司的发展目标和重大经营活动做出决策，维护出资人的权益，是公司的决策机构。

（3）监事会，是公司的监督机构，对公司的财务和董事、经营者的行为发挥监督作用。

（4）经理层，由董事会聘任，是经营者、执行者，是公司的执行机构。

公司法人治理结构的 4 个组成部分，都是依法设置的，它们的产生和组成、行使的职权、行事的规则等，在公司法中都做了具体规定。所以说，公司法人治理结构是以法制为基础，按照公司本质属性的要求形成的。

2.1.1　股东大会

股东大会（Shareholders Meeting）是公司的最高权力机关，它由全体股东组成，对公司重大事项进行决策，有权选任和解除董事，并对公司的经营管理有广泛的决定权。股东大会既是一种定期或临时举行的由全体股东出席的会议，又是一种非常设的由全体股东所组成的公司制企业的最高权力机关。它是股东作为企业财产的所有者，对企业行使财产管理权的组织。企业一切重大的人事任免和重大的经营决策一般都得股东大会认可和批准方才有效。

股东大会行使下列职权：决定公司的经营方针和投资计划；选举和更换董事，决定有关董事的报酬事项；选举和更换由股东代表出任的监事，决定有关监事的报酬事项；审议批准董事会的报告；审议批准监事会或监事的报告；审议批准公司的年度财务预算方案、决算方案；审议批准公司的利润分配方案和弥补亏损方案；对公司增加或减少注册资本做出决议；对发行公司债券做出决议；对公司向股东以外的人转让出资做出决议；对公司合并、分立、变更公司形式，解散和清算等事项做出决议；修改公司章程。

2.1.2　董事会

公司的目标（同时也是管理层和董事会的目标）是进行商业活动以提高公司利润和股东收益。在实现这个目标的过程中，董事会的角色就是对管理层负责，对企业的成功负责。这意味着要选择一支成功的公司管理层队伍，监督公司的战略和业绩，并在规划和政策制定方面充当管理层的角色。然而，为了确保有效的决策，董事会成员不仅要担任顾问、提问者和问题解决者，还必须在推动公司的全面成功中成为积极的参与者和决策制定者。

1. 董事会的概念和主要职责

董事会是股东大会的代理机构，董事会应当是股东利益的代表者以及维护者，股东利益的体现是公司能长期发展并有良好业绩，因此董事会必须为此做出巨大努力；同时又由于环境变化，风险以及机会主义的存在，董事会必须监督公司的日常运行，避免股东利益受损。

董事会作为一个会议体机构，它并不是一个常设性机构，其运作往往根据公司章程来确定。一般的公司章程都规定董事会每年召开两次会议，每次会议持续的时间并不一致，它随着公司规模、公司准备完善程度、董事会成员信息掌握程度、董事会成员彼此之间沟通的程度及公司发展是否顺利而长短不一。非常或紧急情况下，可能由董事会成员中一定比例的董事提议召开临时性的董事会议。

更具体而言，正如由美国法律协会、商业圆桌会议和全美公司董事联合会以及其他相关机构所定义的那样，董事会的职责包括以下 9 方面的内容：

（1）确立公司的经营理念和使命；

（2）选拔、监控、评估、酬劳（如果必要的话）和替换 CEO 以及其他高级执行官员，并确保管理层的换届继任；

（3）审计和批准管理层的战略计划及业务计划，包括发展对所从事业务的深入了解，理解并质疑这些计划所依据的前提假设，形成对计划实现的可能性的独立判断；

（4）审计和批准公司的财务目标、计划和行动，包括重大的资本配置和开支；

（5）审计和批准非经常业务的重要交易；

（6）将公司业绩与战略计划、业务计划相比较进行监控，包括定期监督营运结果来评价公司业务是否得到好的管理；

（7）确保道德行为及遵循法律、审计和会计准则以及公司自己的治理文件；

（8）评估自身实现这些和其他董事会职责的有效性；

（9）形式法律的规定，或在公司治理文件中划归董事会的其他职能。

2．董事会的规模与构成

关于中央企业董事会制度建设，国资委曾发出两份涉及基本制度构架的文件，分别是 2004 年 6 月印发的《关于国有独资公司董事会建设的指导意见》和 2009 年 3 月印发的《董事会试点中央企业董事会规范运作暂行办法》，两份文件在设计原则上一脉相通。

在规模上，国资委规定中央企业的董事会成员一般不少于 7 人，不超过 13 人；在结构上，董事分为在公司同时担任高级管理人员的"管理董事"、职工董事和外部董事（包括专职外部董事），外部董事人数原则上应超过董事会全体成员的一半。

国资委规定，公司总经理担任董事，公司副总经理、总会计师原则上不担任董事；公司党委成员符合条件的，可以通过法定程序进入董事会。所以，公司的管理董事主要包括董事长、党委（党组）书记、总经理。

按照国资委的制度设计，董事会中应至少有一名职工董事。职工董事是指由公司职工代表大会经过民主选举产生，并经过国务院国资委同意，作为职工代表出任的公司董事。2006 年 3 月国资委印发了《国有独资公司董事会试点职工董事管理办法（试行）》，文件中规定公司总经理、副总经理、总会计师、党委（党组）书记和未兼任工会主席的党委副书记、纪委书记（纪检组组长），不得担任职工董事。

外部董事是指由任职公司以外人员担任的董事。外部董事分为专职外部董事和兼职外部董事。专职外部董事，是指除在若干家国资委出资企业中专门担任外部董事职务以外，不再在其他所出资企业和所出资企业以外的其他单位任职的人员。兼职外部董事，是指除在若干家国资委出资企业中专门担任外部董事职务以外，同时也在其他所出资企业和所出资企业以外的其他单位任职的人员。

国资委对专职外部董事提出了较高的任职条件，任职人员除须具有履行岗位职责所必需的专业知识，熟悉国家宏观经济政策及相关法律法规，熟悉国内外市场和相关行业情况外，还须具有较强的决策判断能力、风险管理能力、识人用人能力和开拓创新能力。同时，任职人员还要求具有10年以上企业经营管理或相关工作经验，或具有战略管理、资本运营、法律等方面的专长，并取得良好的工作业绩；要求具有大学本科及以上学历或相关专业高级职称。此外，专职外部董事选拔和聘用方面，程序较为严格。

3．董事会的专门委员会

遵照国际经验，董事会下设专门的委员会作为工作机构。专门委员会一般包括：审计委员会（审计和风险管理委员会）、薪酬与考核委员会、提名委员会。根据公司实际情况，经董事会通过，董事会可以设立其他专门委员会并规定其职责，我国的一些中央企业也设立了专门委员会。

董事会专门委员会对董事会负责，在公司章程规定和董事会授权范围内履行各自职责。专门委员会的构成由董事长和相关董事进行协商后向董事会提出建议，包括委员会成员和召集人的人选，经董事会通过后生效。国资委规定，董事会提名委员会中外部董事应当占多数，薪酬与考核委员会和审计委员会应当全部由外部董事组成。

提名委员会的主要职责：研究公司高级管理人员的选择标准、程序和方法以及总经理继任计划；按照有关规定，向董事会提名总经理人选并进行考察，对总经理提出的副总经理、总会计师人选和董事长提出的董事会秘书人选进行考察；经董事会授权，可以对子企业董事、监事和不设董事会的子企业总经理人选进行考察，并向董事会提出推荐意见。

薪酬与考核委员会的主要职责：评估经理绩效，并依据考核结果，向董事会提出高级管理人员的薪酬不兑现建议；制订和监督经理薪酬计划；制订员工退休金、利润分享等收益计划；对公司员工薪酬计划提出意见；披露和解释高管人员薪酬状况。

审计委员会的主要职责：指导企业内部控制机制建设；向董事会

提出聘请或更换会计师事务所等有关中介机构及其报酬的建议；审核公司的财务报告、审议公司的会计政策及其变动并向董事会提出意见；向董事会提出任免公司内部审计机构负责人的建议；督导公司内部审计制度的制定及实施；对企业审计体系的完整性和运行的有效性进行评估和督导；与监事会和公司内、外部审计机构保持良好的沟通。董事会未设风险与管理委员会的，可以由审计委员会对风险管理制度及其执行情况进行定期检查和评估，并向董事会报告结果。

4. 董事会的运行制度

董事是通过出席董事会的会议、参加董事会的相关活动来行使其权利的，所以董事会的会议对于决策机制至关重要。

董事会会议包括定期会议和临时会议。召开董事会会议的次数，应当确保满足董事会履行各项职责的需要。董事会每年度至少召开4次定期会议。董事会定期会议计划应当在上年年底之前确定。定期会议通知和所需的文件、信息及其他资料，应当在会议召开10日以前送达全体董事、监事会及其他列席人员。

有下列情形之一时，董事长应当自接到提议后10日内，召集并主持董事会临时会议：

（1）1/3以上董事提议；

（2）监事会提议；

（3）国资委认为有必要；

（4）公司章程规定的其他情形。

除上条规定的情形和紧急事项外，召开董事会临时会议，会议通知和所需的文件、信息及其他资料，一般应当在会议召开10日以前或者至少5日以前，送达全体董事、监事会及其他列席人员。

对拟投资额占公司净资产比重较高或者可能导致公司资产负债率大幅上升的投资项目，在进行前期初步研究的基础上，总经理应当提交董事会讨论，董事会可以就该项目是否进行下一步可行性研究论证工作做出决定。总经理应当组织公司有关部门为外部董事提供有关该项目的足够信息，该项目正式提交董事会审议时，应当有完整的可行性研究报告。董事会应当规定该类投资项目的具体标准。

董事会定期会议必须以现场会议形式举行。董事会召开临时会议可采用视频会议形式；当遇到紧急事项且董事能够掌握足够信息进行表决时，也可采用电话会议或者制成书面材料分别审议的形式，对议案做出决议。

当 1/3 以上董事或者 2 名以上外部董事认为资料不充分或者论证不明确时，可以书面形式联名提出缓开董事会会议或者缓议董事会会议所议议题，董事会应当予以采纳。

董事会会议由董事长召集和主持。董事长不能履行职务或者不履行职务时，由副董事长召集和主持；副董事长不能履行职务或者不履行职务时，由半数以上董事共同推举 1 名董事召集和主持。

董事会会议应有过半数董事出席方可举行。董事会做出决议，必须经全体董事的过半数通过。董事会决议的表决，实行一人一票。

经国资委批准，公司章程可以规定，董事会审议公司特别重大事项，经全体董事 2/3 以上同意方可做出决议。董事会应当提出特别重大事项的各具体项目。

董事与董事会会议决议事项所涉及的企业有关联关系的，不得对该项决议行使表决权，也不得代理其他董事行使表决权。关联关系指董事与其直接或间接控制的企业之间的关系，与其担任董事、高级管理人员的企业（非本公司）之间的关系，以及可能导致公司利益转移的其他关系。

董事对提交董事会审议的议案可以表示同意、反对、弃权（包括无法发表意见，下同）。表示反对、弃权的董事，必须说明具体理由并记载于会议记录。

董事会可以根据需要聘请有关专家或者咨询机构，为董事会提供专业咨询意见，费用由公司承担。

董事会会议，应由董事本人出席；董事因故不能出席，可以书面委托其他董事代为出席，委托书中应载明授权范围。

董事会应当对会议所议事项的决定形成会议记录。会议记录应当包括会议召开的日期、地点、主持人姓名、出席董事姓名、会议议程、议题、董事发言要点、决议的表决方式和结果（同意、反对或者弃权的票数及投票人姓名）等内容。出席会议的董事和列席会议的董事会秘书应当在会议记录上签名。会议记录、授权委托书应当归档保管。

董事会认为需要进一步研究或者作重大修改的议案，应在对议案进行修改、完善后复议，复议的时间和方式由会议决定。

董事会拟决议事项属于专门委员会职责范畴内的，一般应先提交相应的专门委员会进行研究审议，由专门委员会听取各有关方面的意见和建议，提出审议意见，报董事会决定。

专门委员会履行职责时，应当尽量使各成员董事达成一致意见；确实难以达成一致意见时，应当向董事会提交各项不同意见并做出说明。专门委员会经董事会授权可聘请中介机构为其提供专业咨询意见，费用由公司承担。

专门委员会会议由该委员会召集人主持，会议的方式和程序等按照董事会制定的专门委员会议事规则执行。

监事会主席根据监督检查的需要，可以列席或者委派监事会其他成员列席董事会会议和专门委员会会议。董事会或者专门委员会可以根据需要邀请公司高级管理人员、相关业务部门负责人和专家等有关人员列席，对涉及的议案进行解释、提供咨询或者发表意见。列席会议的人员没有表决权。

董事之间应加强会议之外的沟通，以提高董事会、专门委员会会议的效率。外部董事担任的董事长、副董事长或者外部董事召集人，负责组织外部董事之间的沟通，每年至少组织召开一次全体外部董事参加的会议，就外部董事履职进行沟通交流，就高级管理人员经营业绩考核和薪酬等与非外部董事存在直接或间接利益关系的事项进行沟通讨论。

2.1.3　监事会

监事会，也称公司监察委员会，是股份公司法定的必备监督机关，是在股东大会领导下，与董事会并列设置，对董事会和总经理行政管理系统行使监督的内部组织。《公司法》中，关于高级管理人员的监督与控制机制设计是双线条的，既有董事会，也有监事会。而且，对于董事会和监事会各自的全责定位、彼此之间的关系，法律规范并不十分清晰。在铁路企业中，这种双线条体系表现为董事会和派出监事会之间的关系。为了能够使这两条线索能够有机结合，发挥最大的协同作用，2010 年 6 月 26 日，国务院国资委在总结实践经验的基础上，印发了《关于建设规范董事会的中央企业董事会和监事会工作关系意见》，该文件旨在指导董事会和监事会建立工作联系机制，加强沟通协调。

该文件首先明确了监事会的监督范围包括董事会的运作。同时规定，监事会依法履行监督职责，对公司执行法律法规和规章制度情况、财务信息真实性、国有资产保值增值情况及公司负责人经营行为等进行监督和评价。其中，"监督"是对董事执行公司职务的行为进行监督；"评价"是对董事会工作进行评价。公司监事会应按照公司治理的要求，制定监事会议事规则。监事会的工作规则，要明确其工作程序和监事会形成决议的前提条件。从工作程序、工作内容、工作重点和工作效果等方面，以规则的形式确定下来，使监事会运作规范化、制度化和科学化，避免随意、越权和个人行为，同时也应避免过于累赘的监督程序而造成公司决策成本过高和效率低下。

监事会的职能如下：

（1）监事会应当列席董事会会议和专门委员会会议，了解掌握公司决策事项及决策程序，关注决策机制和决策结果。监事会主席根据会议内容，列席或委派专职监事列席。监事会认为必要时，经批准可以向董事长提议召开董事会临时会议。

（2）监事会检查发现董事会或董事未有效行使职权、履行义务，监事会认为应当报告的其他情况，应及时向国资委报告。

（3）按照监事会与企业交换意见的有关规定，监事会应将监督检查发现的、需要由公司自行纠正和改进的经营管理问题，通过适当方式与董事会交换意见，并提出整改建议。监事会主席认为必要时，公司高级管理人员、相关职能部门负责人以及国资委有关人员可以列席监事会与董事会交换意见座谈会。

（4）监事会在对公司财务状况、重要决策和重大事项实施有效监督检查的基础上，对董事会工作和董事执行公司职务情况形成评价意见，在监事会报告汇总反映，并印送国资委有关厅局。这个只能是基于监事会近几年的工作重点已开始从完全的事后监督转移到当期监督和过程监督方面，开始对企业的重大投资决策活动进行跟踪调查、全程监督，列席企业董事会，并经常到二级公司调研，对企业的生产经营、领导班子运转、董事会运行等情况比较了解的新情况而指定的。

2.1.4　经理层

经理层是公司的执行机构，国有企业的总经理往往采用行政任命制，为建立现代化的企业运行机制，应取消企业总经理行政任命制，改为从市场上选聘。推进经理人的职业化、市场化，首先要取消企业经营者的行政任命制，否则，无法形成经理人的职业化和市场化。对企业经营者的管理必须与党政干部区别开来。企业经营者管理与党政干部管理序列分离，初步形成以市场配置为主的，比较规范的，包括任职资格认定、选拔、考核、激励、约束、培训在内的企业经营者管理体系。具体从以下几个步骤着手：

第一，对企业经营者不再套用行政级别。依据企业资产规模及其在国民经济中的作用确定各级党委直接管理的企业领导人员。企业经营者主要从市场中选拔。

第二，配置企业经营者的市场行为公开化、制度化、法律化。形成企业经营者和用人企业的双向选择机制。

第三，形成社会化的企业经营者的评价标准和评价体系，同时构建具有整合效应的考核办法。

第四，形成通用性强、适合企业经营者人才市场需要的企业经营者信息系统。

第五，理顺组织部门与企业经营者人才市场的关系，依法确定组织部门对企业经营者人才市场的指导作用。

2.2　企业决策机制

2.2.1　树立正确的企业决策理念

决策理念是决策者决策行为的指导思想，直接影响决策者的决策行为，树立正确的企业决策理念，有助于企业做出正确决策，是建立与完善现代企业决策机制的出发点。根据现代企业经营环境的变化趋势和现代管理理论的发展可知，现代企业的决策理念应该包括以下内容：

第一，企业社会责任观念，即企业要处理好企业与社会的关系，要考虑消费者的身心健康、环境保护、资源的有效利用等方面因素，使决策的经济效益与社会效益相统一。

第二，科学决策理念，即决策要尽可能采用科学的程序和方法，避免盲目决策。

第三，风险意识，即决策过程中必须要考虑未来有关因素的不确定性，对风险进行识别与评估，采取相关措施。

第四，企业发展观念，即决策要以企业发展为出发点，处理好企业与个体的关系，处理好短期利益与长远发展利益之间的关系。

第五，利益平衡原则，即处理好企业利益相关者之间的利益关系，使各方利益得到保全，发挥各方参与企业经营的积极性。

2.2.2 强化决策的制衡机制

从利益均衡角度来看，企业的决策机制必须建立在制衡机制基础之上。公司治理结构是协调股东和其他利益相关者之间关系的一种制度，内含相互制衡机制。因此，企业构建现代企业决策机制，首先应从公司治理结构优化着手，企业不同利益主体在治理结构中应有相应的位置和权责。根据我国公司利益主体在公司治理结构中的特点，即中小股东、职工属于弱势群体；企业自身权益往往被忽略；企业外利益主体在治理结构中缺位，企业要建立制衡机制基础上的决策机制，必须要注意做好以下工作：

第一，坚持投资者是企业内部主体之一的观点，切实强化股东会的职能，对股份公司而言，中小股东在股东大会中的地位要强化（若为国有独资公司，则无股东会）。

第二，在董事会、监事会的构成中应有一定比例的职工代表，并且职工代表在董事会、监事会中的权利行使上有制度上的保障。

第三，企业自身权益在治理结构中可在董事会下设专业委员会，对企业的经营发展状况进行定期评估，对企业重大决策对公司生存发展的影响进行评价，使公司的生存与发展权益在组织和制度上得到保障。

第四，企业外利益主体在公司治理结构中也应有相应体现，大的债权人在公司董事会中应有职位；其他外部利益主体权益维护，可在董事会设置专门机构，代表企业外利益主体行使在公司内部治理结构中的权利，该机构成员应为外部董事。另外，在监事会中也应有一定数量的外部监事来代表政府、供应商及顾客利益。

2.2.3　建立科学合理的决策组织体系

科学合理的决策组织体系是科学决策的根本保证。根据前述的决策机制建立的原则可知，企业的决策体系可从两个方面来构架。

一是从董事会的建设上。前面从利益保全角度提出要强化职工董事、外部董事的作用，这里从知识决策的角度强调董事会的知识结构，要求董事会成员具有一定的决策知识与能力，国外一些大公司的董事会成员分别为政府有关管理部门高级官员、有关大公司和银行的总裁、咨询机构专业咨询师、大学教授及本公司职工代表大会选出的职工代表，从而可以获得决策所需的专业知识和信息。

二是从决策权的让渡上。所有者（董事会）、经营者（经理层）、不同专业领域企业管理者决策权的分配上，按决策权与知识、信息有机结合原则，赋予不同层次、不同专业领域、不同类型决策的决策者相应的权利。董事会做出战略决策、利益分配决策、突发重大事件的应对决策，经营者进行管理决策，各专业领域企业管理者对各自企业日常生产经营活动做出决策。将影响企业生存与发展的各方面活动的决策权在不同决策参与者之间进行合理有序的配置，从而形成一个以董事会为决策核心，以拥有知识和信息的专业人员为决策主体，分工明确，权责清晰的决策组织体系。这样的组织体系有利于科学、快捷决策，从而提高决策效益。

2.2.4 制定企业决策的相关制度

企业要使决策活动能够按设计进行，必须要建立相关的制度，使决策管理制度化、规范化。在决策管理的制度中，要明确指导思想、决策原则、决策范围、决策要求、决策程序、决策方法、决策质量评价、决策责任归属等，力求具体、明确、操作性强。中铁国投决策的相关制度主要包括以下内容：

第一，权责制度。即明确企业不同决策者的权利和责任，这是决策者行使决策职能的基础。

第二，决策评价制度。对企业的决策活动进行定期和不定期的评价，正确评价决策者对企业的贡献和造成的损失，明确决策者的责任，积累经验和教训。

第三，信息沟通制度。现代企业是所有者、经营者、劳动者的集合体，现代企业决策属于典型的群体决策，为了充分发挥集体智慧作用，企业必须要建立一套科学合理的信息沟通制度。

第四，权利落实的保障制度。按照利益相关者理论，企业需要均衡企业利益相关者的利益，各利益相关者在决策体系中权利的实行要有相应的制度。

第五，激励与约束制度。为了避免决策者的特殊利益对决策行为的影响，提高决策者在正确决策理念指导下的决策行为的理性度，企业要建立相应的激励与约束制度，特别是要有提高职工董事、外部董事、经营者决策积极性的制度。

第六，监事会行权制度。在企业决策机制的构建中，监事会是监督机制的重要部分，对监事会在决策过程中的地位和作用发挥的途径方法必须要有相应的制度。

第七，企业决策程序和方法。企业决策分多种类型，根据决策的作用，企业决策可分为战略决策、战术决策、业务决策。根据决策的内容，企业决策可以分为两类：一类是有关企业发展战略和经营方面的决策；另一类是有关企业利益分配的决策。企业要制定各类决策的决策程序和方法，以提高各项决策的科学性、快捷性、公正性。

2.2.5　加强企业决策的基础建设

由于决策环境的复杂多变和决策专业化、集成性的趋势，企业制定出快捷、正确的决策离不开有关条件。

首先，决策需要大量信息，企业要加强信息化建设，建立满足决策所需信息的信息体系结构。信息系统支持的管理功能从结构化程度高的低层事务到结构化程度低的高层决策，从支持局部经营管理事务到完整的企业业务，采用的信息技术从单一到多样，从简单到复杂。企业根据自身条件和决策需要来确定信息系统的建设工作。

其次，要加强信息管理队伍建设。信息系统和网络作用的发挥，是建立在信息管理人员的专业水平基础之上的，要求信息管理队伍由企业管理人员、技术人员组成，信息管理人员需要具有良好的人际关系和交流技能，对信息管理人员进行必要的培训。

最后，企业要开发科学的决策支持系统，使决策尽可能量化。

2.3　企业激励机制

1．注重激励方式多样化

企业员工的需求呈现多方面和立体性的特征，不同员工存在诉求方面的差异性。企业要注重应用多种激励方式，满足不同员工的诉求，以达到良好的激励效果。薪酬比较高的员工，企业要给予他们更多的尊重；薪酬比较低的员工，企业要满足他们的生理需求和安全需求；针对年轻且具备较大潜力的员工，将其安排在适合他们的工作岗位中，并给予他们充分的信任，以提高他们的积极性和创造力。物质激励构建过程中，要对企业运营过程中的责任主体具有清晰的认知，进而建立与之相匹配的利益分配机制，实现激励和约束的同步性。企业负责人和人力资源部门要以工资、奖金、福利和罚款等多种方式，对员工进行相应的激励和约束，提高其工作积极性，使其能够全心全意为企业服务，不断开拓企业的运营发展空间。以万通国际集团为例，它借助多种形式的激励手段和方法，从物质、精神和情感等方面对员工进行激励，充分激发员工的工作潜能。它打破了传统薪资分配和奖金的平均主义，使企业薪酬分配方式更加多样化；同时，其也很注重精神激励和情感激励，为员工营造良好舒适的工作环境，把员工当成自己的亲人，对他们的情绪进行调节，以保障员工的忠诚度和日常工作的积极性。

2. 建立长效沟通机制

沟通是现代企业运营和发展过程中的重要内容，它能够及时发现企业运营过程中的问题，进而有针对性的解决，推进企业的快速发展。企业负责人要适当淡化阶级观念，与员工建立良性的沟通互动关系，对员工的思想动态和诉求等进行充分的认识和了解，以实现激励过程的高效性。例如，企业负责人可以借助座谈会和茶话会等方式，与员工进行正式或者非正式的沟通和交流，以提高对企业员工的认识和了解；也可以借助微博、微信等新型网络平台或者企业内部的 ERP 平台和 OA 办公系统等，与员工进行线上互动和信息交流。

3. 建立精神激励机制

单一的物质激励方式并不能够满足现代企业的发展诉求，随着时间的推移，它的激励作用也会逐渐弱化。企业负责人要结合现代企业的发展背景，对物质激励和精神激励进行同步应用，为员工提供正向的工作能量。要给予员工充分的肯定和信任，增加员工的归属感；结合员工的实际情况，对其进行合理的岗位分配和职业规划，使员工充分发挥自己的优势和才能，时刻保持积极的工作状态，推动企业的快速发展，为其开拓更加广阔的市场竞争空间。总而言之，精神激励机制能够从根本上打动员工，使其保持良好的工作状态。

4. 绩效考评与员工激励挂钩

绩效考评即对员工的日常表现和岗位履行情况等进行考核，进而确定他们的工作业绩。绩效考评的根本目的是对员工进行综合性考评，并将其作为薪资和奖金的评定标准，现代企业激励机制离不开绩效考评。企业的绩效考评内容要在员工的岗位范围之内，以确保公平公正，并有效地激励员工完成具体的工作任务。同时，将考核结果反馈给员工，并对其进行肯定，使他们了解自己在日常工作中存在的不足，并加以改进，从而达到良好的激励效果。

2.4　企业约束机制

1．建立健全企业内部监督机构

企业股东会、董事会、经理人、监事会形成了"三会四权"分权制衡的组织制度和运行机制。这种通过企业内部的权力机构、决策机构、监督机构和执行机构形成的所有者、经营者和劳动者相互激励又相互制衡的机制，既使三者的权益得到保障，又使三者的行为受到约束，从而在现代企业中建立起自负盈亏、优胜劣汰，以及激励与约束相结合的经营机制。只有这样，企业才能正常运转，才能做到产权清晰、权责明确、政企分开、管理科学[9]。

除此之外，建立健全企业内部监督机构还需完善股东、董事会、监事会的约束功能。

首先，要克服股东大会形式化的问题。形式化的根本原因是股东缺少参与公司的积极性。因此要注意解决以下问题：一是股东、董事长、总经理等多重身份集于一体的问题；二是尊重小股东的意见，维护小股东的权益。其次，改善企业股东结构，依法保障、保护股东对企业行使约束的权利，应限制大股东委派董事、监事的比例。可借鉴德国的经验，不论比例多大，可委派的董事数量不得超过董事总数量的 25%。

长期以来，国有企业存在着监事会监督不力、形同虚设的情况。其原因是监事会成员由内部产生，或由非专业人士担任，很难进行有效的约束。另外，监事会不参加公司的决策，对公司事务缺乏了解，难以发挥监督作用。因此，企业在建立健全内部监督机构时，应充分结合国有企业改革过程中出现的问题并进行解决。

对此问题解决的建议：① 优化监事会成员结构。企业内部产生的监事会成员不能超过 30%，另外的由股东各方推荐和聘请社会专业人士。② 强化监事会的监督职能。建立由监事会负责的内部审计制度。强化监事会对企业董事、经理人员违反公司法和其他法律法规、损害公司或股东利益的惩戒条款和强制措施。③ 提高监事会成员素质，规范监事会的任职标准。监事会应该是高效率的组合，要有各方面的专家，要加强监事会成员岗前和在职的培训[10]。④ 健全对监事会成员的激励约束和淘汰机制。在利益上消除对董事、经理的依附关系，确保监事的独立性。

从企业内部建立起既相互独立又相互制衡的治理结构，完善股东、董事会、监事会的约束功能，共同维护股东和公司利益，保证企业持续健康发展。

2．加强国家的宏观调控

国有企业实行现代企业制度，国家不再直接干预国有企业具体的经营活动，但国家仍须通过政策的、经济的、行政的手段对国有企业进行宏观调控，通过司法、工商、财税、金融、国有资产管理机构等部门对其相关业务进行监督、管理。为此，企业一定要选好经营者，要聘任真正的能人为总经理，不能关系用人。总经理就职，要提出任期目标，并要保证实现。国有资产管理机构也要对总经理进行监督，如果企业亏损，国有资产流失，要及时采取措施，并追究责任，若其成绩卓著，也应给予一定的奖励。

3．加强社会的监督

国有企业对社会负责，要符合国家和人民的利益。这里说的对社会负责不是指企业办社会，而是指企业必须合法经营，不侵害社会公众的利益。为促使国有企业对社会负责，其应自觉接受中介组织如证交所、会计师事务所、审计师事务所和各种相关协会的监督，同时还要加强对国有企业的舆论监督，若企业有侵害社会公众的行为，社会各媒体可及时曝光，从而对国有企业的行为进行有效制约。

2.5　企业人事、劳动、分配等制度

改革国有企业内部人事、劳动、分配制度（简称"三项制度"），是充分调动职工积极性、增强企业市场竞争力的一个关键因素。用人制度和分配制度不适应市场经济发展的要求，会影响企业内部竞争机制、有效激励和约束机制的形成，从而严重影响企业经营机制的转换和市场竞争能力的提高。

1．建立管理人员竞聘上岗、能上能下的人事制度

（1）调整企业组织机构。改革不适应市场竞争需要的企业组织体系与管理流程。按照《公司法》的要求，建立规范的法人治理结构，精简职能部门、减少管理层次、控制管理幅度，使部门之间和上下级之间做到责权明确、信息通畅、监控有力、运转高效。企业管理岗位与管理人员职数的设定，要按照精干、高效原则，从严掌握。

（2）取消企业行政级别。企业不再套用政府机关的行政级别，不再比照国家机关公务员确定管理人员的行政级别。打破"干部"和"工人"的界限，变身份管理为岗位管理。在管理岗位工作的即为管理人员。岗位发生变动后，其收入和其他待遇要按照新的岗位相应调整。

（3）实行管理人员竞聘上岗。管理人员是指企业内部担任各级行政领导职务的人员、各职能管理机构的工作人员以及各生产经营单位中专职从事管理工作的人员。除应由出资人管理和应由法定程序产生或更换的企业管理人员外，对所有管理人员都应实行公开竞争、择优聘用，也可以面向社会招聘。企业对管理人员竞聘的岗位和条件，要根据需要在尽可能大的范围内提前公布，对应聘人员严格考试或测试，公开答辩、公正评价、公示测评结果，按企业制定的竞聘办法决定聘用人员。实行领导人员亲属回避制度，企业财务、购销、人事等重要部门的负责人，原则上不得聘用企业领导人员的近亲属。

（4）加强对管理人员的考评。企业对管理人员实行定量考核与定性评价相结合的考评制度。根据企业经营目标和岗位职责特点，确定量化的考核指标。难以实行定量考核的岗位，要根据经营业绩和工作

实绩进行严格考核。对重要岗位上的管理人员要建立定期述职报告制度，并建立考评档案。考评结果的确定，以经营业绩和工作实绩考核为主，参考民主评议意见。

（5）依据考评结果进行奖励或处罚。对年度或任期内考评成绩优秀的管理人员，应予以表彰或奖励；对考评成绩达不到规定要求的管理人员，要给予警示和处罚。任期内不称职的，可以通过企业的规定程序予以提前解聘。企业根据实际，可在健全考评制度的基础上，对管理人员实行淘汰制度，真正形成竞争上岗的用人机制。

（6）加强培训，切实提高管理人员素质。对关键、特殊岗位的管理人员，要实行持证上岗制度，上岗前进行必要的岗位知识和技能培训。

2．建立职工择优录用、能进能出的用工制度

（1）保障企业用工自主权。企业根据生产经营需要，按照面向社会、条件公开、平等竞争、择优录用的原则，依法自主决定用工数量和招工的时间、条件、方式。除国家另有规定外，任何部门、单位或个人不得强制企业接受人员。

（2）规范劳动合同制度。企业与职工按照平等自愿、双向选择、协商一致的原则，签订劳动合同，依法确定劳动关系。企业职工中不再有全民固定工、集体工、合同工等身份界限，所有职工的权益依法受到保护。建立健全劳动合同管理制度，完善管理手段，依法做好劳动合同变更、续订、终止、解除等各项工作，对劳动合同实行动态管理，认真履行劳动合同。职工劳动合同期满，企业应根据考核情况和企业生产经营需要，择优与职工续签劳动合同。

（3）优化劳动组织结构。根据企业生产经营需要，参照国内外同行业先进水平，科学设置职工工作岗位，测定岗位工作量，合理确定劳动定员定额标准，减员增效，不断提高劳动生产率。

（4）推行职工竞争上岗制度。企业中凡具备竞争条件的岗位都应实行竞争上岗。对在岗职工进行岗位动态考核，依据考核结果实行内部淘汰办法；对不胜任工作的人员及未竞争到岗位的人员，企业应对其进行转岗或培训；对不服从转岗分配或经培训仍不能胜任工作的职

工，企业可依法与其解除劳动关系。

（5）加强以岗位管理为核心的内部劳动管理。依据国家有关法律法规和企业实际，建立健全企业内部劳动管理的配套规章制度，规范奖惩办法，严肃劳动纪律。对违反企业规章制度和劳动纪律的职工，应视情节轻重按规定予以处理；情节严重的，可以依法解除劳动关系。

（6）多渠道分流安置富余人员。若企业富余人员较多，要采取主辅分离和鼓励职工自己创办独立核算、自负盈亏的经济实体等多种途径，加快人员分流。富余人员未分流前，富余人员能够胜任的工作岗位原则上不再招用新的职工。积极采取有效措施，鼓励富余人员直接进入劳动力市场自谋职业。若企业生产经营遇到严重困难和濒临破产，可依法实行经济性裁员。

（7）建立和完善职工培训制度。企业要形成培训与考核、使用、待遇相结合的激励机制。坚持先培训后上岗的制度，大力开展职工岗前培训。对按规定必须持职业资格证书上岗的职工，应按国家职业资格标准进行培训，使其取得相应的职业资格。加强职工在岗、转岗培训，提高职工素质，增强职工创新能力。

3．建立收入能增能减、有效激励的分配制度

（1）实行按劳分配为主、效率优先、兼顾公平的多种分配方式。企业内部实行按劳分配原则，合理拉开分配档次。允许和鼓励资本、技术等生产要素参与收益分配。积极推行股份制改革，在依据有关法规政策进行规范运作的基础上，允许职工通过投资入股的方式参与分配。

（2）完善企业内部分配办法。建立以岗位工资为主的基本工资制度，明确规定岗位职责和技能要求，实行以岗定薪，岗变薪变。岗位工资标准要与企业经济效益相联系，随之上下浮动。允许企业采取形式多样、自主灵活的其他分配形式。无论哪一种形式，都应该坚持与职工的岗位职责、工作业绩和实际贡献直接挂钩，真正形成重实绩、重贡献的分配激励机制。

（3）运用市场手段调节收入分配。在企业内部分配中逐步引入市场机制，更好地发挥市场对企业工资分配的基础性调节作用。

（4）调整职工收入分配结构。把工资总额中的部分补贴、津贴纳入岗位工资，提高岗位工资的比重。通过调整收入结构，提高工资占人工成本的比重，充分发挥工资的激励功能。按照企业效益和职工的实际贡献，确定职工工资收入，做到奖勤罚懒、奖优罚劣。

（5）实行适合企业专业技术人员特点的激励和分配制度。对企业专业技术人员实行按岗位定酬、按任务定酬、按业绩（科技成果）定酬的分配办法。对有贡献的专业技术人员可实行项目成果奖励，技术创新和新产品商品化的新增净利润提成，技术转让以及与技术转让有关的技术开发、技术服务、技术咨询所得净收入提成，关键技术折价入股和股份奖励、股份（股票）期权等分配办法和激励形式。企业可采取特殊的工资福利措施，引进和稳定少数关键专业技术人才。对贡献突出的专业技术人才实行重奖，其奖励可在企业技术开发费中据实列支。

（6）完善对营销人员的分配办法。企业根据产品的市场状况和销售特点，确定营销人员的任务、责任和分配办法。营销人员的收入不仅要依据其完成的销售收入量而定，还要与其销售经营的实际回款额挂钩。

2.6　本章小结

本章主要是对现代企业法人治理结构和现代企业运行机制涉及的基本理论进行介绍，其主要内容包括以下方面：

（1）法人治理结构是现代企业制度中最重要的组织架构。狭义的公司治理主要是指公司内部股东、董事、监事及经理层之间的关系，广义的公司治理还包括与利益相关者（如员工、客户、存款人和社会公众等）的关系。法人治理结构是公司制度的核心。

（2）股东大会是公司的最高权力机关，它由全体股东组成，对公司重大事项进行决策，有权选任和解除董事，并对公司的经营管理有广泛的决定权；董事会是股东大会的代理机构；监事会是股份公司法定的必备监督机关，是在股东大会的领导下，与董事会并列设置，对董事会和总经理行政管理系统行使监督的内部组织。

（3）在规模上，国资委规定中央企业的董事会成员一般不少于 7 人，不超过 13 人；在结构上，董事分为管理董事、职工董事以及外部董事；董事会下设专门的委员会作为工作机构；专门委员会一般包括：审计委员会、薪酬与考核委员会、提名委员会；董事会会议包括定期会议和临时会议。

（4）企业的决策机制必须建立在制衡机制基础上，以树立正确的企业决策理念为出发点，以科学合理的决策组织体系为保证，且要建立相关的制度，使决策管理制度化、规范化。

（5）企业要注重应用多种激励方式，从物质、精神和情感等方面对员工进行激励，充分激发员工的工作潜能，且要建立与员工的长效沟通机制；在企业约束机制方面，应从内部和外部两方面入手，建立健全企业内部监督机构，完善外部监督机制。

（6）改革国有企业内部人事、劳动、分配制度，是充分调动职工积极性、增强企业市场竞争力的一个关键因素，应建立与社会主义市场经济体制和现代企业制度相适应，能够充分调动各类职工积极性的企业用人和分配制度。

第 3 章　我国国有企业运行机制实践与启示

通信、民航、电力等网络型行业与铁路具有相似之处。其中，通信领域具有和铁路相似的"网"与"运"，即庞大的基建设施和基于这些设施的运营；航空运输与铁路同属运输行业，虽各有特点，但也有相通之处；电力领域同铁路都具有垄断性质，且都体量庞大。本章将参照以上三大领域或其他典型国有企业改革实践，探讨其在企业运行机制方面的可鉴之处。

3.1　通信领域

3.1.1　行业发展概况

1998 年年初，根据党的十五大精神和国务院的部署，中国电信业进入以"政企分开、破除垄断、引入竞争"为主要内容的新的改革进程。

1999 年 2 月，信息产业部决定对中国电信进行拆分重组，将中国电信的寻呼、卫星和移动业务剥离出去，原中国电信拆分成中国电信、中国移动和中国卫星通信公司 3 个公司，寻呼业务并入联通公司。

2000 年 12 月，铁道通信信息有限责任公司成立。至此，中国电信市场七雄争霸格局初步形成：中国电信、中国移动、中国联通、中国卫星通信、中国网络通信、中国吉通、中国铁通。电信、移动、联通是市场中的 3 个主要运营商，而网通、吉通、铁通则一直扮演着"陪练"的角色。

2001 年 10 月，中国电信南北拆分的方案出台。拆分重组后形成新的 5+1 格局，这六大电信巨头包括中国电信、中国网通（吉通与原有网通合并后组成新的中国网络通信集团公司）、中国移动、中国联通、中国铁通以及中国卫星通信集团公司。

2004 年年初，国务院正式决定，铁通由铁道部移交国务院国有资产监督管理委员会（国资委）管理，并更名为中国铁通集团有限公司，作为国有独资基础电信运营企业独立运作。

2008 年，新一轮电信重组方案出台，六大基础电信运营商重组为 3 家全业务经营的电信企业，即中国移动（并入了铁通）、中国电信（并入了原联通的 C 网及部分人员）和中国联通（将 G 网及部分人员与中国网通合并）。

2009 年 4 月，中国卫星通信集团公司重组基础电信业务正式并入中国电信，卫星通信业务并入中国航天科技集团公司，成为中国航天科技集团公司从事卫星运行服务业的核心专业子公司。

2013 年以来，我国通信领域贯彻落实党的十八届三中全会决定提出的"根据不同行业特点实行网运分开、放开竞争性业务，推进公共资源配置市场化"等有关精神，深化改革并取得了较为显著的成果，主要体现在以下两个方面：

一是成立"铁塔"公司，专做基础网络。2014 年 7 月 18 日，中国通信设施服务股份有限公司（即"铁塔公司"）正式揭牌成立。根据规划，铁塔公司将负责所有新建铁塔以及无源系统（中国移动、中国联通、中国电信三大运营商均要向其租赁网络），并将逐步收购三大运营商存量铁塔（包括机房和机房内的有源设备）、存量基站和所有室内分布系统，3 年内完成向"通信基础服务公司"的转变。铁塔公司的成立为大量虚拟运营商进入通信领域提供了基础性条件。

二是放开虚拟运营商资格，扩大竞争。继 2013 年年底和 2014 年年初工信部先后两批向 19 家民营企业颁发了虚拟运营商牌照，越来越多的社会资本表现出投资虚拟通信运营市场的兴趣。虚拟运营商的进入将大大提升整个行业活力，促进良性竞争，使运营回归到了服务和业务创新的本质，这也是"网络中立，网业分离"的市场化运营方式所需求的一种格局[11]。

纵览通信行业经历的改革历程（见图 3-1），从最初的通过行政命令区域拆分重组，在经历了业务分割、区域分割、业务整合等阶段之后，最终还是选择了"网运分离"模式，这是网络型自然垄断行业通过网运分离来实现彻底革新的又一典型案例。通信领域"网运分离"的改革模式有利于减少基站重复建设，促进专业化分工合作，推动民营资本进入电信行业，促进通信业改革走向深入，提升行业整体价值，最终将惠及广大消费者[12]。

图 3-1　通信行业改革历程

3.1.2　典型企业：中国铁塔

1．中国铁塔的诞生

中国铁塔是经国务院批准，由中国移动、中国联通、中国电信共同出资成立的大型通信基础设施综合服务企业，主要从事通信铁塔等基站配套设施和室内分布系统的建设、维护和运营。

2014 年 7 月 15 日，中国通信设施服务股份有限公司正式成立，注册资本 100 亿元，时任中国移动副总裁的刘爱力出任铁塔公司董事长，中国联通副总裁佟吉禄出任总经理，中国电信副总经理张继平出任监事长；同年 9 月 11 日，正式更名为"中国铁塔股份有限公司"。该公司的成立，经历了漫长的发展演进过程。

2005 年 7 月，当时的中国信息产业部发出通知，要求相关企业本着有效利用、节约资源、技术可行、合理负担的原则，实现电信管道、电信杆路、通信铁塔等电信设施的共用。已建成的电信管道、电信杆路、通信铁塔等电信设施的电信业务经营者应当将空余资源以出租、出售或资源互换等方式向有需求的其他电信业务经营者开放。

真正行动起来是在 2008 年。2008 年 8 月 27 日，中国审计署的一份工作报告显示，2002—2006 年，中国移动、电信、联通、网通、铁通 5 家企业累计投入 11 235 亿元用于基础设施建设，重复投资问题突出，网络资源利用率普遍偏低，通信光缆利用率仅为 1/3 左右。运营商之间资源共享的呼声随之而起。

2010—2013 年，工信部和国资委联合印发了《关于推进电信基础设施共建共享的实施意见》，提出该年度共建共享考核的各项要求和具体考核指标。没完成指标的，则由国资委给予相应的业绩考核扣分处理。

2014 年 3 月 26 日，由国资委牵头，会同工信部，组织三大运营商召开过一次协调会。会议研究讨论了铁塔公司组建涉及的重要问题，明确设立铁塔公司协调组和筹备组。其中，协调组负责协调公司组建中的重大事项，筹备组负责具体的公司组建工作。

"国家基站公司"将成立的消息引发股市上相关股票出现大幅波动。在香港上市的中国联通（3.18，0.11，3.58%）H 股大涨 5.87%，中国电信也大涨 3.11%，中国移动则上涨不大。原因是一旦"国家基站公司"成立，中国电信和中国联通将能以很少的成本快速布置 4G 基站，进而能集中精力发展新业务。

2014 年 7 月 11 日，铁塔公司终于落地。三大运营商——中国移动、中国联通和中国电信共同签署了《发起人协议》，分别出资 40.0 亿元、30.1 亿元和 29.9 亿元，在中国通信设施服务股份有限公司中各持有 40.0%、30.1% 和 29.9% 的股权。

中国铁塔有限公司的成立有利于减少电信行业内铁塔以及相关基础设施的重复建设，提高行业投资效率，进一步提高电信基础设施共建共享水平，缓解企业选址难的问题，增强企业集约型发展的内生动力，从机制上进一步促进节约资源和环境保护。同时，有利于降低中国移动的总体投资规模，有效盘活资产，节省资本开支，优化现金使用，聚焦核心业务运营，提升市场竞争能力，加快转型升级。在定价上，铁塔公司采取"三低一保"策略，即铁塔公司价格租赁低于国际同类公司，低于当下市场公共价格，低于 3 家互联互通、共建共享的价格，但要保证能够覆盖成本。

中国铁塔股份有限公司将企业定位为信息通信业效率效益提升的推动者、国内基础设施服务的最佳提供者、国有企业全面深化改革的排头兵。公司实行总部、省、市三级组织架构，总部设在北京，同时在全国各省及地市均设立了分公司，共有 31 个省级分公司，380 个地市分公司，拥有逾 190 万个基站站址，公司资产总规模超 3 000 亿元。

在人员构成上，2014 年 9 月，继省公司总经理选聘结束后，铁塔公司又开始启动省公司副总选聘，由三大运营商根据内部报名情况推荐候选人，省公司副总与正职不能来自同一运营商。

2014 年 11 月，铁塔公司已全部完成地市分公司和 31 个省级分公司部门负责人的选聘工作，已聘共计 842 人，均来自三大电信运营商。其中，中国移动 307 人，中国联通 279 人，中国电信 256 人，聘用人选平均年龄 42 岁。

2. 中国铁塔冲刺"上市"

2016 年，是中国铁塔全面运营的起步年。过去的一年，中国铁塔与 3 家运营商在资产租赁商务定价上达成一致，签订相关租赁协议，标志其步入常态化全面运营的新征程。中国铁塔继续深入推进以共享为核心的集约化建设模式，快速满足了 3 家运营商仍处于峰值的 4G 网络建设需求，全年承接 3 家运营商塔类需求 79.3 万个，交付 65.8 万个，新建共享率达 68.1%。2 年来，通过中国铁塔的集约化、高效化运营，行业新建铁塔共享率从过去的 20% 快速提升至 70%。以中国铁塔成立前共享率计算，2015 年相当于少建铁塔 26.5 万个，2016 年相当于少建铁塔 23.6 万个，有效实现了减少重复建设、降低行业总体建设维护成本的"铁塔初心"。应该说，中国铁塔成立以来很好地实现了既定"三步走"战略的前面两步。

中国铁塔在 2017 年工作会上提出了"新三步走"战略规划，即"2016 年夯实能力，精准运营，争取实现盈利；2017 年业务拓展，资本发力，争取实现上市；2018—2020 年多元经营，价值跨越，争创一流企业"。"资本发力"简而言之就是"上市"，2017 年对中国铁塔而言是实现"三步走"战略关键之年。前 2 年，中国铁塔收购运营商存量铁塔资产以及进行企业建设投资，耗资巨大。数据显示，除了部分资产以发行股份的方式收购之外，另外一部分资产中国铁塔还需要向三大运营商分批支付共计 818.73 亿元现金。而此前中国铁塔刚成立时注册资本仅为百亿元。尽管在 2015 年中国国新控股有限责任公司出资逾 100 亿元人民币入股中国铁塔公司，持有中国铁塔约 6% 的股份[①]，中国铁塔仍存在巨大的资金缺口。目前，带息负债超过千亿元，2017 年利息支出约 50 亿元，整体负债率超过 50%。降低上市资金占用成本，推动企业完善治理结构，成为中国铁塔非常紧迫的现实课题。在这之前，中国铁塔董事长刘爱力、总经理佟吉禄在不同场合均表达了"争取 2017 年实现上市目标"的想法，也得到了 3 家运营商大股东的支持。

据悉，中国铁塔为上市进行的准备工作自 2016 年就已经开始，已与相关投行进行了沟通接触。中国铁塔按照上市相关监管部门的要求已经开展管理提升工作，于 2016 年年底启动了"三性"达标工作（资产合法性、运营合规性、内控规范性）。除了夯实管理基础，中国铁塔要实现上市目标，必须向资本市场展现自身的盈利能力。"降本增收""多元化业务拓展"将是其未来发展的两大关键词。

面向"降本"，中国铁塔将会大力推进能耗管理。在基站正常运行维护中，主设备、空调设备是能耗大户，电力费用支出也是中国铁塔运营中很大一笔成本。目前，中国铁塔与 3 家运营商电费结算是"传导"机制，未来电费"包干"是大趋势，这是 4 方共赢的事。据悉，4 方已经进行商谈，中国铁塔 2017 年工作会也提出探索电费包干模式，使运营商降低成本减小风险，力争形成模式；推动发电费的包干，提升效益品质。在电费"包干"机制下，中国铁塔将会想方设法节约能耗开支，如采用光伏发电方式、新型空调系统、新型节能机房等。

面向"增收"，中国铁塔将会大力拓展新业务。目前，中国铁塔的主要收入来自 3 家运营商的租费。其实，中国铁塔遍布全国城乡的约 180 万个站点基站设施，对于社会其他行业也极具价值。中国铁塔每座塔与移动通信基站同址，上接无线网，下连有线网。并且，每个站

---

① 交易完成后，铁塔公司的股权结构为中国电信 27.9%，中国联通 28.1%，中国移动 38%，中国国新 6%。

点都有完备的电力供应。中国铁塔为基站安装了动力环境监控终端（FSU）设备，集定位、调度功能于一体，目前已经形成超过 110 万个传感节点的物联网，不仅可实现基础设施的智能化管理，还可以面向社会各行业开展专网、监控、监测、广告等业务。中国铁塔 2017 年工作会上也明确提出"拓展型业务要依托站址资源，扩大社会化共享"。

实际上，中国铁塔前 2 年已经开始与各行业深化共享的合作。据了解，中国铁塔已在北京、福建、安徽、江苏、辽宁等地与警用、军用集群平台进行专网合作建设；在森林防火监控、高铁信息化、国土资源监控、道路安全监控等开展了大量合作；与环保、海洋渔业、卫星信号地面增强等开展了监测业务合作。例如：助力北京 PM2.5 环境指标监测，已经实现了 1 500 个监测点的监测设备部署；与卫星定位公司合作，按照客户需求配合建设北斗卫星地面采集站，目前已拓展到全国 26 个省份，建成后服务站址将达近千个。此外，一些地方的广电部门也在积极与中国铁塔开展相关共享合作。

3．中国铁塔的多元经营

2017 年以来，3 家电信企业新增塔类建设需求开始明显下降，2018年后宏站大规模建设告一段落。而来自行业内的铁塔租费收入几乎占据全部，对于铁塔公司来说，业务结构与收入结构单一，是其可持续发展道路上的最大挑战。为此，中国铁塔制定了"新三步走"战略规划，明确提出"一体两翼"的总体业务发展思路，即以"行业内塔类共享业务"为主体，以"行业内非塔类共享业务""行业外社会共享类业务"为两翼，依托共享，两翼齐飞，开创业务发展新格局。各地铁塔公司 2017 年按照总部部署，开始通过各种方式拓展多元业务。

中国铁塔公司认为，随着后 4G 和 5G 时代的到来，移动通信呈现出宏站和微站协调、高站与低站搭配的立体分层组网形态，基站密度加大，数量成倍增加，传统的建设模式必须转变。而做大共享是改革发展的必然要求。中国铁塔正在努力探索两个转变，即"深化行业内资源共享"向"深化社会资源共享"转变，"单一为通信服务的通信塔"向"广泛为社会服务的社会塔"转变。

让"社会塔"成为"通信塔"。社会"杆多塔多"，如通信塔（杆）、电力塔（杆）、路灯杆、交通杆、平安监控杆、广告牌、指示牌等，共享空间广泛、潜力巨大。以青岛为例，有公安、交通、检测、检测等各类系统视频监控 8 万余个，路灯杆等照明设施 10 万余处，移动通信基站 1.3 万座，电力铁塔数量更为庞大。一直以来"单杆单用"现象比较普遍，带来了资源浪费，增加了运营成本。一些部门重建轻管，不少废弃的设施有碍观瞻。推进"一塔多用""一杆多用"将有效整合资源、提高经济和社会效益。

目前，中国铁塔已与 28 个省（直辖市、自治区）政府签订战略合作协议，推动将通信设施纳入规划、开放公共资源、出台优惠政策等。各地政府对铁塔公司制定的基站选址建设计划予以支持和保障；在进行路灯、监控、交通指示、通信等路杆设施建设时，统筹考虑铁塔公司的通信微站建设计划，优先采用"多杆合一"功能的"城市智慧灯杆"。中国铁塔已利用路灯杆、监控杆、电力塔、广告牌等社会资源建设了约 10 000 个基站。下一步，中国铁塔将"提共享、谋转型"，大力扩展使用社会资源，与 3 家电信企业协调发展，进一步促进全行业降本提质增效。

让通信塔成为社会塔。铁塔公司的通信塔具有多、密、广、高的特点。铁塔公司在全国范围内拥有近 190 万座通信铁塔，凡有人烟处，皆有通信铁塔；城市密集区站址间距 200~500 m，农村 1~2 km，网格颗粒度小；且铁塔广泛分布，遍历城市、县城、乡镇、农村、园区、道路、居民区等各类场景；铁塔高度 10~60 m 不等，40% 以上超过 30 m。通信基站本身包含杆塔、机房和机柜载体，空间立体。每座杆塔上接无线网，下连有线网。并且，每个站点都有完备的电力供应，包括市电、蓄电池组、油机、新能源等多种保障手段，确保设备供电连续、安全、稳定。目前，有条件的站点基本都安装了动力环境监控终端（FSU）设备，集定位、调度功能于一体，形成了一张超过百万节点的物联网络，可为拓展社会业务提供有力支撑。铁塔公司点多面广的杆塔、电力、网络资源以及维护人员力量，为实现视频监控、气象监测、大气监测、土地环境监测、海洋监测、地震应急救援、智能 Wi-Fi、北斗导航、路灯照明、地震应急救援等城市基础设施资源整合和物联网应用提供了平台。

3.1.3 典型企业：中国联通

3.1.3.1 "混改"上半场

2016 年以来，为贯彻落实党中央、国务院关于国有企业发展混合所有制经济的决策部署，中国联通在国家发展改革委等部门的指导下，制定了混改方案。2017 年 8 月 20 日，中国联通集团旗下 A 股上市公司中国联合网络通信股份有限公司发布专项公告，正式披露混合所有制改革试点总体方案和拟改革的内容要点。

中国联合网络通信股份有限公司（即中国联通）和中国联合网络通信（香港）股份有限公司（即联通红筹公司），是联通集团旗下的两家上市公司（见图 3-2）。本次混改以中国联通为混改平台对外融资，首次将改革层级提升到一级集团层面，打响了集团整体混改的"第一枪"，实质性地推进了我国国有企业混合所有制改革。

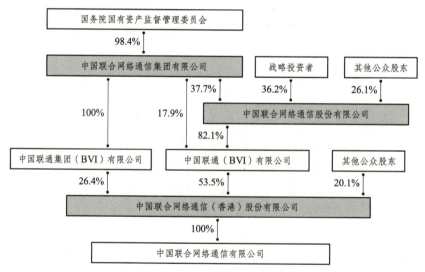

图 3-2　中国联通股权构架[①]

联通混改采用非公开发行和老股转让等方式，引入处于行业领先

[①] 数据截至 2017 年 12 月 31 日；战略投资者持有本公司股份指混合所有制改革引入的战略投资者因非公开发行及老股转让取得的股份；中国联通集团（BVI）有限公司持有股份中不包含其作为受托人代一中国籍股东持有的 225 722 791 股中国联合网络通信（香港）股份有限公司股份。

地位、与公司具有协同效应的战略投资者，包括大型互联网公司、垂直行业领先公司、具备雄厚实力的产业集团和金融企业、国内领先的产业基金等，具体为中国人寿、腾讯信达、百度鹏寰、京东三弘、阿里创投、苏宁云商、光启互联、淮海方舟、兴全基金、结构调整基金等。混改前，中国联通总股本为约 211.97 亿股。在混改过程中，中国联通向战略投资者非公开发行约 90.37 亿股股份，募集资金约 617.25 亿元；由联通集团向结构调整基金协议转让其持有的本公司约 19.00 亿股股份，转让价款约 129.75 亿元；向核心员工首期授予不超过约 8.48 亿股限制性股票，募集资金约 32.13 亿元。上述交易对价合计约 779.14 亿元。上述交易全部完成后，联通集团合计持有公司约 37.7% 的股份；中国人寿、腾讯信达、百度鹏寰、京东三弘、阿里创投、苏宁云商、光启互联、淮海方舟、兴全基金和结构调整基金将分别持有公司约 10.51%、5.33%、3.39%、2.42%、2.09%、1.94%、1.94%、1.94%、0.34%、6.28% 的股份（见表 3-1）；上述新引入战略投资者合计持有中国联通约 36.2% 的股份。

表 3-1 各发行对象认购股份比例

持股对象			认购股份数量	所占比例
战略投资者	1	中国人寿	3 177 159 590	10.51%
	2	腾讯信达	1 610 541 728	5.33%
	3	百度鹏寰	1 024 890 190	3.39%
	4	京东三弘	732 064 421	2.42%
	5	阿里创投	633 254 734	2.09%
	6	苏宁云商	585 651 537	1.94%
	7	光启互联	585 651 537	1.94%
	8	淮海方舟	585 651 537	1.94%
	9	兴全基金	102 489 018	0.34%
	合计（①）		9 037 354 292	29.89%
协议转让	结构调整基金（②）		1 899 764 201	6.28%
中国联合网络通信集团有限公司（③）			11 399 724 220	37.71%
员工持股（④）			793 861 000	2.63%
合计（①+②+③+④）			23 130 703 713	70.22%

本次混改引入的战略投资者与中国联通主业关联度高、互补性强，有助于将中国联通在网络、客户、数据、营销服务及产业链影响力等方面的资源和优势与战略投资者的机制优势、创新业务优势相结合，实现企业治理机制现代化和经营机制市场化。通过与新引入战略投资者在云计算、大数据、物联网、人工智能、家庭互联网、数字内容、零售体系、支付金融等领域开展深度战略合作，聚合资源、整合优势、能力互补、互利共赢，推动重点业务和产业链融合发展，扩大中国联通在创新业务领域的中高端供给，培育壮大公司创新发展的新动能。

联通以本次资本的"混合"改革为破门之斧，以期推动企业在业务战略转型、企业治理结构现代化等深层次方面的改革。

1. 募集资金用于 4G 及 5G 相关业务和创新业务建设，聚焦重点业务，推进战略转型

中国联通计划将所得资金用于发展"4G 能力提升项目""5G 组网技术验证、相关业务使能及网络试商用建设项目"和"创新业务建设项目"，加快推进公司战略转型。

随着移动互联网业务和移动视频业务的高速发展，以及 4G 用户的规模和占比的持续提高，用户对移动数据流量的消费量高速增长，对于 4G 网络的持续扩容和能力提升也提出了更高的要求。中国联通将持续聚焦重点业务、推进 4G 网络升级演进、提高 4G 网络服务能力，努力打造"速度更快、覆盖更广、感知更好"的通信网络，满足数据流量高速增长的需求，为客户提供高速上网、高清视频的良好体验，并为中国联通保持技术领先、速率领先的口碑，提升公司网络竞争力和品牌形象。

通信技术发展日新月异，5G 网络已成为发展趋势。随着互联网+、智慧工业等的不断发展，高清视频、VR、IoT/物联网、车联网和工业互联网等新兴业务对公司通信网络的速率、连接数、时延和可靠性提出了更高的要求。中国联通需要发展和建设更加智能化、灵活化的 5G 网络，满足未来日益多样化的业务需求，并通过提前布局 5G 网络建设抢占市场先机。

创新业务是中国联通当前及下一阶段发展的重点业务。创新业务

集中性、专业性特征明显，中国联通将在云计算/IDC、大数据、物联网、产业互联网、国际通信、流量经营及能力开放等关键领域，提升资源配置和运行效率，开放平台，强化产业链合作，实施创新业务特区制度，创新运营模式，加快培养和引进高端优秀人才，不断提升创新能力。

募集资金投资项目，如表 3-2 所示。

表 3-2　募集资金投资项目　　　　　　　单位：亿元

序号	项目名称	2017—2019 年项目总投资	拟使用募集资金投资金额
1	4G 能力提升项目	550.90	398.16
2	5G 组网技术验证、相关业务使能及网络试商用建设项目	271.00	195.87
3	创新业务建设项目	32.13	23.22
	合　计	854.03	617.25

2．建立健全协调运转、有效制衡的混合所有制企业公司治理机制

在本次混改过程中，新引入战略投资者合计持有公司约 35.19%的股份，进一步形成混合所有制多元化股权结构。

在公司治理结构设计上，中国联通坚持在党的领导下，以董事会治理为核心，市场化运营为原则，拟通过本次混改形成多元化董事会和经理层，以及权责对等、协调运转、有效制衡的混合所有制公司治理机制。坚持同股同权，依法保护各类股东产权，让参与进来的国有资本和非国有资本有话语权，按照章程依法行使决策权。

（1）拟优化董事会组成结构，落实董事会职权。

公司拟在合法合规的前提下，结合战略投资者的情况等，适当引入新的国有股东和非国有股东代表担任公司董事，进一步优化多元董事会组成结构。明确董事会在公司的核心地位，落实董事会重大决策、选人用人、薪酬分配等权力，认真履行决策把关、内部管理、防范风险、深化改革等职责，接受股东大会、监事会监督。

2018 年 2 月 8 日，中国联通召开 2018 年第一次临时股东大会，

并宣布公司董事会提前换届。其董事会构成，如表 3-3 所示。

表 3-3　联通换届董事会结构

董事席位 13 席	非独立董事 8 席	联通管理层	联通董事长	王晓初
			联通总裁	陆益民
			联通副总裁及 CFO	李福申
		新股东代表	中国人寿副总裁	尹兆君
			腾讯高级执行副总裁	卢山
			百度董事长兼首席执行官	李彦宏
			京东集团首席战略官	廖建文
			阿里巴巴资深副总裁	胡晓明
	独立董事 5 席	完全独立的独立董事	北京邮电大学教授	吕延杰
			IDG 资本全球董事长	熊晓鸽
		拥有国资背景的独立董事	中央企业专职外部董事	吴晓根
			原国有重点大型企业监事会正局级专职监事（现退休）	陈建新
			原国家开发投资公司总经理（现退休）	冯士栋
发展战略委员会			王晓初（主任）、陆益民、尹兆君、卢山、李彦宏、廖建文、胡晓明、吕延杰、熊晓鸽	
提名委员会			王晓初（主任）、尹兆君、冯士栋、吕延杰、陈建新	
薪酬与考核委员会			冯士栋（主任）、卢山、胡晓明、吴晓根、吕延杰	
审计委员会			吴晓根（主任）、尹兆君、冯士栋、陈建新、李福申	

从联通新董事会及专门委员会构成可做如下简要分析：

① 来自联通内部董事降为 3 名，丧失了决策控制权，这有利于建立现代企业制度。

② 国有资本背景所占比例仍大于半数，3 联通+1 人寿+3 国资独立董事，国有资本并未放弃董事会的绝对控制权。

③ 发展战略委员会由联通董事长、总经理+5 个股东代表+2 名独

立董事构成，共9名，包括除CFO李福申外的全部懂专业的董事，保证了专业性，但联通内部只有2名代表，很可能成为少数派。

④ 提名委员会由联通董事长、1人寿、1名独立董事、2名国资独立董事构成，国资仍有控制权，但联通没有。

⑤ 薪酬与考核委员会由2名国资独董、1名独立董事、2名民营股东（腾讯和阿里代表）构成，国有资本、民营都将在管理层考核起到重要的作用。

⑥ 审计委员会由3国有资本独董、1人寿及联通CFO构成，最大限度地保证国有资本对联通资本的监督作用。

（2）拟加强经理层建设，探索市场化管理。

探索经理层市场化选聘机制和市场化管理机制，实行任期制和契约化管理。对符合政策要求的高级管理人员探索施行中长期激励机制，并建立与激励机制相配套的约束机制。

自2017年8月底公布瘦身健体方案，经过3个多月工作，12月27日，中国联通对外披露了机构精简、干部首聘工作的阶段性数据，联通方面表示这两方面工作都超出了预期。

在总部层面，部门数量由过去的27个减少为18个，减少33.3%；人员编制由1 787人减少为865人，减少51.6%。在省分公司层面，省分公司现有机构数减少205个，减少20.5%；本部管理人员职数减少342个，减少15.5%；地市公司机构减少2 013个，减少26.7%；地市公司班子职数减少73个，减少4.2%。全国省级公司管理人员职数减少415个，精简率达9.8%。

在干部聘用方面，中国联通组织进行了机构精简后的管理人员首次选聘工作。截至目前，管理人员平均退出率在14.3%左右。首聘结束后，各级聘任人员签订"业绩任务责任书"。落聘人员参加下级岗位选聘，易岗易薪。

接下来，中国联通将持续在三方面做好机构调整和流程优化工作，推动各项工作常态化动态化：一是动态优化调整组织机构，强化体制机制创新；二是建立市场化运营机制，激发企业发展活力；三是推动人力资源改革，形成员工充满活力、干部有序流动、人才优化配置的动态管理机制，保持集团公司党组管理人员每年1.5%的常态化退出比例。

中国联通党组书记、董事长王晓初曾表示，中国联通实施"瘦身健体"是混改中企业内部改革的"第一刀"。王晓初指出，瘦身只是手段，健体才是目的，要通过本次机构精简，让企业轻装上阵、充满活力，保障企业快速健康发展。

3．建立员工与企业利益共享、风险共担的市场化机制

本次混改以市场化为核心，紧扣资源配置、活力激发、人才发展三大改革主题，推动人力资源变革，用创新机制激发活力、凝聚合力，拟建立员工与企业利益共享、风险共担的市场化机制，实现"岗位能上能下、员工能进能出、收入能增能减"，同时维护好员工的基本权益，促进公司发展。

（1）打造核心人才体系，促进专业结构转型。

面向大 IT、自主研发、创新业务等公司战略方向上的重点专业打造核心人才体系，基于实际能力发现人才，基于使用效能激励人才，实行人才全生命周期闭环管理。建立能力管理体系，明确各类员工专业能力标准，培养具有担当负责、诚信务实、敢闯敢拼的企业家队伍，打造跨界运营、结构合理、综合素质高的人才队伍，推进基础电信 CT 人才向 IT、IP 人才转型。

（2）拟建立股权激励机制，努力实现股东、公司、员工利益一致。

在混改过程中，拟同步建立限制性股票等员工激励计划，吸引和留住高素质员工，努力实现股东、公司、员工利益一致。激励方案由公司董事会制定并适时推出，激励对象拟包括公司董事、高级管理人员以及对经营业绩和持续发展有直接影响的管理人员和技术骨干等。激励股权分配不搞平均主义，根据对经营业绩的贡献实现差异化分配。

2018 年 2 月 11 日，中国联通发布了关于限制性股票激励计划（草案修订稿）及首期授予方案（草案修订稿）等一系列相关公告。根据公告，中国联通此次股权激励计划首期拟向激励对象授予不超过 84 788 万股的限制性股票，约占当前公司股本总额的 2.8%，其中计划预留 4 485.6 万股，占本次授予总量的 5.3%，占当前公司股本总额的 0.1%。

这次中国联通的股权激励对象中，包括董事会秘书王霞（授予

21.6 万股）、财务负责人姜爱华（授予 21.6 万股），其他 7 853 人为公司中层管理人员、核心管理人才及专业人才。中国联通这次股权激励计划首期授予激励对象每一股限制性股票（含预留部分）的价格为 3.79 元/股。激励对象在获授限制性股票时，个人出资所需资金以自筹方式解决。

关于禁售期，公告称，自激励对象获授限制性股票之日起 24 个月，为限制性股票禁售期。禁售期内，激励对象通过本计划所持有的限制性股票将被锁定，且不得以任何形式转让、不得用于担保或偿还债务。限制性股票禁售期满后为限制性股票解锁期，解锁期至少为 36 个月。

中国联通为首批股权激励计划参与者设定的解锁条件包括公司业绩和个人业绩条件。其中，公司业绩条件中，第一个解锁期设定的解锁条件是：2018 年度主营业务收入较 2017 年度主营业务收入基准的增长率不低于 4.4%，并且不低于同行业企业平均水平；2018 年度利润总额较 2017 年度利润总额基准的增长率不低于 65.4%，并且不低于同行业企业 75 分位水平；2018 年度净资产收益率不低于 2%。

关于第二个解锁期，中国联通设定的解锁条件：2019 年度利润总额较 2017 年度利润总额基准的增长率不低于 224.8%，并且不低于同行业企业 75 分位水平。

第三个解锁期设定的净利润条件：2020 年度利润总额较 2017 年度利润总额基准的增长率不低于 378.2%，并且不低于同行业企业 75 分位水平。

（3）拟以业绩为导向优化薪酬内部分配机制和约束机制。

拟建立与经济效益、劳动力市场价位相联系的工资总额决定和调节机制，改革员工考核和激励机制，科学设置公司业绩指标和个人绩效指标，推动组织、专业线、团队和员工目标协同，利益一致。在基础业务领域，分专业合理设置团队绩效指标，推进全生产场景划小承包，建立增量收益分享等市场化激励机制，打破平均主义"大锅饭"，真正实现按劳分配，激发员工创收增利动力。在创新业务领域，打造特区机制，以有市场竞争力的薪酬，吸引转型发展所需的高端人才。优化员工绩效管理体系，强化考核结果在晋升发展、薪酬激励和竞争淘汰中的应用。拟建立管理人员和员工竞争退出机制，以业绩为导向、以考核为依据，对表现不佳、无法胜任本职工作的人员实施培训再上岗或退出。

联通 2018 年将"四位一体"深入推进划小承包、人力资源、薪酬激励、绩效考核等机制体制改革。通过组织机构改革，中国联通将逐步实现组织的去行政化，以改革激发内生动力，为互联网化运营提供保障。

3.1.3.2　下半场：互联网化运营

"五新"成为联通 2018 新年关键词。2018 年年 1 月 4 日召开的联通集团工作会议上，董事长王晓初提出，要深入落实聚焦创新合作战略培育强健的互联网新基因，探索完善公司混改新治理，全力加快互联网化新运营，着力增强创新发展新动能，积极构建外联内通新生态，开创新时代中国联通发展新局面。

互联网思维正在驱动中国联通进入一个新的发展轨道。

2018 年，中国联通将紧紧围绕提升感知、提升效率的"两个提升"目标，全面推进互联网化运营。

在产品方面，以互联网思维打造产品体系，加快产品互联网化，通过新零售、无界零售，加快新零售互联网化，实现客户随时、随地、随心消费。中国联通将重点构建以"生态化、大数据、一体化、高体验"为特征的线上线下一体化新零售体系，不断增强线上运营能力，同时加快推进线上线下渠道协同，相互引流，能力共享。在运营方面，通过"去三化"，即去中心化、去中间化、去边界化，加快实现企业运营管理的互联网化。

2018 年，中国联通将继续坚持创新发展，加快提升创新能力、转换发展动能。

在创新领域，中国联通在组织体系、薪酬激励、选人用人等方面与传统领域进行区隔，统筹做好消费互联网、家庭互联网、产业互联网三大领域的创新能力提升。目前，中国联通已经面向云计算、大数据、车联网、消费互联网等领域成立了专业的子公司，通过对子公司赋权赋能，充分激活了各业务单元的经营活力。

2018 年，中国联通将强力推进与战略投资者业务深度合作与协同，积极打造创新合作的"新生态"。

根据市场需求及战略投资者优势，在零售体系、数字内容、家庭互联网、支付金融、云计算、大数据、物联网、产业互联网及通信服务等领域重点开展业务深度合作，建立对接团队，形成有效的工作推进机制，打造融合创新的生态体系。

随着混改更进一步，中国联通与互联网企业的多项合作全面推进。

业务层面，2018 年 1 月 31 日，中国联通与腾讯云云服务合作平台正式发布上线，该平台将为国内外客户提供"腾讯云+联通"的公有云及混合云服务。联通云数据有限公司、系统集成公司、31 省分公司全面落实此次战略合作。

紧接着，2018 年 2 月 1 日，中国联通与阿里云合作的"沃云 Powered by Alibaba Cloud"平台正式上线。该平台将面向中国联通 31 个省级公司开放，所有联通一线的客户经理均可为用户受理阿里云服务，而用户也可以在使用联通基础网络产品及服务的同时，获得阿里云提供的云服务支持。此次平台上线的服务主要基于公共云层面，而在专有云和混合云层面，双方的合作项目已经同期展开。该平台的上线，意味着中国联通与阿里巴巴集团"相互开放云计算资源"合作全面落地。

此外，2018 年 1 月 31 日，中国联通、阿里巴巴宣布，双方将共同打造中国大型企业资产交易平台，这也是联通完成混改以来，后台支撑线与混改战略投资者开展的首项重大业务合作。联通将借助阿里拍卖服务政务资产处置的经验，打造中国联通线上"智能资产交易平台"，借助互联网能力促进企业资产最优流转。阿里拍卖平台上将设置联通专属位，结合双方资源，共同探索建立符合通信行业特点的线上资产评估体系、资产交易运营分析体系等。

联通物资采购与管理部总经理苏宝合表示，公司此次互联网化的物资管控尝试效果超预期，目前已有 150 家中国联通省分、市分、子公司入驻阿里拍卖平台，17 个分、子公司在阿里拍卖平台进行了 131 笔报废资产拍卖。拍品包括退网 GSM 设备、光纤化改造报废铜缆、程控交换机、报废空调、手机终端等全业务、全品类报废资产和市场物资。与过去内部处置平台聚集 130 家回收商，将废旧资产评估后按照确定底价在内部平台拍卖相比，阿里拍卖面对超过 10 亿消费者（包括个人、政府、法院、银行等政府机构以及多行业企业客户），实现收益最大化。联通产品上线拍卖结果显示，终端类资产处置收益率提升约 50%，线缆类资产处置收益率提升约 10%。

在新零售方面，以与阿里的合作为例，双方在"智慧门店"上进行了合作，并于 2017 年 12 月在上海开放了首家体验店。在联名卡方面，中国联通联合阿里推出了阿里宝卡，对淘宝、天猫、钉钉、优酷等专属应用进行了流量免费。而与腾讯联名的腾讯王卡用户数突破 5 000 万，2018 年超过 1 亿。

2018 年，中国联通将与包括战略投资者在内的合作伙伴精诚合作、互利共赢，推动重点业务和产业链融合发展，扩大中国联通在创新业务领域的中高端供给，培育壮大公司创新发展的新动能。

3.2 航空运输领域

3.2.1 行业发展概况

20 世纪 80 年代初以来，我国民航运输业逐渐脱离军队建制，政企分离，实行网运分离，成为我国网络型自然垄断行业改革的典范。

（1）民航独立化，从军队建制中分离出来。1980 年 3 月 15 日起，民航不再由空军代管，中国民航局从隶属于军队建制改为国务院直属局，由国务院领导；民用航空地区管理局、民航各省（自治区、直辖市）管理局由中国民航局和各省市、自治区人民政府实行双重领导。这一阶段，民航按照企业化改革要求，进行了以经济核算制度和人事劳动制度为核心的一系列管理制度上的改革，但实质上并未改变民航政企合一的管理体制。这次改革后，民航局既是主管民用航空事务的政府部门，又是以"中国民航"的名义直接从事航空运输经营活动的全国性大企业。

（2）民航管理体制政企分离。1985 年 1 月，国务院决定对现行政企不分的民航管理体制进行改革：政企分开后，国家民航局作为国务院主管民航事务的部门行使行政管理职能，不再直接经营航空运输业务，各类民航企业都要从原来所属的行政部门独立出来，作为独立核算、自负盈亏的经济实体，负责运输经营，并分设航空公司和机场，有计划地支持地方兴办各类航空企业。同时，成立了中国航空油料总公司、中国航空器材公司、全国计算机订票销售系统管理与开发的计算机信息中心、航空结算中心，以及飞机维修公司和航空食品公司等航空运输服务保障企业。随着市场经济体制的建立和深化，民航业又逐步突显出运输能力布局分散、价格形成机制不合理、航空企业资产负债率高等深层次矛盾和问题。

（3）民航深层次改革。2002 年开始，我国民航运输业改革进入深水区，主要涉及三方面内容：① 航空公司与服务保障企业联合重组，成立新的集团公司，脱离中国民航局，由中央管理；② 民航政府监管机构改革，中国民航局下属 7 个地区管理局，且设立省级安全监督管理办公室，对民航事务实施监管；③ 机场属地化管理，中国民航局将多数机场的管理权及相关资产、负债和人员下放所在省（区、市）管理。

（4）进一步向市场化转变。我国民航运输业在 2006 年进一步推进了改革步伐，主要包括三方面内容：① 在行政管理上，继续推进政企分开、政事分开、政资分开的原则，凡是企业能够自主决定的，市场机制能够自行调节的，行业组织或者中介机构能够自律管理的事项，政府主动退出；② 在运输经营上，继续鼓励、引导各类社会资本投资民航，票价实行市场调节，全面放开干线机票价格、上限管制支线机场价格；③ 在机场管理上，实行企业化经营管理成为趋势，同时推进机场由生产经营型管理向飞行区生产经营型管理和航站区资产经营型管理相结合转变。[13，14]

3.2.2　典型企业：东方航空物流有限公司

1．东方航空（简称"东航"）混改

2016 年，国家明确东航集团、联通集团、南方电网、哈电集团、中国核建、中国船舶等中央企业作为首批混合所有制改革试点企业，其中，东航物流成为民航领域首家进行混改的试点企业。东航物流拥有较丰富的空中资源——中货航、东航货运腹舱和现在的航线网络。从 2012 年开始，东航集团主导东航物流走"天网+地网"的转型之路，通过多次内部重组整合，东航物流已从单纯的货运承运人升级为高端物流服务集成商，结束连年亏损，已实现连续 3 年盈利。

东航物流的"混改"主要分三步走，从股权转让到增资扩股，未来将争取国有资本进一步减持，从 45% 下放到 1/3，最后实现东航物流混改上市。

2016 年 11 月，东方航空发布公告称，将其所持有的东航物流 100% 的股权，以 24.3 亿元的价格转让给东航集团旗下的东航产投。从此，东航物流的混改序幕正式拉开。2017 年 6 月 19 日中国东方航空集团公司（下称东航集团）旗下的东方航空物流有限公司（下称东航物流）宣布与联想控股股份有限公司（下称"联想控股"）、普洛斯投资（上海）有限公司（下称"普洛斯"）、德邦物流股份有限公司（下称"德邦"）、绿地金融投资控股集团有限公司（下称"绿地"）4 家投资者，以及东航物流核心员工持股层代表，在上海正式签署增资协议、股东协议和公司章程。根据协议东航物流将实现股权多元化，东航集团、联想控股、普洛斯、德邦、绿地、东航物流核心员工分别持有东航物流 45%、25%、10%、5%、5%、10% 的股份。东航实际投入 18.45 亿元国有资本，有效引入 22.55 亿元非国有资本，切实放大国有资本的带动力和影响力。联想控股、普洛斯、德邦此次作为战略投资者入股东航物流，绿地作为财务投资者入股。首批 125 名东航物流核心员工共持有新公司 8% 的股份，预留 2% 的股份给将来新加入的员工。

改革后，东航物流资产负债率将从 2016 年 12 月底的 87.86% 降至 75% 左右，达到全球一流航空物流企业的平均负债率水平。混改不只是帮东航物流减轻了包袱，不到一年，其核心财务指标也都显著增长。据悉，2017 年公司净资产为 21.42 亿元，增长 238.4%，总营收及利润分别为 77.51 亿元、9.23 亿元，分别增长 31.7%、72.8%。

混改后的东航物流董事会共由 9 人组成，东航占 5 席，联想占 2 席，普洛斯占 1 席，核心员工持股平台占 1 席。东航集团作为第一大股东，对重大事项决策具有一票否决权，但公司同时也保留了股权比例合计 1/3 以上非国有股东的否决权，以实现有效制约。

董事会层面，东航集团同样在多数事项上拥有控制权，但对于投资人最为关注的重大事项，既保留了东航集团的主要建议权，又保留了董事比例合计 1/3 非国有股东的否决权。

在机制方面，东航物流在混改后建立了市场化的薪酬管理体系、激励机制和约束机制。管理人员中，公司推行了独立经理人制度，以"一人一薪，一岗一薪"为目标，对选聘的职业经理人和员工实行市场化薪酬分配和考核机制，同时通过员工持股，建立完善了中长期激励机制。

实际上，东航集团是国内最早试图通过股权多元化来改善经营管理的航空运输企业之一，其早在 2007 年便与新加坡航空公司以及新加坡国有投资机构淡马锡达成协议，试图引入资金和管理，从而在中国最好的航空枢纽港上海加强竞争能力。但因国内复杂的竞争环境，这一提早 10 年就启动的战略布局最终未能实现。

此次东航混改对于外部资本的引入进行了企业发展战略的深度考量。东航物流启动混改，引起市场巨大的兴趣。东航前后接触过 100 多家企业，最终选定联想控股、普洛斯、德邦和绿地集团这 4 家作为战略合作伙伴。挑选的标准是这些企业在行业中处于领先地位，与东航有资源互补，能够产生协同效应。东方航空集团公司董事长刘绍勇认为，伴随着全球化电子商务产业的迅猛发展，物流产业已经逐步形成了"大数据+现代仓储+落地配"的新型高端商业模式，单一企业的核心竞争力正在向系统竞争力、产业链竞争力、生态圈竞争力演变，从而形成新型物流产业体系。民营资本和国有资本互有优劣势，需要深度合作与融合。

在这三大战略合作伙伴中，普洛斯与德邦无疑与东航物流的现有业务匹配度最高。事实上在形成股权关系之前，普洛斯与德邦就已经跟东航物流有了颇多业务往来。德邦有国内最具规模的地面网络，覆盖快递、快运、整车、仓储与供应链等多元领域，东航与德邦的合作是地网与天网的融合，战略上高度协同，业务亦可优势互补，可以发挥东航的航空时效优势，并使其跨境电商业务落地。东航在 2014 年全面启动转型后，确立了"一个平台，两个服务提供商"的战略定位，但在打造"快供应链平台"时，曾有过争论是否东航物流需要构建自己的干线物流体系和末端派送网，这意味着百亿级别的巨额投入。借助此次混改，东航物流选择引入战略合作伙伴来协同搭建平台，实现目标。

选择普洛斯与其另一项战略定位相关，东航物流打算集聚优势成为航空物流地面服务综合提供商，以航空货站服务为基础，以监管仓库、增值仓储为配套，以跨境电商特殊监管区、物流地产为延伸，强化跨境电子商务（简称"电商"）物流平台的核心竞争力，提升航空物流产业的集聚效应。这一点无疑将更多用到普洛斯的专业经验和帮助。

中国企业研究院首席研究员李锦指出，东航物流的混改有 3 个经验可供后来的央企混改借鉴。一方面，东航集团放弃 50% 的绝对控股权，选取了 45% 的股比来推进整个混改，这是在央企混改中第一个这么做的，表现出集团高层改革的强烈决心和勇气；另一方面，在员工持股比例上也突破了以往多个国企所制定的 5%、6% 的激励机制，让市场化的机制更好地解决人才流动问题。而最重要的亮点是在"脱马甲"。东航物流所有员工都需转换国有企业人员身份，先与东航解除劳动合同，再与东航物流签市场化新合同，重新以市场竞争人员入场，这种体制机制的双突破是混改成功的关键。

"这不是一个令所有人满意、舒服的持股方案"，东航物流总经理李九鹏指出，与以往员工持股方案偏向激励机制不同的是，东航物流的员工持股方案更强调约束机制。因为购买东航物流股份并不是一件明显看得到发一笔横财的事。拥有股权的高管不仅需要出真金白银购买股份，而且作为重资产的物流公司，高管们每个人需投入上千万元，能获得的股比仅为零点几，远非其他轻工行业出资几千万就能获得超过 10% 的股份，加之物流行业的 *PE* 值普遍在 30 倍左右，东航物流今后再上市，与现在的估值价格相比增值不过三四倍，"若是扣除利息和通胀，没准这几年算是白打工了"。有鉴于此，对于股东们坚持要求的核心员工持股，在东航物流内部曾遭遇不同看法，有人因此退出离开，选择付出"身家性命"并与东航物流共进退的核心高管，组成了现在这个管理团队。李九鹏透露，"所有员工持股所付出的真金白银为4.1 亿元"。

2．打破"十年九亏"怪圈

过去几年，东航物流一直在为从单纯的货运承运人向现代物流服务商转型努力，希望走出传统航空货运公司"十年九亏"的怪圈。

与赚钱不易的航空客运相比，航空货运市场更是难熬。最近几年，一些传统的全货运航空公司陆续退出市场，欧洲航空货运巨头汉莎航空与深圳航空组建的合资公司翡翠航空也走向了破产程序。有数据显示，2010—2015 年，整个中国民航的货运量增长了 12%，但运价却下降了 27%。2015 年，国航、东航、南航三大航的货运平均价格为 1.27 元 /（吨·千米），几乎没有利润空间。与之相对的是，顺丰、圆通等国内快递企业纷纷组建自己的货运航空公司，联邦快递、UPS 等国际快递巨头，也频频新增到中国的货运航线。

东航物流总经理李九鹏表示："货运航空亏损，并不是规模问题，而是商业模式问题，因此东航物流希望打造快供应链平台，做高端物流解决方案服务提供商和航空物流地面服务综合提供商。"

"东航产地直达"就是李九鹏所说的东航正在打造的快供应链平台，也是东航物流扭亏为盈的重要贡献板块，主要是将国外的生鲜、鲜花、车厘子等，利用东航的货机优势运到国内，再由东航进行报关、报检后，运送到国内其他机场或者国内仓，并由自有平台以及京东、中粮我买网等电商平台或市场销售。

"东航产地直达"始于 2013 年年末，其以西半球车厘子洲际航空物流作为突破口，取得了良好的市场效果，已经成为东航物流的"拳头产品"。近年来，因为高效、便捷和能提供完整物流服务，"东航产地直达"已经成为美国、智利等国车厘子进入中国市场最重要的航空物流途径，业务量持续增长。

以 2017 年上半年美国、智利两个车厘子成熟季为例，东航物流分别增加了近 50 个航班，全部为产地直达全货机，运输量比 2016 年增长了约 40%。这些全货机除了运输车厘子之外，也运输蓝莓、三文鱼等其他高净值生鲜产品。

除了利用东航物流自有的中国货运航空公司的全货机之外，在 2017 年的"东航产地直达"运输中，还有总数达 50 余个的特殊全货机航班。这些航班的运力均来自东航物流采购的美国 K4 货航、卢森堡货航、卡塔尔货航、埃塞俄比亚货航等外国航空公司，是历年来"东航产地直达"采购外航运力最多的一年。

除了运力"走出去"之外，"东航产地直达"所涉及的到港航点，也在东航主基地上海的基础上，走得更远。郑州已经成为东航物流另一个越来越重要的全货机枢纽，保障了相当一部分的产地直达航班。在 2017 年的车厘子成熟季，宁波、合肥和武汉也已成为东航产地直达洲际宽体全货机的新航点。

与此同时，"东航产地直达"供应链品牌走出了国门，通过全货机为韩国和东南亚地区提供车厘子、蓝莓等生鲜产品。

从 2013 年"东航产地直达"供应链产品一炮打响至今，通过几年的成功运营，东航物流已积累了丰富经验，建立了完善的服务体系。这些经验和软件体系涵盖了从组织货源开始，到为贸易商、线下新零售企业、电商企业贴身设计打造供应链，再到运输、通关。

而由混改创造的互补协同发展契机也正在涌现。自 2017 年下半年以来，东航物流的又一重要供应链产品"东航跨境直达"已经开始与德邦物流合作，面向海外消费者购买中国产品的出口海淘小包裹市场，将德邦物流的地面网络与东航物流的中国货运航空全货机、跨境服务体系相结合，延长从中国出口的跨境直达供应链，受到海外消费者和我国电商企业的欢迎，2018 年进一步扩大市场规模。

此外，东航物流也正在与联想投资的知名国际性水果企业——佳沃鑫荣懋合作，探索共同开展更多生鲜领域的业务。

3.3 电力领域

3.3.1 行业发展概况

2016 年 10 月中央企业"6+1"混合所有制改革试点推出。首批国有企业混改试点名单包括东航集团、联通集团、南方电网、哈电集团、中国核建、中国船舶和浙江省混改试点。其中，南方电网作为我国两大电网公司之一入选混改试点，表明国家对电力行业混改的重视程度非常高。同时，哈电集团主营业务中包含发电设备生产业务，中国核建为核电站核岛工程主要承包商，这两家企业也与电力行业有着密切联系。首批混改"6+1"试点中 3 家企业是电力企业，体现出电力行业在本轮国有企业改革中的重要地位。

电力行业是关系国计民生的重要公用事业，其健康发展对于国民经济的增长和人民生活水平的提高具有重要作用。我国电力行业和发达国家相比，具有一定的特殊性，如电力行业垄断程度高，市场化程度低，资产证券化率低，电价形成机制不科学等，电力行业改革势在必行。电改的最终目的是给电力用户提供高质低价的电力及服务，在当前我国电力过剩而电价过高的背景下，降低电价对于降低实体经济企业成本、推动经济增长具有重要作用。电力改革得到了地方政府的大力支持，地方政府成为推动电力体制改革的中流砥柱。基于以上原因，电力行业成为本轮混改重心[15]。

混改电改一脉相承，通过混合所有制改革放开配电、售电市场的垄断是新电改的核心内容。电力行业混合所有制改革的根本目的是为电力体制改革服务，帮助完成放开售电侧与增量配网的目标。因此，电力行业混改与电改一脉相承，最终都是为了促进用电服务与电力需求侧业务的发展，提高用户的用电效率，实现电力资源的优化配置。

在经历了 2002 年电力体制改革后，我国的电力行业实现了厂网分开，将原有的国家电力公司分拆为五大发电集团与两大电网集团，然而这轮改革并没有改善我国电力行业的垄断情况。在发电侧，虽然形成了五大发电集团、地方电力公司、民营企业等多市场主体的格局，但是五大发电集团发电装机容量占据了总装机容量的 43%（2016），市场竞争仍然不充分；在电网环节，国家电网和南方电网垄断了电力调度、输电、配电、售电等非自然垄断环节，形成了超级垄断的业态，即电网公司既是独家批发商，又是主要零售商，既是独家采购商，又是主要供应商，电网公司的垄断已经超过了规模经济的上限。垄断产生了电网公司盲目投资扩张、电网建设造价过高、地方供电保障能力削弱、电价形成机制不科学、电网公司巨量超额利润等一系列副作用。我国的电价形成机制是电网垄断的集中体现，上网电价和销售电价均由政府核定，电网企业收取购销差价，电价不能反映市场供求。随着我国电力供过于求，发电端竞争让利，上网电价下降，而由于电网公司的垄断地位，销售电价下降的幅度很小，电网公司获得了不合理的超额利润。

从股权结构来看，电力国有企业存在"一股独大"的现象。根据统计，截至 2016 年年底，A 股电力行业上市公司总数 232 家，总市值 32 557.53 亿元，上市公司控股股东平均持股比例 33.05%，其中国有电力企业上市公司数量为 82 家，市值 17 493.4 亿元，控股股东平均持股比例 39%。由此可以看出，电力行业国有企业体量巨大：国有企业数量仅占全部电力企业的 35%，但占据电力企业总市值的 54%，并且控股股东持股比例高，存在"一股独大"现象。这导致国有企业的现代企业制度不能发挥其最佳的效果，仍会出现行政化的企业管理方式。

从经营状况来看，电力国有企业经营效益高，但是服务质量差。通过对电力行业全部 232 家上市公司进行财务分析发现：从财务标上看，国有企业不论是从营运能力、资本结构还是盈利能力都优于或接近于民营企业，而国务院国资委控股的国有企业（以两大电网集团、五大发电集团为主）各方面财务指标也优于地方国资委控股的国有企业。因此，电力国企的整体经营效益优于民营企业。

另外，国有企业还能享受到更高的政府补助，其中国务院国资委控股企业能获得高于国企平均水平的补助。因此，实质上，国有企业表现出的高效益，一部分来自政府的补助与政策保护。

2015 年 3 月，中共中央、国务院《关于进一步深化电力体制改革的若干意见》正式公布。社会资本开放售电业务和增量配电业务，社会资本和个人均可投资成立售电公司。文件中，明确提出深化电力体制改革的重点和路径：在进一步完善政企分开、厂网分开、主辅分开的基础上，按照管住中间、放开两头的体制架构，有序放开输配以外的竞争性环节电价，有序向社会资本开放配售电业务，有序放开公益性和调节性以外的发用电计划；推进交易机构相对独立，规范运行；继续深化对区域电网建设和适合我国国情的输配体制研究；进一步强化政府监管，进一步强化电力统筹规划，进一步强化电力安全高效运行和可靠供应。

3.3.2　典型企业：国家电网

国家电网有限公司（简称"国家电网"）成立于 2002 年 12 月 29 日，是根据《公司法》规定设立的中央直接管理的国有独资公司，是关系国民经济命脉和国家能源安全的特大型国有重点骨干企业。公司以投资建设运营电网为核心业务，承担着保障安全、经济、清洁、可持续电力供应的基本使命。公司经营区域覆盖 26 个省（自治区、直辖市），覆盖国土面积的 88% 以上，供电服务人口超过 11 亿人。公司注册资本 8 295 亿元，资产总额 38 088.3 亿元，稳健运营在菲律宾、巴西、葡萄牙、澳大利亚、意大利、希腊等国家和中国香港地区的资产。公司连续 13 年获评中央企业业绩考核 A 级企业，2016—2017 年蝉联《财富》世界 500 强第 2 位、中国 500 强企业第 1 位，是全球最大的公用事业企业。

1．强劲科技支撑

（1）创新体系。

目前，国家电网初步建成了以直属科研单位、直属产业单位、省属科研单位、海外研发机构为主体，以外部科技力量为协同，层级清晰、分工明确，利于发挥各自优势，便于业务协同的科技创新体系（见图 3-3）。

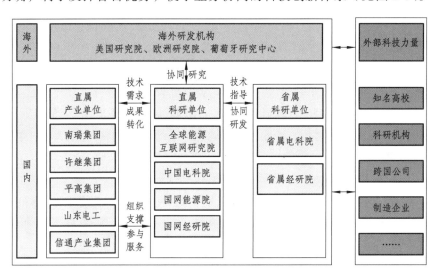

图 3-3　国家电网创新体系

其中，直属科研单位包括中国电科院、全球能源互联网研究院、国网经研院和国网能源院（见表3-4），国家电网将建设成为引领公司和电网发展的技术创新中心和支撑服务中心。

表 3-4　国家电网直属科研单位

中国电科院	重点开展电网共性和基础性关键技术研发、试验检测和技术标准制定，协同省属电科院开展支撑服务
全球能源互联网研究院	围绕全球能源互联网发展需求，开展基础、前瞻、前沿技术研究和设备开发
国网经研院	重点开展电网规划和工程设计技术研究，承担电网规划、设计、技经分析、标准制定等工作
国网能源院	重点开展公司战略与运营技术研究，为公司战略规划、运营分析、营销发展、电力改革、国际化等问题提供决策支撑

直属产业单位包括南瑞、许继、平高和山东电工电气、信通产业集团等集团（公司），围绕电工装备产业链，发展具有核心竞争力的高端产品，开展产品研发、科技成果转化和市场推广工作，建成引领国际电工技术发展的高端装备研发中心和效益创造中心。

海外创新技术研发机构业务定位于全球能源互联网、智能电网相关学科的基础性、前瞻性研究，服务公司重大技术、产品创新，成为公司前沿科技成果转化的孵化器、科研体制改革的试验田。除此之外，国家电网还不断加强与外部优势研发资源的合作，包括国内外知名高校、企业和科研机构、院士团队等，提高对外发布科技项目比例，提升创新活力和效率，提高公司的社会影响力，营造良好的外部环境。

（2）实验资源。

国家电网还大力推进实验研究资源建设，构建了国家、公司和基层3级实验体系，综合实验研究能力达到国际领先水平（见图3-4）。

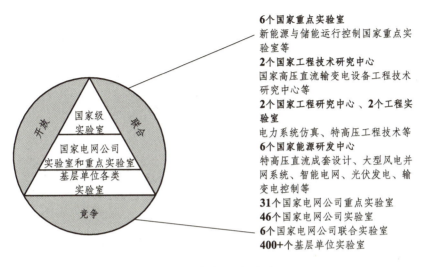

图 3-4　国家电网实验资源

（3）科研人才。

在企业人才队伍建设方面，国家电网认真贯彻"科技兴企"方针，大力实施"人才强企"战略，紧紧抓住选拔、培养、使用、考核 4 个环节，对人才队伍建设进行了积极的探索和实践。遵循"服务发展、人才优先、以用为本、创新机制、高端引领、整体开发"的指导方针，制定了《国家电网公司优秀人才管理手册》，建立 4 级、4 类、4 种称号人才选拔培养体系（其中，4 级人才为国家、公司、省公司、地市公司 4 个层级；4 类人才为经营、管理、技术和技能 4 个类别；4 种称号人才为科技领军人才、专业领军人才、优秀专家人才和优秀专家人才后备 4 种称号），明确人才逐级选拔培养原则，构建各级各类人才发展通道。

科技领军人才指在公司重点工程建设、核心技术研发、关键设备研制中做出突出贡献，取得重大成就，在行业内有较大影响，具有发展潜力的科技带头人，作为院士后备人选重点培养；专业领军人才指在公司专业领域内精通业务，具有国际视野和战略思维的复合型、权威型专业带头人；优秀专家人才指具有深厚理论知识、丰富实践经验，在专业领域有较高专业水平和知名度的优秀专家；优秀专家人才后备指具有一定工作经验，业绩成果突出，有培养和发展潜质的优秀青年员工。

截至 2017 年年底，公司 4 级 4 类人才总量已达 7.8 万。

国家电网专利申请量年均增长 43%，专利授权量年均增长 39%，发明专利申请量和累计拥有专利量连续多年排名央企第一。2016 年，公司申请发明专利 11 378 项（排名央企第一），获授权发明专利 3 912 项（排名央企第一）。截至 2016 年年底，公司累计拥有专利 62 036 项（排名央企第一），其中发明专利 12 200 项（排名央企第二）。

截至 2016 年，公司已累计获得国家科学技术奖 59 项。其中，特等奖 1 项、一等奖 6 项、二等奖 52 项。

（4）标准工作。

国家电网高度重视技术标准工作。在国家有关部委、中电联等的关心指导下，公司技术标准工作体制机制不断完善，标准体系日臻成熟，标准制修订成效显著，标准化科研硕果累累，标准国际化工作不断取得创新突破。在支撑公司和电网发展的同时，公司技术标准工作也在助力我国提高国际标准化领域的影响力和话语权方面起到积极作用。

截至 2017 年上半年，公司牵头制定国际标准 44 项，制修订国标行标 1 794 项，发布企标 1 824 项，承担 37 个国行标标委会秘书处工作。

2. 多元产业支撑

国家电网旗下有 38 家直属单位，其中有 16 家直属产业公司，6 家上市公司。国家电网直属产业作为公司业务的重要组成部分，是公司服务经济社会发展的重要力量，其业务板块包括电工装备制造、信息通信与电子商务、节能与电能替代、境外投资与运营、工程总承包等。

（1）高端装备制造。南瑞集团、许继集团、平高集团、山东电工电气、国网信通产业集团主要承担高端装备制造。作为振兴民族装备制造业的重要力量，国家电网围绕电工装备制造产业链实施一体化经营，以"提质、增效、升级"为重点，突出发展高端优势业务，显著增强产业核心竞争力，推动行业技术进步和产业结构优化升级，培育具有国际竞争力的民族品牌，面向全球市场提供电工装备、系统集成和增值服务。

（2）"互联网+"领域。国网电动汽车公司、国网电商公司、国网信通产业集团、南瑞集团主要承担"互联网+"领域。重点发展方向为电动汽车服务、电子商务、信息通信。以信息通信技术支撑能源互联网创新发展为使命，开拓车联网、云服务、物联网、地理信息、信息安全等业务，建设集车桩全寿命周期、清洁替代、电能替代、智能互动、金融创新等线上线下服务功能为一体，特色鲜明、模式领先的"互联网＋能源"创新发展新业态。

（3）节能环保领域。国网新源公司、国网节能公司、鲁能集团主要承担节能环保领域。落实国家节能减排国策、推动经济社会绿色发展，立足电网，面向建筑、交通、工业等行业，以节能环保和电能替代为重点，统筹公司系统相关业务资源，开发国内国际两个市场，打造一流节能服务品牌。重点发展清洁能源生产、节能服务以及电能替代。加快抽水蓄能电站建设，积极稳妥推进风电、光伏项目开发，推动生物质发电向生物质能综合开发利用转型升级；聚焦电网、建筑、交通、工业四大领域，积极开拓节能市场，推动能源清洁高效利用；积极稳健推进以电代煤、以电代油，引领能源绿色清洁高效利用。

（4）通用航空。通用航空业务由国网通航公司承担，业务范围主要包括电网运维、勘测设计、应急救援、基建施工、科学试验、客货运输等。

（5）传媒业务。传媒业务由英大传媒承担，以发展现代传媒为核心，为公司开展新闻宣传服务，业务范围主要包括报纸、图书、期刊、影视、数字化和品牌策划等。

（6）房产物业。房产物业业务由鲁能集团和国网中兴公司承担，控股天津广宇发展股份有限公司，业务范围涵盖住宅产品开发、商业地产项目开发运营以及物业管理服务。

（7）物资服务。除此之外，国家电网还有通用航空、传媒业务、房产物业、物资服务等其他业务。物资服务业务由国网物资公司承担，业务范围主要包括集中招标代理、总部直管工程物资供应服务和物力集约化管理支撑服务等。

（8）金融业务。除了产业公司，金融业务也是国家电网业务的重要组成部分。国家电网金融业务作为公司产融结合平台，通过强化公司系统资金管理、保险保障、资产管理等，有力支持了电网建设和公司发展。金融业务涉及银行、保险、资产管理三大板块，涵盖 10 个专业金融单位，参股 23 家机构。

2010 年年底，国家电网创新金融产业管控模式，成立了国网英大国际控股集团有限公司和国网英大国际集团。

目前，国网英大集团已发展为中国电力财务有限公司、英大泰和财产保险股份有限公司、英大泰和人寿保险股份有限公司、英大国际信托有限责任公司、英大证券有限责任公司、英大长安保险经纪有限公司、国网国际融资租赁有限公司、英大期货有限公司、英大保险资产管理有限公司、英大基金管理有限公司等 10 个专业金融单位，参股 23 家机构的金融控股集团。国网英大国际集团自组建以来，立足电网、面向市场，服务主业、服务行业，持续优化业务布局，不断深化产融结合，加快做强做优做专做精金融业务，有力支持了电网建设和公司发展。

3.4 我国国有企业运行机制的启示

我国国有企业改革最初的十几年，主要是在运行层次上做文章。无论是 1979 年的国营企业放权，1980 年的"利润留成"，还是之后的"经济责任制""利改税""承包制"，都是从企业运行机制的层面上探索如何增强国有企业的运行活力。随后，国有企业改革的重点开始转移至国有资产管理和产权制度层面。如今，随着我国经济的高速发展和我国国有企业改革进入深水区，如何在社会主义市场经济体制下，在国有资产管理和国有企业治理结构双重变革的形势下，从企业本身出发，探索符合市场发展趋势的企业运行机制，打造在国际国内环境中具有市场竞争力的优秀国有企业，再次成为新时期国有企业改革不容忽视的一点。

从 2013 年成立中国铁路总公司实现铁路政企分开到 2017 年完成各铁路局改制，铁路领域拉开了改革序幕。同时，随着国家路网不断完善，高速铁路迅猛发展，如何抓住铁路领域改革和发展的双重契机，摸索健力高效的企业运行机制，盘活铁路体量庞大的国有资产，是铁路改革的又一关键命题。

通过对中国铁塔股份有限公司、中国联合通信网络股份有限公司、东方航空物流有限公司、国家电网等典型企业运作的思考，总结出以下国有企业运行机制的启示。

1．借力"混改"

中国联通和东方航空物流被称为我国国有企业改革的"混改样本"，从以上两家公司的改革实践中可以看到，企业资本混合所有是一把破门斧，对于企业决策机制、激励机制、人事构成、战略发展等方面都具有开辟性的推进作用。

（1）完善企业法人治理结构，优化董事会结构组成，促进企业决策机制科学高效。联通通过混改，在董事会中引入了外部董事和独立董事，进一步优化多元董事会组成结构。董事会席位从原来的 7 席扩大到 13 席，其中非独立董事拥有 8 个席位，独立董事拥有 5 席。8 名非独立董事中，只有 3 位来自中国联通目前的管理层，其余 5 位为新入股的股东代表。股权结构的多元化有利于公司决策的公开公正以及决策科学，在公司发展过程中引入更多专业的新声音。

（2）员工持股，开拓企业激励约束机制新局面。借助混合所有制改革，推行核心员工持股，无论是像联通一样侧重激励层面，还是像东航一样侧重约束层面，此举对于改善国有企业员工"不作为"现象无疑有着积极意义。对于铁路这样体量庞大的国有企业，有效的员工激励策略会是企业前进的船桨。

（3）精简人事，降低成本，提高效率。联通和东航在混改之后，都进行了人事机构的精简，易岗易薪，借着企业混合所有制改革的东风瘦体健身。机构臃肿是国有企业长期存在的弊病，大面积的人事调整需要契机，而混改则是一个良机。

（4）借机混改，引入战略合作伙伴，促进企业战略转型。在对企业资本进行混合改制时，对于引进的外部资金，企业同时还要进行战略考量，进行多方甄选，以便在引进资金的同时，发展战略合作伙伴。联通引入百度、腾讯、阿里等资本，为后期互联网化转型奠定了基础，而东航物流也基于自身战略发展的考虑，选择了德邦和普洛斯，舍弃了长期合作的顺丰。混合所有制改革可以为企业战略发展提供合作契机。对于铁路行业来讲，路网、运营、装备、工程等各领域交互性强，可借鉴混改战略合作的模式，以交叉持股的方式互促互进，融合发展。

2．多元经营

国有企业往往资金实力雄厚，在专注主营业务的同时，利用自身的资本优势开拓多元业务，以主营业务支撑多元产业，以多元产业反哺主营业务，形成主辅交互、齐头并进的发展局面。

同样是多元经营，中国铁塔和国家电网却有所区别。中国铁塔原本仅为通信运营商提供服务，后面向社会开放资源。这种多元经营主要是向外推广自身主营业务，将核心资源进行多样化运营，不再局限于原有的单一领域。

而国家电网则是直接投资其他领域，如金融、房地产等，这种多元经营是不同类的多元。相较于中国铁塔式的多元经营，铁路领域更多的是涉及国家电网式的多元经营，尤其是在房地产行业。铁路行业的路网类公司由于拥有丰富的土地资源，在发展房地产开发及相关物业开发时，更有优势，而运营类企业则可以借鉴日本各轨道公司多元经营的经验，在商业、旅游业等方面进行开发。未来，铁路行业也可同国家电网一样，涉及多个领域，以多元副业支撑主业发展。

3．科技兴企

国家电网的成功离不开科技力量的支撑。由于具有完备的创新体系，丰富的实验资源，有力的科研队伍，国家电网在国际环境中仍然具有强劲的竞争力。铁路领域的装备、工程类企业在注重企业经营时，也应当营造一个有力的科研后盾。科技作为第一生产力，将会形成这类企业的核心竞争力，并给予企业生生不息的发展动力。在我国高铁走向世界的发展环境中，更需要科技作为与他国竞争的支撑。

所以，铁路装备、工程类企业应当重视企业科研投入，形成有力的企业品牌核心竞争力。

4．产品打造

"航空货运的亏损，不是规模问题，而是商业模式问题。"东航物流摸索出了新的商业模式，扭亏为盈。产品打造也与企业发展战略息息相关。东航物流定位于打造快供应链平台，做高端物流解决方案服务提供商和航空物流地面服务综合提供商，不仅打造了"产地直达"等运输产品，还引入战略合作伙伴德邦和普洛斯。

铁路货运应当如何适应市场发展，摸索出属于自己的运输模式，打造特色的运输产品，是当前铁路运输经营的突破点。铁路运输产品的打造应当首先从企业战略发展的层面进行规划，系统、全面、长期、深入地铺开，比起临时起意的运输产品，融合战略发展的产品会得到企业更全面的支撑，走得更远且收效更好。

3.5　本章小结

本章主要探讨了通信、航空、电力三大领域典型国有企业运行机制，分析了中国铁塔、中国联通、东方航空物流、国家电网等企业的运营现状及相关运营措施。主要内容如下：

（1）在通信领域，成立了将基础设施统一管理的中国铁塔股份有限公司，取得了良好的经营效果；中国联通实行"混改"，激发企业活力，推动企业改革。

（2）航空领域，东方航空物流实行"混改"，摸索出了适宜的经营方向，扭转亏损局面。

（3）电力领域，国家电网作为全球最大的公用事业企业，拥有强劲的科技支撑体系，并在企业多元经营方面取得了较多成果。

我们建议：① 铁路各领域应当积极推行混合所有制改革，以此作为企业运行机制改进的契机。② 铁路各领域可适当发展多元经营，以主营业务支撑多元产业，以多元产业反哺主营业务，形成主辅交互，齐头并进的发展局面。③ 铁路装备、工程类企业应当重视企业科研投入，形成有力的企业品牌核心竞争力。④ 铁路运输产品的打造应当首先从企业战略发展的层面进行规划，系统、全面、长期、深入地铺开。

第 4 章 铁路路网领域的企业运行机制

在"统分结合的网运分离"的铁路网运关系调整中，路网将与铁路运营分离开来，作为单独的路网企业。本章主要描述在网运分离的新型模式下，路网企业如何承担国家铁路基础设施的建设维护者、国家铁路基础服务的提供者、与其他各产业融合发展的主导者等职能，如何与运营、投资、装备、工程等领域协调运作。

4.1 瘦身健体：从铁总到路网公司

2015 年 8 月，党中央、国务院印发《关于深化国有企业改革的指导意见》，为深化国有企业改革指明了方向。2016 年 5 月 18 日，国务院第一百三十四次常务会议审议通过《中央企业深化改革瘦身健体工作方案》，会议提出立足以改革促发展，坚持企业主体，充分发挥市场配置资源的决定性作用和更好发挥政府作用，促进中央企业"瘦身健体"、提质增效，以促改革调结构增强企业竞争力。

会议决定，2016 年选择一批中央企业启动压缩管理层级和压减法人层级、法人单位试点，力争用 3 年时间使多数中央企业管理层级压缩到 3～4 级以内，法人单位减少 20% 左右。同时，做优做强企业主业，有序转让退出非主业资产，控制连续亏损、从事非主营业务等企业的员工总量，严格定岗定编定员，精简管理部门和人员，加快构建更加符合市场经济要求的劳动用工和收入分配机制。

中国铁路总公司作为重要的中央企业，应当继续深化改革，加大自身"瘦体健身，提质增效"的改革力度。

4.1.1　瘦体健身的基本设想

长期以来，我国铁路运输业的自然垄断性与市场竞争性互相交织，阻碍了以市场为导向的铁路改革进程，铁路改革明显滞后于其他具有垄断性质的大型国有企业改革。经营管理水平有待提高、中长期债务难以处理、公益性补偿不到位、现代企业制度不完善、社会资本难以进入等诸多问题存在于我国铁路的综合管理、企业经营、投资建设和计划规划等各个层面。

铁路网运关系是经营管理体制的重要组成部分，直接决定经营管理体制能否适应市场需求、是否符合发展趋势。我国铁路作为一个网络型、超大型自然垄断行业，如何处理路网与运营之间的关系，已经成为全面深化铁路改革技术层面的首要关键问题。

中国铁路总公司（简称"铁总"）总经理陆东福在 2018 年 3 月接受记者采访时提到，要"研究以路网运营企业、专业运输企业及非运输企业为重点的资源整合、资产重组、股改上市等方案"。

关于上述"路网运营企业与专业运输企业的资源整合"的理解，笔者认为包含以下两个层次：

一是企业内部的整合，即路网运营企业内部的资源整合（如各个专业站段的整合）、专业运输企业内部的资源整合（三大专业运输之间是否需要整合）、非运输企业内的资源整合（如中国铁道出版社、人民铁道报社、各铁路局集团铁道报社的整合）。

二是路网运营企业与专业运输企业之间的整合。在网运关系中，笔者将之解读为"将目前铁总所属各铁路局集团的货运资源整合到专业运输公司里去"。这也就是笔者主张的网运分离的过程，也是铁总"瘦体健身"的过程。

【专栏 4-1】　让中国铁路"领跑"世界
　　　　　　　　——陆东福代表就铁路热点答记者问

新华网北京 2018 年 3 月 7 日电（记者　齐中熙）"高铁网络、电子商务、移动支付、共享经济等引领世界潮流"。今年政府工作报告中，中国高铁再次引发关注。春运中，百姓也切实感受到了铁路出行的新变化。

2018 年 3 月 7 日，全国人大代表、中国铁路总公司党组书记、总经理陆东福接受了本网记者专访，回应了社会关注铁路的众多热点问题。

记者：今年是改革开放 40 周年，请问铁路系统有哪些重大改革举措？

陆东福：2013 年铁路实施政企分开成立中国铁路总公司以来，我们对总公司和所属 18 个铁路局进一步明晰了职能定位，厘清了管理关系和方式，建立了管理制度体系，初步形成了上下贯通、法治化市场化经营体制。去年，又顺利实施了铁路局公司制改革和总公司机关组织机构改革，制定了发展混合所有制经济的意见和新建铁路项目吸引社会投资暂行办法，并做了一些积极探索，同时，大力推进铁路运输供给侧结构性改革。一些改革成效已经显现，一些改革重点已经破题，铁路改革正处在关键窗口期，我们将坚定不移地全面深化改革。

一方面，加强党对国铁企业的全面领导。我们要保持政治定力，坚持以人民为中心发展思想，正确处理好政府、企业、市场三者的关系，把握好铁路建设发展服务国家的战略、服务经济社会发展的价值取向，坚持和发挥集中力量办大事的体制优势和铁路行业专业优势，促进铁路事业持续优质发展。

另一方面，加快建立具有中国特色现代国铁企业制度和运行机制，力求取得改革新突破。在进一步完善所属 18 个铁路局集团公司法人治理结构的基础上，巩固总公司机关组织机构改革成果，尽快完成总公司公司制改革；按照提高铁路核心竞争力、做强做优做大国有资本的方向，积极推动铁路领域混合所有制改革和铁路资产资本化股权化证券化改革，加快推进非运输企业重组改制，积极探索铁路公司混改、债转股法治化、市场化途径，探索推进铁路企业发行资产支持证券工作；研究以路网运营企业、专业运输企业及非运输企业为重点的资源整合、资产重组、股改上市等方案，推出一批对社会资本有吸引力的项目；继续深化铁路运输供给侧结构性改革，加快铁路网与互联网的融合发展，深化"三项制度"改革，强化全面预算管理，增强铁路企业发展活力，推动中国铁路效率效益持续提升，实现高质量发展。

新华网

2018 年 3 月 7 日

资料来源：http://www.xinhuanet.com/politics/2018lh/2018-03/07/c_129824949.htm。

网运合一的经营管理体制是阻碍社会资本参与铁路建设和运营的"玻璃门"，直接导致铁路竞争机制缺乏，市场配置资源的决定性作用难以发挥，不仅难以满足市场经济条件下铁路行业的发展需求，并在不断激化铁路内部矛盾，一定程度上成为铁路进一步发展的体制性障碍。为解决铁路发展中的诸多难题，实现当前中国铁路总公司瘦体健身，笔者提出了"统分结合的网运分离"方案。其主要特点应包括以下三方面：

一是"网与运分离"，即从事路网建设与维护的企业不参与运输经营活动。

二是"网与网统一"，即将铁路路网收归为一个大、统、全的国有企业或管理机构，坚持全国"一张网"的原则，统一规划建设、调度指挥，以充分发挥路网作为国家基础设施的重要作用。

三是"运与运分离"，即打破铁路运输经营的垄断，做大做强三大专业运输公司，同时，将铁路运营权下放到若干小、专、精的各类社会资本广泛参与的运营企业，充分放开竞争性业务，使这些企业在充分竞争的条件下提供更加优质高效的运输服务。

4.1.2　瘦体健身的必要性分析

在"统分结合的网运分离"方案下，中国铁路总公司及其下属 18 个集团公司应逐步将铁路运输业务分离出去。铁路总公司的"瘦体健身"在以下三方面具有重要意义。

1．国家所有权政策实施的需要

1978 年改革开放以来，国有企业改革已取得很大进展，但仍有不少问题有待进一步深化，如国有经济布局调整不到位、国有资产管理体制尚存不足等。这些问题的存在，除了与缺乏顶层设计和认识不清有关，很重要的一个原因就是对国有企业的分类不清。国有企业有共同的地方，但身处不同行业，存在很多差异，因而有必要从宏观方面予以分类，按国有企业的不同定位使改革措施更具针对性。

"十二五"规划纲要提出，探索实行公益性和竞争性国有企业分类管理。党的十八届三中全会通过的《中共中央关于全面深化改革若干重大问题的决定》提出，准确界定不同国有企业功能，并提出一系列国有企业在分类分层改革与监管方面的新论述。可见，实行国有企业分类管理已成为国有企业改革的一个重要趋势，即根据企业属性、产业特征和发展阶段，按公益、功能、竞争 3 个类别对国有企业赋予不同的目标和管理模式，实行分类管理。

党的十八届三中全会决定要求："国有资本加大对公益性企业的投入，在提供公共服务方面做出更大贡献。国有资本继续控股经营的自然垄断行业，实行以政企分开、政资分开、特许经营、政府监管为主要内容的改革。"针对个别中央企业业务较杂的局面，可以通过合并下属公司同类型业务的形式，推进中央企业兼并重组，然后在此基础上对国有企业进行分类。

而目前铁路行业正处于业务较杂的局面，功能使命界定不清，进而导致诸多深层次问题。笔者认为，当前是应用国家所有权政策有关理论指导铁路改革实践的最佳时机。国家所有权政策要求不同领域不同功能的国有企业应该"分类改革、分类发展"，而路网和运营就属于不同的功能，因此，具有更多公益性的路网基础设施和具有更强竞争性的运输经营业务应予分开，以便于实施分类定位、分类管理，故有必要对铁路目前的网运关系进行调整。

2．充分发挥市场竞争优势的需要

运输服务作为非自然垄断业务，应具有充分的市场开放性和竞争性。但是，我国铁路拥有庞大的路网与众多配套的基础设施，且多为沉淀资本，并存在着规模收益等明显的自然垄断特性。这些特性决定了路网很难作为竞争主体参与市场竞争，也很难有竞争对手存在。

目前，在我国从事铁路运输生产的中国铁路总公司及其下属路局

（集团公司），除了要做好日常运输生产服务工作外，还要承担全国绝大多数铁路线网建设和维护任务。特别是近年来，铁路网建设全面加速，铁路投资保持在每年 8 000 亿元以上。巨大的路网建设和维护成本对铁路运输企业而言无疑是一大累赘，且当前我国铁路运输公益性较强，铁路运输利润率较低，较其他行业投资资金回笼更慢、回报周期更长。除此以外，我国铁路长期以来一直实行全路统收统分的财务管理体制，企业很难实行独立完整的成本核算，其经营管理体制与其他运输企业在经营条件上的巨大差异使运输企业在成本收益核算中各种矛盾相互交织，成为铁路经营管理中的一道难题，一直未能解决[16]。

这在很大程度上削弱了运输企业专心从事运输生产业务的能力，降低了员工参与运输生产、研发多元化运输产品的活力和动力。若实施"统分结合的网运分离"后，运输企业减轻了基础设施建设维护所带来的巨大成本负担，从而使企业成本构成发生明显变化。在减少了基础设施给企业带来的成本压力后，铁路运输企业可以专心研究运输产品本身，为旅客和货主提供更人性化、更具特色的专业服务，并且能够与公路等运输方式在平等的基础上进行竞争，增强铁路在运输市场上的竞争力。

除了通过降低运营成本来增强竞争优势外，网运分离还可以在铁路运输市场引入充分竞争。在目前网运合一条件下，仅有铁总下辖的18 个铁路局及 3 个专业公司具有承运人资格，铁路运输领域内部几乎没有充分的竞争机制，这不符合市场经济的本质要求和客观规律。

"统分结合的网运分离"有利于强化铁路运输市场竞争，旨在为社会资本参与铁路运输服务创造更多、更好的条件，鼓励各类社会资本举办众多小、精、专的运营公司，并以强化竞争、提高效益为第一目标。发挥了路网的自然垄断优势后，客货运输市场能自然形成竞争助推效益的良好态势，市场会淘汰经营不佳的客货运输公司，保留下来的各类运营公司会有独具特色的优势来吸引、维系广大旅客和货主，参与全社会运输竞争，进而倒逼路网公司不断提升行车组织效率，以带动整个铁路行业进入良性互动。

客运和货运公司的成立将打破目前区域结构所产生的限制，它们的经营权责相对独立且明确，各大运输公司能够自主经营、成本自主控制、自负盈亏，多元化投资等，有利于建立现代企业制度。同时，通过政府购买制度和财政补贴实施于存在亏损的公益性运输线路上，从而使客货运输公司变成真正意义上的市场竞争主体[17]。客运和货运公司有明确的产权关系、合理的资产负债结构，能够独立承担法人财产投资的权力和责任，并进一步加强自筹资金进行技术改造、创新的意识和能力，以更好地利用资本市场加快发展的步伐。

运输企业在运输市场上不仅有可替代性竞争，而且在行业内部也有竞争。一方面，运输企业可与在同一运行线上从事旅客和货物运输的不同公司进行竞争；另一方面，线网建设和维护企业可通过路网公司公开招标，铁路建设项目、线路等基础设施的保养和维修可在竞争氛围中实施，并通过政府监管，有效规范企业行为。为在市场竞争中处于不败之地，广大客货运输公司必须有特色、重服务、求效益，这对于引入竞争机制、优化资源配置、提升行业品质具有重要意义。

3．根本解决铁路深层次问题的需要

（1）有利于实施彻底的政企分开。

习近平总书记在中央深化改革领导小组第十七次会议中强调"要立足国有资本的战略定位和发展目标，结合不同国有企业在经济社会发展中的作用、现状和发展需要，根据主营业务和核心业务范围，将国有企业界定为商业类和公益类"。[12]目前中国铁路总公司虽然名义上是大型国有企业，但是仍然承担着相当多的政府职能，政企权责界限不清的问题还在一定程度上客观存在，铁路系统公商不分的问题仍突出。这不仅导致铁路社会效益和经济效益难以各得其所，而且使铁路企业缺乏提升自身效益的积极性和主动性，难以适应不断变化的运输市场。

若实施"统分结合的网运分离"，则可进一步促进铁路领域的政企分离：①国家铁路局将做好整个行业规范管理，进一步加强行业内部监管、检查监督运输安全。②由中国铁路总公司剥离运营业务而形成的路网公司将在国家控股的前提下引入各类社会资本。其主要业务包括两部分：一是负责铁路基础设施的建设与维护；二是向各类运营公司出售列车运行线并实现其安全正点运行，以充分发挥铁路网络的自然垄断优势。③ 按照现代企业制度组建的各类客货运公司主要负责具体的客货运业务，按照市场经济的要求进行公平竞争，并加强企业管理，努力提升服务，创新运输产品，实现自主经营。

深层次的政企分开，意味着铁路运输公益性与商业性更加明确的分割。① 由国有资本控股的路网公司，专心从事路网规划建设、运输调度，从而充分发挥国家基础设施的作用，为各运营公司的客货运业务提供无歧视的路网承载服务，即路网应"以公益性为主，兼顾商业性"，其公益性应通过国家低息或无息贷款、财政转移支付等方式予以补贴，即以交叉补贴为主；② 运营类公司将在充分的市场竞争条件下自主经营、自负盈亏，主要体现出商业性，可通过财政补贴的形式吸引运营公司提供部分公益性运输产品，即以"直补""明补"为主，避免目前公益性补贴主体不明确、额度不合理等现象。

（2）将吸引社会资本分类进入铁路领域。

对于社会中存在的众多小型民营资本，要想进入铁路运输市场，必须以网运分离作为前提条件。我国众多社会资本一般具有主体分散、规模较小、数量众多的特点，而铁路建设具有建设投资大、回报周期长的特点，众多社会资本不具备大型国有企业的资金实力，在短时间也很难得到回报。这就造成了社会资本不愿也无法进入铁路领域，成为限制社会资本进入铁路的瓶颈。

国家已经意识到加快铁路建设不能只靠国家投资"单打独斗"，要拿出市场前景好的项目和竞争性业务吸引民间资本共同参与，通过创新融资方式、丰富多元投资主体，为铁路发展注入新动力。深入推进铁路投融资体制改革，进一步鼓励和扩大社会资本投资建设铁路，一直是近几届政府的重点工作之一，特别是 2013 年 8 月国务院印发《关于改革铁路投融资体制加快推进铁路建设的意见》，更是体现了吸引社会资本投资铁路的紧迫性。尽管目前我国铁路每年超 8 000 亿元的投资，急切需要社会资本的进入，国务院和铁路总公司也出台了多项鼓励社会资本进入铁路的指导意见，可是收效甚微，仍难以激发资本市场投资铁路的活力和动力。纵观近年来社会资本投资铁路的案例，不缺可以枚举的项目，却难以寻觅较为成功的典范。

笔者认为，这与我国铁路现在网运合一的经营管理体制有很大关系。一方面，"网运合一"体制下的铁路总公司及其下属路局（公司）在竞争中既扮演裁判员又扮演运动员的角色，往往出现社会资本投资铁路相当于打水漂的现象，不仅难以盈利，甚至无法收回投入资金，这对社会资本存在明显的不公平竞争；另一方面，目前铁路"网运合一"体制下铁路建设融资规模（一般都在百亿以上）与社会资本规模（上百亿的社会资本极少）不匹配，造成社会资本难以进入铁路。虽然铁路运营是可以完全放开的竞争性业务，但由于路网的巨大沉淀成本阻碍了外部潜在性企业的进入，运营也伴随着路网的自然垄断而高度垄断，铁路产业形成长期自然垄断[18]，十分不利于社会资本投资铁路。因此，有必要将运营从路网的制约中剥离出来。

网运分离后，庞大的铁路基础设施建设和维护将由国有资本承担，为众多规模较小的社会资本进入运营市场创造条件，使客、货运输公司真正成为符合市场经济要求的竞争主体。机车车辆与列车运行线的使用费用成为剥离后运营者的运输生产固定成本，并且该成本在整个成本结构中所占的比重很小，从而降低了其资产沉淀性和生产专业性，也相应缩短了资金投入的回报周期，这将有效消除社会资本进入铁路的障碍和顾忌，增加运输服务的可竞争性，逐渐剔除和弱化自然垄断的特征，进而形成良性的行业竞争生态。

实施"统分结合的网运分离"之后，可吸引不同类别的社会资本分类投资铁路领域：① 主体较为集中、实力雄厚、风险厌恶型的国有资本可投资铁路路网来获取比较稳健的投资收益；② 主体较为分散、个体规模较小、风险偏好型的社会资本可进入运营领域，主要从事运输经营，资金回报周期短、预期收益较高。

（3）将充分发挥混合所有制的优势。

党的十八届三中全会以来，混合所有制改革被提到了前所未有的政治高度[19]。对于铁路企业而言，在逐步进行统分结合的网运分离过程中，也将逐步建立起混合所有制下的现代企业制度，进而有利于发挥混合所有制经济的优势。其主要优势包括：① 路网业务具有国家基础设施的特点，可在国有资本控股确保国家对路网拥有控制权的前提下，以包括国有资本在内的各类社会资本参股形式实现混合所有制；② 运营业务是具有充分竞争性的业务，包括国有资本在内的各类社会资本独资、参股或控股的形式实现混合所有制。

（4）为有效处置铁路中长期债务问题创造条件。

中国铁路总公司 2013—2017 年的负债分别为 32 258 亿元、36 755 亿元、40 951 亿元、47 153 亿元、49 878 亿元，当年还本付息支出分别为 2 157 亿元、3 302 亿元、3 385 亿元、6 203 亿元、5 405 亿元。目前，铁总整体债务情况面临债务规模大、负债率高、债务规模加速扩大的巨大挑战。铁路负债的急剧增加伴随着大量铁路优质资产的形成，通过"债转股"的形式可盘活大量优质的国有铁路资产，并有效解决铁路中长期债务问题。基于统分结合的网运分离为社会资本进入铁路解决中长期债务问题创造了有利条件。对于路网类资产，可在确保国家控股的前提下，将其部分社会化；对于运营类的铁路资产，可将其绝大部分（或全部）社会化。上述国有资产产权流转而获得的收益可全部或部分用来偿还铁路中长期债务。笔者经过初步测算，仅铁路运营类资产通过国有资产产权流转即可偿还铁路中长期债务的绝大部分。

4.1.3　瘦体健身的路径分析

1．改革准备阶段

（1）开展铁路资产清查工作，防止后续改革过程中出现国有资产流失问题。

固定资产清查是企业固定资产科学管理中的重要一环，全面细致地清查不仅可以让企业多方面了解自身的固定资产使用及闲置情况，及时发现固定资产在保管、使用中存在的问题以便采取措施，也是对企业现行的管理体制、内控体系的有效检测。

固定资产在铁路运输企业资产中所占比例很大，以铁路工务段为例，固定资产总额要占到资产总额的 95% 以上，可见加强固定资产科学管理乃是铁路企业财务管理工作中的重中之重。

深化铁路改革必然涉及路网与运营的业务边界与资产边界，同时为了防范改革进程中国有资产流失的潜在风险，应在继续深入研究全面深化铁路改革之前，先行实施铁路资产清查工作，为即将展开的铁路改革创造良好条件。

（2）逐步对铁总及其下属17个非运输主业单位（企事业单位）、18个铁路局进行全民所有制企业向公司制企业改革。[①] 该举措有利于推进现代企业制度建立以及投融资等相关改革，对后续改革具有重大而积极的意义。

（3）对铁总本级公司制改革。按照"两个一以贯之"的要求，推进公司制改革后企业治理工作创新，健全公司法人治理结构，规范运作形式。推进以公司章程为核心的管理制度体系建设，完善企业内部治理体系和国有资产监管体系，让铁总尽快以国有独资公司的形式发挥现代企业制度的体制机制优势，为有关方面积极稳妥论证铁总股份制改造方案争取时间。

（4）推进非运输主业企业和三大专业运输公司的股份制改造（条件具备时可上市）。在改革准备阶段推进三大专业运输股份制改造，一是为了贯彻学习2019年中央经济工作会议中关于"加快推动中国铁路总公司股份制改造"的精神；二是为后续推进网运分离做准备。

（5）继续深化铁路客货运改革。铁路深化货运改革的目标是在铁总的体制下成立若干货运中心，厘清行车（路网）与货运（运营）的业务与资产边界。除此之外，可适时成立物流企业或收购、控股现有物流企业，作为网运分离的初步尝试，体现效益。货运组织改革的重大意义在于，能够提高铁路货运效率与效益，有利于提高铁路干部职工收入水平，从而为铁路改革提供内在动力；能够为铁路创造良好的社会评价，使社会公众关心支持铁路改革，为铁路改革提供外部动力，为"统分结合的网运分离"深入实施夯实改革基础。

2．运营业务公司化阶段（运营资源整合）

该阶段主要推进以下4项工作：一是做实、做大、做强三大专业运输公司；二是把2013年以来成立的一批货运营销中心的一部分职能

[①] 铁总下属18个铁路局已于2017年11月完成公司制改革工商变更登记，更名为"中国铁路××局集团有限公司"。

划给货运部，另一部分划给货运受理服务中心①；三是对于货运受理服务中心的一部分，可根据铁路向现代物流转型发展的实际需要，以三大专业运输公司融资购买的形式，将其划转进入三大专业运输公司；四是对于货运受理服务中心的另一部分，则按照现代企业制度整合而成若干个类似三大专业运输公司的货运运营公司。

以上三大专业运输公司与若干个新增的运营公司（简称为"3+N"）构成铁路运营领域的骨干。运营业务公司化（运营资源整合）阶段的实质是在铁总的框架下实现初步的、事实上的网运分离。

（1）作为铁总与各铁路集团公司全资的股份制公司，上述若干专业运输公司将承担三大职能：一是初期将成为干线运输的竞争主体；二是中期将成为铁总与铁路局框架内实现网运分离的推动力量；三是中远期将成为融资平台甚至成为上市公司，从而为铁路直接利用资本市场创造有利条件。

（2）本阶段应在铁总②统一领导、监督下进行，由各铁路局集团具体实施，从而充分发挥铁总作为现行体制的积极作用。在本阶段目标达成之后，货运、客运、路网3类公司均为铁总以及各铁路局全资的有限责任公司。我国铁路将在铁总与18个铁路局框架内初步实现网运分离。

3．网运分离阶段

该阶段的主要目标是将运营（主要是3+N个运营公司）从路网（主要是"1+18"）中逐步分离出来。将第二阶段铁总及18个铁路局集团孵化出的一大批运营公司推向市场，除部分需兜底公益性运输的客货运营公司外，其余全部流转为社会资本控股或参股的股份有限公司（若具备条件可上市），并允许各类社会资本举办铁路运营公司，铁路运营作为"竞争性业务"彻底面向市场开放，实现较为彻底的网运分离。[20]此时，兜底公益性运输的运营公司应实现国资控股的混合所有制改革，并从铁总控股划转为中国铁投控股，18个铁路局集团不再继续参股。

---

① 货运受理服务中心的职责包括货运业务集中受理、大客户维护、装载监控、服务质量监督等。

② 或铁总本级公司制改革后的新公司，以下不再做具体说明。

（1）三大专业运输公司与"1+18"的分离。三大专业运输公司从成立之日起，本身就具有与路网分离的特性。在该阶段，应将三大专业运输公司的股权（产权）部分流转为社会资本，大部分仍由国资控股（之所以如此安排是为了在运营领域存在国有资本控股的公司，以便兜底铁路公益性运输或应对突发情况）。为实现三大专业公司与铁总和 18 个铁路局集团的分离，笔者建议可先由铁总旗下中国铁路投资有限公司控股三大专业运输公司[1]，其余股份流转为社会资本，等到中铁国投成立后（详见本书第 8 章），由中铁国投控股三大专业运输公司。

（2）铁路运营类业务属于充分竞争性业务（铁路军事运输除外），应彻底面向市场开放。在这一阶段的网运分离中，将已成立的各运营公司逐渐推向市场的同时，众多规模较小的社会资本也具有参与铁路运营的可能，因而将产生众多的运营公司，且都具有独立的法人资格以及承运人资格，使其在不同层面参与铁路运营并以加强竞争为首要目标。在实现上述股权流转之后，若条件具备应立法禁止铁总及 18 个铁路集团公司直接面向货主或旅客从事客、货运业务，强制铁总以及各铁路局彻底退出运营类公司。其目的在于为各类社会资本参与运营类公司创造公平的环境。

（3）铁路运营公司的股权多元化改革应以混合所有制的股份制公司为最终实现形式，这是贯彻党的十八届三中全会关于国有企业改革、建立现代企业制度精神的必然要求，是"混合所有制"这一重大理论创新在铁路领域的探索与实践。

（4）如果能在全国范围内形成约 300 家运营类上市公司，并且铁总及 18 个铁路集团公司能够通过资本市场流转所持股份，那么按照我国上市公司 150 亿元的平均市值规模水平（2011 年度为 171 亿元、2012 年度为 129 亿元），以上股权流转可实现约 4.5万亿元的收益，基本能够覆盖 2016 年 3 月铁路 4.14 万亿元的负债规模[2]。

---

① 目前，中铁特货已实现中国铁路投资有限公司控股。
② 本章节写成于 2016 年 4 月，故采用的是 2016 年 3 月份的数据。

（5）这一阶段仍要充分发挥铁总和铁路集团公司作为现有体制的作用，调动其参与改革的积极性，以运营公司产权流转来实现铁路混合所有制，并为解决铁路中长期债务提供一种潜在的可靠途径。

4．路网整合阶段（路网资源整合）

路网资源整合主要包括以下两项任务。

（1）整合业务站段成立综合段。

将工务、电务、供电合并为工电综合段，推进实施工务、电务、供电、通信多工种管理综合化、维修一体化和大修专业化，建立与铁路发展相适应的劳动组织和生产管理模式。

（2）逐步将"1+18"整合为一个路网集团公司。

对全国路网进行整合，将铁总以及剥离了客、货运公司的 18 个铁路局整合为一个统一的路网公司。

现有各铁路局集团公司继续保留并成为中铁路网的子公司；现各铁路局集团的调度所可作为路网公司的数个区域调度中心（或派出机构），整合后的路网公司将减少或消除目前各铁路局集团之间基于自身利益的相互纠缠，有利于在保证安全正点的前提下，以提高效率为首要目标。

整合后的路网企业是选择国有独资还是发展混合所有制，是一个值得思量的问题。如果强调路网公司提供公共产品、承担社会责任、维护国家安全等属性，且路网领域长期以国有独资的形式建设发展，形成了庞大的国有资产，在进行混合所有制改革时如把控不当可能使国有资产流失，那么路网企业可以继续保持国有独资的企业形式。但在路网领域发展国有控股的混合所有制，在保持国家控制力的同时，具有重大的改革优势，至少可归结为以下三点：一是促进现代企业制度的建立，增强企业活力；二是放大国有资本控制力，增强企业抗风险能力；三是可以拓宽铁路路网建设投融资渠道。

中铁路网（集团）股份有限公司与车务、机车、工务、电务、车辆、供电、信息等各专业之间的关系有多种方案可供选择：一是有产权联系的事业部制、子公司制、分公司制等；二是相互平等的平行公司的形式。未来究竟采用何种形式，将在充分考虑国家意志的前提下由其出资人（或股东）决定。

值得强调的是，由于要形成全国性的路网公司，此项改革应由中央决策、有关部委宏观指导、铁总统一指挥、各个铁路局集团具体参与。

4.1.4　非运输类企业的资源整合

铁总的"瘦体健身"除了体现在统分结合的网运分离上，还应体现在其他非运输企业的资源整合上。

之前，铁总下属非运输企业共有 17 家，具体包括：中国铁路建设投资公司、中国铁道科学研究院、中国铁路经济规划研究院、铁总服务中心、中国铁路信息技术中心、中国铁道出版社、《人民铁道》报、中国铁路专运中心、中国铁路文工团、中国火车头体育工作队、铁道第三勘察设计院集团有限公司、中铁银通支付有限公司、中国铁路发展基金股份有限公司、中国铁路国际有限公司、中国铁路财产自保有限公司、中国铁路财务有限责任公司、中国铁路网络有限公司。

笔者以铁总旗下几个典型非运输类企业为例，分析非运输企业的资源整合模式。

1．中铁国投的股权多元化

在铁总 17 家非运输类企业中，中国铁路建设投资公司、中国铁路发展基金股份有限公司以及中国铁路财产自保有限公司已重组整合改制，于 2018 年 3 月正式成立中国铁路投资有限公司（简称"中国铁投"）。

在笔者的设想中，未来应当有一个中国铁路国有资本投资运营公司（简称"中铁国投"，详见本书第 8 章），初期可由铁总下属中国铁路投资有限公司承担其职责，后期若条件具备时可引入以下 3 类资金进入中铁国投：① 中国神华、宝武集团、招商局集团等央企的资金；② 中国中车、中国通号、中国中铁、中国铁建等铁路行业央企的资金；③ 地方国有企业（特别是地方铁投）的资金，从而将"中国铁投"重组为"中铁国投"。这样，中国铁路投资有限公司（"中国铁投"）就从铁总全资子公司逐渐剥离为铁总参股的中国铁路国有资本投资运营公司（"中铁国投"）。"中铁国投"可由财政部（或国资委）直接管理。

2．中国铁设的逐步公众化

中国铁路设计集团有限公司（简称"中国铁设"）初期可由铁总绝对控股，待中铁国投运作后改由中铁国投绝对控股。

以中国铁路设计集团有限公司为例，其更名前为铁道第三勘察设计院集团有限公司。铁三院是唯一一个原铁道部今中国铁路总公司所属（控股），中国中铁参股的设计院，也是铁路系统里最拔尖的设计公司之一，承揽了许多重大高速铁路、铁路、城轨项目规划设计。按照该公司目前良好的发展势头。未来，中国铁路设计集团公司可谋求上市，降低铁总持股比例。

【专栏4-2】 中国铁路设计集团公司介绍

中国铁路设计集团有限公司，是中国铁路总公司下属唯一勘察设计企业，成立于1953年，资产69亿元，是以铁路、城市轨道交通、公路等工程总承包、勘察、设计、咨询、监理、项目管理业务为主的大型企业集团，具有工程设计综合资质甲级证书，是国家发改委认定的铁路、城市轨道交通投资评估咨询机构之一。

经国家有关部门核准，2018年4月27日，铁道第三勘察设计院集团有限公司正式对外宣布更名为"中国铁路设计集团有限公司"（中文简称中国铁设，英文简称CRDC），以便在中国铁路总公司和股东会的领导下更好地拓展业务，放大"中国铁路"品牌效应。

原铁道第三勘察设计院集团有限公司由铁路总公司和中国铁路工程总公司出资组建，是铁路总公司直属管理的国家综合甲级勘察设计企业集团。更名后其隶属关系不变，独立法人的法律地位不变，原公司的经营范围、企业类型、注册资本等不变，原公司的资质、对外签订的各类合同、合作协议及债权债务由更名后的公司继续承接。

公司技术力量雄厚，专业设置齐全，拥有员工 4 600 余人，其中工程技术人员 4 000 余人，获批城市轨道交通数字化建设与测评技术国家工程实验室；建有轨道交通勘察设计国家地方联合工程实验室、院士专家工作站、博士后科研工作站等研发平台。在高速铁路、重载铁路、综合交通枢纽、城市轨道交通、新型轨道交通、磁浮交通等领域具有突出优势，部分技术达到国际先进水平。

近年来，随着国家"一带一路"倡议和铁路"走出去"政策的实施，公司国际业务取得长足发展。先后承担了中国第一条援外铁路——坦赞铁路、尼日利亚铁路、印尼雅万高铁、泰国铁路、匈塞铁路、中老铁路及巴基斯坦拉合尔橙线等项目勘察设计，承担了老挝 13 号公路巴蒙至乌多姆塞段修复工程总承包、肯尼亚蒙内铁路业主代表、埃塞俄比亚至吉布提铁路业主代表等总承包及项目管理任务。

中国铁设的股权比例如表 4-1 所示。

表 4-1　中国铁设的股权比例

股　东	股权比例	认缴金额/万元
中国铁路总公司	70%	46 200
中国中铁股份有限公司	30%	19 800

中国铁设目前由铁总绝对控股，中铁国投开始运作后，可逐步转为中铁国投绝对控股。按照该公司目前良好的发展势头，未来，中国铁路设计集团公司还可谋求上市，在保持铁总控股的前提下，降低铁总持股比例。

3．铁科院的混合所有制与逐步公众化

中国铁道科学研究院（简称"铁科院"）始建于 1950 年，是我国铁路唯一的多学科、多专业的综合性研究机构。按照国家科技体制改革的总体部署，2000 年开始由事业单位转制为企业单位。目前已发展成为集科技创新、技术服务、成果转化、咨询监理、检测认证、人才培养等业务为一体的大型科技型企业。

【专栏4-3】 中国铁道科学研究院集团有限公司简介

铁科院下设17个单位，包括机车车辆研究所、铁道建筑研究所、通信信号研究所、运输及经济研究所、金属及化学研究所、电子计算技术研究所、节能环保劳卫研究所（铁路节能环保技术中心、铁路卫生技术中心）、标准计量研究所（铁道部产品质量监督检验中心、中铁铁路产品认证中心、国家轨道衡计量站、国家铁路罐车容积计量站）、科学技术信息研究所、基础设施检测研究所（铁道部基础设施检测中心）、铁道科学技术研究发展中心、国家铁道试验中心、铁道技术研修学院（铁路继续教育培训中心）、铁科院（北京）工程咨询有限公司、深圳研究设计院、后勤服务中心、嘉苑饭店。院属全资公司32个、控股公司7个。

铁科院拥有亚洲唯一的国家环行铁道试验基地，以及国家铁路智能运输系统工程技术研究中心、高速铁路系统试验国家工程实验室、高速铁路轨道技术国家重点实验室、机车和动车组牵引与控制国家重点实验室、国家城市轨道交通装备试验线等5个国家级实验室，装备有各类专业实验室40余个，实验装备6991台套。

建院60余年来，铁科院立足铁路运输主战场，围绕铁路建设及运输生产重点领域，开展了大量重大、关键技术攻关与试验研究，取得了3300多项科研成果，获得825项各类科技成果奖，其中国家级科技奖176项，省、部级科技奖649项，为推动中国铁路科技进步做出了重要贡献。

资料来源：http：//www.rails.cn/index.php?id=110。

铁科院作为资产优良的非运输类企业，可先引入其他投资者，实现股权多元化，然后在适当的时机谋求上市，实现公众化。

4．中国铁道传媒的整合与逐步公众化

笔者建议可将《人民铁道》报与中国铁道出版社、18个铁路局集团的铁道报社整合为中国铁路传媒股份有限公司（简称"中铁传媒"），然后从铁总全资转变为铁总控股，条件成熟时可谋求上市。将所有铁路传媒进行整合并逐步公众化，一来可以实现铁总的瘦体健身，提质增效；二来可以提高铁道传媒的运作效率与市场化，符合我国深化国有企业改革的发展趋势。

各铁路传媒中，由于《人民铁道》报原属铁道部，因此，除了可以将其整合进中国铁道传媒股份有限公司以外，还可以将其划给国家铁路局，继续作为行业主管部门的报刊，这是人民铁道报社整合的另一途径。

除了上述中铁国投、中国铁设、铁科院等公司之外，其余的非运输类企业也可视铁总需要，进行整合改制，采用控股、参股等形式进行进一步改革，将对旗下非运输类企业的管理逐步转变为管资本为主的模式，精简企业机构，以瘦体健身、提质增效。

4.2　职能规划：路网公司的职能

4.2.1　国家铁路基础设施的建设维护者

2013 年 3 月，党的十二届全国人大第一次会议通过了《国务院机构改革和职能转变方案》，其中写到"为推动铁路建设和运营健康可持续发展，保障铁路运营秩序和安全，促进各种交通运输方式相互衔接，实行铁路政企分开，完善综合交通运输体系"。其主要内容如下：① 将铁道部拟订铁路发展规划和政策的行政职责划入交通运输部。交通运输部统筹规划铁路、公路、水路、民航发展，加快推进综合交通运输体系建设。② 组建国家铁路局，由交通运输部管理，承担铁道部的其他行政职责，负责拟订铁路技术标准，监督管理铁路安全生产、运输服务质量和铁路工程质量等。③ 组建中国铁路总公司，承担铁道部的企业职责，负责铁路运输统一调度指挥，经营铁路客货运输业务，承担专运、特运任务，负责铁路建设，承担铁路安全生产主体责任等。[21]由此可见，我国铁路路网规划在国家层面上由交通运输部管理，在企业层面上由铁总具体建设实施。

　　铁总瘦身为路网公司后，将继续承担路网建设的职责。路网公司作为一家铁路基础设施综合服务企业，主要从事铁路线网等配套设施建设、维护和全网列车统一调度指挥、车站行车业务正常运转，拥有对线路、桥梁、隧道、信号、供电设备和车站等资产的依法管理权。利用收取路网接入费、国家投资、银行贷款、资本市场融资、外商投资等多种资金，负责建设与维护路网，同时根据国家铁路发展规划，建设和完善铁路路网，加强对既有铁路的养护及技术改造，保证对线路使用的安全，提高运输服务质量。[22]

　　路网公司还应该是国家铁路基础设施安全的维护者。铁路作为国家命脉，在我国有着不可替代的作用。铁路作为军事运输的重要手段，对保障部队建设、作战、演习和训练具有重大作用。军事专家黄星曾表示："现代化战争条件下调兵遣将速度第一。"近年来，我国大批高速铁路相继开通运营，新疆、西藏及西南边陲也修建了大量的铁路线，这不仅意味着我国高铁的迅猛发展将带动沿线经济社会发展，也对保障国防建设、捍卫国家安全起到了不可替代的作用，为军队在战时履行保卫国家安全提供了更加有效的战略支撑。完整的路网设施能够更好地完成国家宏观调控任务，能够更高效地保障国家重点物资运输、军事运输、抢险救灾运输等需要，确保广大人民群众正常的生活质量，维护整个社会的稳定和谐。

　　由路网公司负责我国铁路路网的建设，主要具有以下两点优势：

　　第一，保障我国铁路具有必要的公益性。由路网公司对我国铁路线路进行建设，可以保障铁路在国防安全、促进国家均衡发展等方面的公益作用，而非完全通过市场的利益驱动来进行资源配置。

　　第二，保障铁路线路建设的有序与高效。美国铁路发展历史表明，没有一个统一的机构负责铁路建设将带来巨大的资源浪费：美国铁路始建于 1827 年，早期一直由私人资本建设，在东北部和中西部形成过度密集的网络，拥有大量重复的线路，总运营里程一度超过 40 万千米，后在铁路发展萎缩的背景下，又拆除了大量低运量线路。截止到 2011 年，美国铁路总运营里程为 224 792 千米，约拆除了一半。由路网公司对铁路线路进行整体建设，可以避免线路重复、无序建设造成的资源浪费，从而维护整张路网的高效性。

4.2.2　国家铁路基础服务的提供者

1．运输产品的生产与销售

路网公司的产品主要就是列车运行图和列车运行线，其主要职责是列车运行图的编制、列车运行线的销售、通过调度指挥实现列车运行线的安全正点。所有的铁路运营公司（含 3 个专业运输公司和一大批中小型运营公司）与路网总公司是平等的关系：各个运营公司要向路网公司购买"列车运行线"；路网公司要根据各个运营公司的要求编制"列车运行图"，并以适当的价格向铁路运营公司销售列车运行线。

铁路网运关系调整以后，原来运营与路网一体的运价形成机制与管理体制将无法维持。由于铁路运输企业对于铁路线路的依赖程度高，线路使用费的标准以及列车时刻表的确定，在很大程度上决定着运输公司的命运。在这种情况下，路网使用费如何确定，将直接关系到这一改革最终能否取得成功。接入价格太高会减弱运营企业的竞争能力，降低私人资本进入运营市场的积极性；接入价格太低则会导致路网公司亏损，路网建设及改造资金短缺。

从社会效率最大化的角度考虑，最优的定价方式为边际成本接入定价。在这种定价方式下，运营企业支付给路网企业的接入费用等于路网企业提供接入服务的边际成本。但接入费用等于边际成本的结果，一方面，容易使新进入的运营企业对网络"搭便车"，造成竞争性市场的无效率进入；另一方面，由于路网企业承担全部固定成本，因而如国家不给予财政援助，路网公司将严重亏损，直接后果是路网建设和改造落后，最终损害铁路运输业的运营效率。其亏损由国家财政弥补，则又容易使路网企业丧失改进经营、降低成本的动力。

路网公司的接入费收取标准应由国家发改委统一确定，国家发改委再授予路网公司部分调整权利，允许路网公司根据不同地区、不同线路的实际情况在此价格以下浮动。在收费标准的确定上，可考虑在核定前几个年度全国铁路系统用于路网基础设施（包括车站、信号、供电设备等）的建设、更新、维修、改造支出与折旧、员工支出、管理费用等固定支出的平均水平基础上，确定各自的权重，再确定线路使用费收取基准水平。同时，根据不同地区和不同项目类别（公益性与经济性）确定变动使用费率的浮动幅度，具体幅度由路网公司自主确定。

德国铁路公司在其内部采用路网与运营分离的模式，其路网部门的运营模式可以作为相关参考（见专栏 4-4）。

【专栏 4-4】 德国铁路路网股份公司的经营

德国铁路实行客货运营公司与路网公司独立经营的模式，其中路网公司负责铁路线路维护、列车运行调度指挥，为每个客户无差别地进入路网创造条件，为欧洲境内多达 390 余家铁路运营公司提供列车运输组织服务，并对每个潜在的客户利用该路网负有责任。

德国铁路路网公司作为铁路基础设施企业，提供的运输产品即客货列车运行线，针对列车运行线产品制定了差异化的市场价格体系，通过向客户收取适当的线路使用费，确保铁路网正常的经营管理和必要的养护维修。如一家铁路运输企业从甲地向乙地开行一列列车，要为使用该线路支付由若干参数和框架条件决定的线路使用费。

德铁路网公司的线路使用费体系由基本价格、产品系数、特殊系数 3 部分决定。每个线路等级都有各自的使用价格，即基本价格，并根据线路的繁忙程度规定不同的利用系数作为限制措施；根据客户要求的多样性和铁路运输在市场上相应的承受能力，路网公司还将提供不同特色的运输产品，如旅客运输中的特快运输、节拍式往返运输、经济型列车运输和机车列车运输，以及货物运输中的特快运输、标准运输、机车列车运输和小运转运输，并规定其产品系数。基本线路使用费由基本价格乘以相应线路的产品系数；如果需要路网公司提供特种服务，如超限货物运输、大轴重列车开行等，运营公司将根据不同的特殊系数如地区系数等，另外支付一定费用。最终的线路使用费为基本线路使用费加上附加费。

为了尽可能减少列车延迟、提高线路运行效率，德铁路网公司于 2009 年年底开始实行列车准时运行激励体系，通过经济手段（列车延迟收费）对部分重点列车的准时运行进行管理，清晰界定不同经营主体（路网公司和运营公司）的责任范围，做到列车运行过程的信息化数据采集和责任主体匹配。这种对工作质量制定的经济激励或惩罚标准对减少列车延迟、提高路网利用效率至关重要[23，24]。

2．列车运行的调度与指挥

全路网日常行车调度指挥也是路网公司的职能之一。全国一张网、统一调度指挥是保障运输安全、提高运输效率的有效途径。路网公司在列车运行线销售完成后，要保证列车实际运行的高效与安全，组织路网列车有序运行。

路网公司的调度以列车为基本对象，不以货流、客流为对象，更不以一批货物、一部分旅客为对象，调度指挥对象上移将极大降低调度工作的难度和复杂度，对于保障安全和提高效率具有重要意义。

路网公司还将负责收集、储存、传递、管理相关信息，实现信息的共享，有利于增强铁路运输业的整体竞争能力。各类客货运输企业完全融入运输市场中后，对运输市场相关信息的需求将会大增。信息资源的准确、有效、快速传递是运输经营企业提高竞争力的必要保证，也是提升全行业运输质量和效率的重要前提。

3．职能限制

在统分结合的网运分离条件下，路网公司具有统一而庞大的铁路基础设施资源，而且拥有实力雄厚的国有资本背景，因而在市场中必然处于强势地位。如果允许路网公司参与运营，那么路网公司既是路网拥有者，掌控统一的运输调度指挥权，又是运输经营者，参与铁路客货运输，好似运动场上的"裁判员"也是"运动员"，这对于没有路网权的其他运输企业而言非常不利。这种不公平的竞争将阻碍行业发展，极大地降低我国铁路运输市场的竞争力，且容易滋生贿赂、腐败等不良风气。

因此，在铁路改革完全到位之后，路网公司的经营性只能由出售列车运行线的收入来实现，而不能以任何形式（包括控股或参股运营公司）直接从事客、货运业务，即路网公司的客户只能是各类铁路运输公司，而不能直接是旅客或货主。只有在这种条件下，路网公司才能注重提升运输组织效率，更加专心地为所有运营公司创造公平合理的竞争环境。

4.2.3 与其他各产业融合发展的主导者

以路网公司履行融合各产业发展、中国铁路"走出去"的系统集成供应商两项职责为例，阐述路网公司作为与其他各产业融合发展的主导者职责。

1．路网公司融合各产业发展的构想

路网公司作为铁路基础设施建设、维护和运营主体，其主要从事基础性公共服务。特别是待铁路基础设施建设成熟完善后，更应将路网公司的企业定位从发展铁路基础设施转换到统筹参与整个行业的发展。故路网公司在承担铁路建设施工和维保运营工作的同时，也可参与其他业务，如机车车辆、通信信号等装备制造，但不包括客货运输（为保证市场竞争公平）。从资本运作的角度，可从以下四方面通过资本融合促进路网公司自身发展。

（1）加快路网公司与铁路工程、装备类公司交叉持股工作，从出资人角度以资本联合形式促进铁路产业融合。在基础设施建设投资方面，中国中铁、中国铁建、中国通号、中国中车等具备雄厚资本的国有企业及地方政府均可出资作为中铁路网公司的股东。为了促进铁路行业共同良好发展，路网公司也可以出资持有上述企业的股份，形成交叉持股的局面，以促进行业的协同。在确保国有资本对铁路的控制条件下，还可以转让相当一部分股权，通过募集社会资金来建设铁路路网。

（2）加强中央和地方多级国资部门合作，加快路网公司与水运（港口）、道路、民航领域国有物流、客运类公司交叉持股工作，从出资人角度以资本联合形式加强多式联运，促进"大交通"产业融合。2016年，国务院办公厅转发国家发展改革委《营造良好市场环境推动交通物流融合发展实施方案》。该方案提出，到2018年全国80%左右的主

要港口和大型物流园区引入铁路，集装箱铁水联运量年均增长 10% 以上，到 2020 年，集装箱铁水联运量年均增长 10% 以上，铁路集装箱装车比率提高 15% 以上，大宗物资以外的铁路货物便捷运输比率达到 80%，准时率达到 95%，运输空驶率大幅下降。

（3）加快路网公司与其他领域国有大中型企业交叉持股工作，如生产轨道交通电源系统的技术产业，生产钢轨的钢铁企业等企业，以促进铁路与产业链上下游的全产业融合。

（4）加强与地方铁路国资（主要是地方铁投公司，如四川省铁路产业投资集团有限责任公司、江苏省铁路集团有限公司）的资本融合，提高地方国有资本铁路建设的参与程度，拓宽铁路投融资渠道，缓解铁路建设资金压力。

2. 中国铁路"走出去"的系统集成供应商

我们建议，考虑到路网公司自身的平台和资源优势，以及和铁路其他各领域的资本融合发展，国家应赋予路网公司承担中国铁路"走出去"系统集成供应商的职责，这一点应在铁路国家所有权政策中予以明确。

目前，我国铁路在铁路建设、装备制造、运营管理等方面均处于世界领先水平，随着国家"一带一路"倡议的开展，中国铁路"走出去"战略的实施也迈上了新台阶。当前，世界许多国家大力推进铁路等基础设施建设，将其作为促进社会经济发展、减少贫困、改善民生的重要战略举措，这为我国铁路"走出去"提供了良好的发展机遇，"中国铁路"成为我国对外产能合作的靓丽名片。中国铁路"走出去"对带动国内相关产业发展，维护国家贸易、资源和能源通道安全，促进友好和平外交，扩大我国政治影响都具有深远意义。

2014 年以来，在政府合作机制的推动下，由铁总牵头的中国企业联合体"抱团出海"。印尼雅万高速铁路、俄罗斯莫喀高铁、中老铁路、中泰铁路、匈塞铁路、马新高铁等项目实现了项目落地，取得重大进展。短短两三年内，中国铁路国际合作遍布世界各地，引起强烈的国际反响。

过去，我国企业对外承包工程的方式，主要是一些跨国企业总承包，我国企业主要承担土建工程、劳务输出和装备出口，由跨国公司负责资金、技术、设计、建造等资源的整合。跨国企业只提供少数的管理人员，却赚取大部分利润。而我国企业在分包工程的过程中，企业间往往存在竞相压价、恶性竞争的现象，这导致国外业主和总承包商坐收渔翁之利，过低的报价也会影响工程和产品的质量，损害我国企业和产品的品牌形象。

中国铁路"走出去"不再是这种简单的劳动力和产品输出，而是资金、技术、标准、人才的全方位输出。对外承包的模式也转变为由我国企业总承包，负责整合资金、技术、设计、建造、运营管理等各方面的资源，全方位地参与国外铁路的设计、融资、建造、运营管理，打造高质量的"中国铁路"品牌。而这个协调各方的总承包企业，现阶段由铁总担任。

由图 4-1 可以看出，路网公司是连接我国铁路各个领域的枢纽，拥有良好的资源和平台优势，可以很好地整合我国铁路行业的各种力量，打造优质的"中国品牌"。路网公司在今后的发展中，应当继续发挥带领中国铁路走出去的"领头羊"的作用，充分整合铁路行业力量，积极拓宽海外市场。

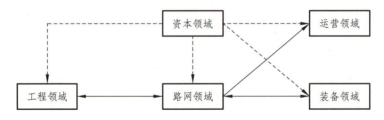

图 4-1　路网领域同其他领域的关系

注：虚线表示出资人与被出资企业的关系，实线表示具体业务联系。

4.3　组织构想：路网企业形式

4.3.1　国有独资与混合所有制的取舍

路网公司是选择国有独资还是发展混合所有制，是一个值得思量的问题。

铁路作为国家重要的基础设施，掌握着国民经济命脉，担负着服务社会的公益性职责，同时也担负着维护国家安全和社会稳定的重要政治职责。出于经济与政治两方面的考量，国家必须拥有对路网的绝对控制权。

1．国有独资公司

如果强调路网领域提供公共产品、承担社会责任、维护国家安全等公益属性，选择国有独资的形式更有利于实现国家控制；且路网领域长期以国有独资的形式建设发展，形成了庞大的国有资产，在进行混合所有制改革时把控不当可能出现国有资产流失。出于以上两种考虑，路网企业可以继续保持国有独资的企业形式。

2．混合所有制公司

党的十八届三中全会通过的《中共中央关于全面深化改革若干重大问题的决定》提出：国有资本、集体资本、非公有资本等交叉持股、相互融合的混合所有制经济，是基本经济制度的重要实现形式，要积极发展混合所有制经济。在路网领域发展国有控股的混合所有制，在保持国家控制力的同时，具有重大的改革优势，可归结为以下三点：

（1）促进现代企业制度的建立，增强企业活力。

在路网垄断领域推行混合所有制，有利于促进体制机制创新，形成股权结构多元、股东行为规范、内部约束有效、运行高效灵活的市场化经营机制，避免重蹈国有企业体大臃肿、企业制度构建不全、效率低下的覆辙。

（2）解决铁路中长期债务问题，促进铁路投融资体制改革。

路网领域投资体量大、回报周期长，长期依赖国家财政的支持。2013 年铁路改革，成立中国铁路总公司，铁路行业正式开始作为企业自负盈亏。2017 铁总负债约 49 878 亿元，还本付息支出达到 5 405 亿元[①]。目前，随着国家路网改扩建的发展，铁总面临债务规模大、

---

① 铁总 2013 年的负债约 32 258 亿元，还本付息约 2 157 亿元；2014 年的负债约 36 755 亿元，还本付息约 3 302 亿元；2015 年的负债约 40 951 亿元，还本付息约 3 385 亿元；2016 年的负债约 47 153 亿元，还本付息约 6 203 亿元。

负债率高、债务规模加速扩大的巨大挑战。但也应注意到，铁路负债急剧增加的同时也形成了大量铁路优质资产。

在路网领域推行股份制，通过"债转股"的形式可盘活大量优质的国有铁路资产，可以有效解决铁路中长期的债务问题，减轻企业经营的财务负担。对路网公司实行股份制经营，从制度上打破了民间资本进入路网领域的"玻璃门"。

（3）放大国有资本，增强企业抗风险能力。

发展混合所有制经济还能够放大国有资本、提高企业的竞争力。在完全国有资本背景下需要 100% 的国有资本来控制，而在混合所有制下低至 50.01% 即可绝对控股。发展混合所有制不仅不会影响国有资本的控制作用，而且会放大国有资本的控制力、影响力。

基于路网领域在国民经济与国家政治中的重要地位，路网公司作为国有控股公司，始终拥有国家财政的隐形支持，但将路网公司作为普通企业来看，企业资本结构的多元化，会增强企业的抗风险能力。这在无形中减轻了国家财政的压力。

无论是发展混合所有制还是国有独资，在企业内部建立现代企业经营制度才是企业长期良好发展的关键。混合所有制对于建立现代企业制度具有明显的推动作用。路网领域具有重要的公益性，且路网又具有自然垄断属性，在国家铁路财政补偿机制不完善的背景下，继续在路网领域保持国有独资，会导致企业体制机制改革缺乏外在推动力，放慢现代企业制度建立的进程，难以打破现有体制的僵局。

3．依据其发展阶段确定其法律形式

路网公司的企业法律形式可依据其发展阶段的具体特点而变动，铁总改制时，可采取国有独资公司的形式，时机成熟以后逐步改制成为由中铁国投绝对控股、各社会资本参与的混合所有制公司。

这种方案充分考虑了路网公司不同发展阶段的特点，在铁总改制的时期，利用国有独资的体制优势更快更稳地推进公司改革，在体制改革完成后，发挥混合所有制的优势提高公司的经营效率。所以笔者更倾向于该种方案。

4.3.2　企业治理结构

1．法人治理制度

铁路企业的现代企业制度建立，最重要的环节是建立和完善公司法人治理结构。要明确股东会、董事会、监事会和经理层的职责，形成各负其责，协调运转、有效制衡的公司法人治理结构。无论路网企业发展何种所有制形式，公司法人治理结构都是公司制的核心。

铁路企业的传统领导体制的特点是企业人事制度行政化，企业组织非法人化。建立现代企业制度，就是要改革传统企业领导体制，使所有者、经营者和生产者之间，权力机构、决策机构、监督机构之间形成各自独立、权责分明、相互制约的关系，并通过法律和企业章程得以实现。具体来说，在"老三会"即党委会、工会、职代会的基础上，企业内部将出现"新三会"，即董事会、监事会、股东会或股东代表大会，以及由经理组成的机构。在股东会或股东代表大会、董事会、监事会、经理人员之间形成一种相互制衡的机制。其中，股东会或股东代表大会是企业的权力机构。由大会选举产生董事会和监事会，董事会是企业的决策机构。经理依照企业章程和董事会授权统一负责企业的经营和管理，经理由董事会聘用或解聘，对董事会负责。监事会对董事会和经理的行为实行监督，监事会成员不得同时兼任董事会成员。

股东大会是公司的最高权力机关，它由全体股东组成，对公司重大事项进行决策，有权选任和解除董事，并对公司的经营管理有广泛的决定权。股东大会既是一种定期或临时举行的由全体股东出席的会议，又是一种非常设的由全体股东所组成的公司制企业的最高权力机关。它是股东作为企业财产的所有者，对企业行使财产管理权的组织。企业一切重大的人事任免和重大的经营决策一般都得股东会认可和批准方才有效。如果路网企业采取混合所有制的企业形式，尽管设有股东大会，但国家作为路网公司的最大股份持有者，并不会失去对路网领域的控制权，股东大会的存在反而会促进企业经营管理公开透明化；如果路网企业采取国有独资的形式，国有独资公司不设股东会，由国有资产监督管理机构行使股东会职权。国有资产监督管理机构可以授权公司董事会行股东会的部分职权，决定公司的重大事项，但公司的合并、分立、解散、申请破产，应当由国有资产监督管理机构决定。

董事会作为公司的决策机构，接受股东大会的委托，做出公司的重大决策；同时将执行权委托给经理层。董事会在公司治理中具有核心地位。由股东大会选举董事会成员管理公司运作，董事会向股东大会负责并报告工作。为优化董事会结构，保证决策的科学性，应该确保一定比例的外部董事（原则上不少于内部董事）。

路网公司监事会制度是铁路国有资产监管工作的重要组成部分，监事会监督是出资人监督的重要形式，对构建国有资产监管大格局，实现铁路国有资产保值增值，推动铁路企业持续健康发展具有不可替代的重要意义。随着国有资产国有企业改革的不断深化，监事会顺应社会主义市场经济规律和国有态度改革发展规律，进一步与现代化企业制度相结合，与国资监管工作相结合，建立与"大国资"理念相匹配的"大监督"工作格局，层层落实出资人监督责任。

监事会制度是国家在落实企业自主经营权的同时加强政府对国有资产监管的必要措施，是减少代理成本、控制代理风险的重要制度安排，具有独立性、权威性和有效性三方面的集中优势。

（1）独立性。

监事会是由国资委向路网公司派出，检查结果直接向国资委汇报，监事会与企业是监督与被监督的关系，不参与企业经营决策，监事会与企业没有任何经济联系，保证了检查结果不受利益纠纷影响。

（2）权威性。

监事会的成员与董事会成员一样，都是出资人及国资委派出的产权代表，监事会代表出资人履行监督职责，监事会注意一般为副部长级国家工作人员，专职监事也均为局处级公务人员。

（3）有效性。

监事会深入企业一线开展全过程的实时、动态监督，与董事会决策、经理层执行同时同步。通过日常监督、集中检查和专项检查等多种形式，综合运用听取汇报、列席会议、访谈座谈、调查研究等多种手段，联合纪检、检察、审计、巡视等多种力量，对企业的财务、负责人履职行为，以及执行国家法律法规制度办法等情况进行全方位监督。这种客观、公正、深入的监督检查既维护了国有资产所有者权益，又保护了企业依法享有的自主经营权。

2．职业经理人制度

职业经理人是在现代公司所有权与经营权相分离的背景下产生的，其具备优秀管理者的各项素质与技能，并且专门担任经理这一职位并以此为职业。

职业经理人受公司所有者委托，以公司绩效最大化为目标经营管理企业，维护企业的正常运作，并承担公司资产保值增值的责任。经理人市场中的经理人都是企业经营管理的专家，工资以及通过股票期权分享的公司经营成果是他们的主要报酬，他们之间存在竞争，面临业绩不佳而失业的风险。通过实行"职业经理人"制，铁路企业国有资产所有权与经营权的分离成为可能。在"职业经理人"制条件下，担任经理职务的人不是国有资产所有权的代表人，有利于国有资产管理部门代表国家对企业的经营行为依法实行监督。职业经理人也不是企业上级管理部门的代言人，因此在授权范围内有更多的经营自主权，能更好地代表企业或股东的利益依法经营，从而为完善法人治理结构打下基础。

解决公司治理中的委托代理问题，使路网公司经理的经营目标符合股东利益，除了要加强经理人市场的形成，还可以采取股权激励的措施。在我国的现有企业中，大部分的国有股份制企业经理人是由主管部门任命的，真正通过市场聘任经理人的企业总量极少。在缺乏完善的职业经理人市场的情况下，股东面临的风险和经营者面临的风险是不对称的，对他们实行股权激励也很难达到良好的效果。除此之外，对股权激励的考核标准和考核人员的选拔是目前面临的最大问题。

4.3.3　企业组织结构

1．常见的企业组织结构形式

（1）职能式。

职能式组织结构是现代企业形成初期最早的组织形式，它产生于组织发展到仅由一组人和一个老板（业主制）已无法胜任工作时。最初的职能制结构主要分为制造、销售、财务、研究与开发、行政等。随着组织的发展，这个简单分工的组织会进行水平方向的细化和垂直方向的深化，最终导致垂直方向的层级越来越多，水平方向的部门跨度越来越大。

在一个职能式结构中，同类的工作被划分在一个职能部门。他们的工作通过分层管理进行纵向协调。同一职能部门中的员工具有相似的价值和工作目标。这种相似性促进了职能部门内的协调、效率和质量。但它们与其他部门的协调与合作变得更加困难。

当一个组织起主导地位的关键竞争要素是专业知识、效率和质量时，而且当它的外部环境相对稳定时，职能式结构运作良好。这是因为职能式结构能够促进规模经济。统一的制造工厂能使一个组织购买昂贵但高效的机器，减少重复和浪费。这种结构也可以通过给雇员提供明确的职业阶梯（业务提升）以促使他们的职业技能得到发展。但是职能式组织结构不是一种成功的类型，因为在这种组织结构中，规则和指令是行使权力的工具，它们来自企业所有者，并自上而下地使用。

（2）事业部式。

事业部式组织结构亦称 M 型结构，是按照"集中决策，分散经营"的原则，将企业划分为若干事业群，每一个事业群建立自己的经营管理机构与队伍，独立核算，自负盈亏。这样的组织结构是业务导向型的，从权力结构上讲是分权制，基本单位是半自助的利润中心，每个利润中心内部通常又按职能式组织结构设计。在利润中心之上的总部负责整个公司的重大投资，负责对利润中心的监督。因此，总部的职能相对萎缩，一般情况下总部仅设人事、财务等几个事关全局的职能部门。

事业部式组织结构突出了事业部内部知识协调的重要性，满足了事业部内知识的水平流动。每个部门通过将自身定位为收入中心、成本中心、利润中心或投资中心来对其工作业绩负责。这种结构的关键问题在于给予事业部的关于重要资源投入的决策自主权大小。事业部之间的协调由集团总部的管理人员负责，他们负责部门间的资源分配和长期战略的制定。但是因为员工是以事业部而非专业技术来划分的，因此，深层次的能力和专业技术会被削弱，事业部之间的协调也很困难。

若路网公司成立装备制造事业部，负责轨道交通领域机车车辆的生产制造和维保业务，其将在路网公司的统一领导下，拥有自己的产品和独立的市场，同时实行独立经营、独立核算，将拥有很大的经营自主权。它既是受路网公司控制的利润中心，又是机车车辆产品责任单位或市场责任单位，对销研产以及行政、人事等管理负有统一领导的职能。此外，事业部内部设立市场、计划、服务、财务、经营管理等模块，形成以市场为导向的组织架构。路网公司总部就可脱身于日常琐事管理，将主要精力集中在总体战略决策、控制规模额度和投资额度、各事业部核心管理层任免的人事权以及市场的统一协调工作上。

（3）矩阵式。

矩阵式组织结构是职能式结构和事业部式结构的组合，这种结构既需要职能部门内的专业技术知识，又需要职能部门之间紧密的横向协作。例如，一个跨国公司需要在职能部门、产品与地理位置之间进行协调。在这种组织结构中，大部分员工受到双重领导。例如，一个工程师既属于一个项目组，又属于一个技术部门。在完成一项特定任务之后，工程师回到技术部，然后又被分配到新的项目中，他同时接受项目经理和部门经理的领导。

可见，矩阵式组织结构可以使知识在垂直方向和水平方向两个方面顺畅流动，从而使企业进行高效运作。这种结构能使企业满足环境的多种需求。资源能被灵活地分配，组织也能够适应竞争和资源状况的变化。它为员工提供了按照他们兴趣获得职能式或综合技能的机会。

（4）网络式。

网络式组织结构具有更少的"命令和控制"层，可以由更多的专家组成，同时拥有更少的总经理和更少的终身员工。这种新的网络形式则用来利用不确定性，而不是减少不确定性。它强调在一个不断变化的环境中的柔性调整。这种适应能力是网络结构的主要优点。因为这种结构中的人员、决策权限、角色和领导关系是临时根据特定的项目或事件组成的，一旦需要，可随时改变。因此，网络结构具有快速的优势，能对变化的事件做出快速响应。

网络化组织实现了组织内部跨事业部（不同事业部之间、事业部与职能部门之间）和跨企业边界的知识联系。这种组织把"项目"视为一个相对完整的知识体系，并且根据这个知识体系的内在逻辑和特点来组织"团队"及进行团队内部的分工。它们由"交叉职能团队"和"与外界公司的各种联合"组成，企业内部职能部门与组织单元之间的边界使企业被编织成了一张基于知识逻辑、可以无限密集和无限扩展的知识网[25]。

路网公司作为一个庞大的企业，可根据自身经营发展的特点，采取相应的组织结构形式，建立现代企业制度，促进企业长期良好发展。

2．路网公司的组织架构模式

（1）公司内设部室：董事会办公室、办公室、党群工作部、人力资源部、财务部、企业管理部、规划总体部、安全质量部、监察审计部、总工程师室、建设事业部、枢纽项目部等。

党群工作部是党委办事机构，主要负责党务、党建、工、青、妇、团等方面的工作。

人力资源部是人力资源管理部门，负责组织机构设计、人资管理、薪酬管理、教育培训、劳动纪律检查等工作。

财务部主要负责建立财务管理制度及流程，配置财务资源，建立健全公司财务核算、财务监督、资金管理和纳税管理机制，及时提供决策管理分析数据，对公司经营活动进行风险监控。

企业管理部主要负责建立考核体系，对各部门的工作目标、计划执行情况进行考核，标准及体系文件的培训、宣传和贯彻执行。

规划总体部主要负责谋划、组织编制铁路近远期规划；负责前期相关文件编制与报批。

安全质量部主要负责对铁路建设及运营阶段的安全质量工作进行综合监督，对公司各部门及各参建单位安全质量行为进行规范、业务上进行指导，保证安全质量体系的正常运转及公司各阶段既定安全质量目标的实现。

总工程师室主要负责铁路勘察设计管理工作，组织新建铁路工程的竣工验收，配合铁路工程现场施工；负责公司技术管理工作。

建设事业部主要承担铁路工程建设招标、合同履约、工程质量、安全生产的归口管理工作，指导工程项目竣工验收，协调建设过程中的重大问题，组织对建设单位进行业务指导和考核。

（2）公司下属机构：运营分公司、资源开发分公司、物业管理分公司、物业开发分公司。

运营分公司可下设办公室、党群工作部、人力资源部、财务部（派驻）、计划经营部、安全监察部、技术部、物资部、新线办、调度部、机务部、车辆部等部门，代表中铁路网集团公司负责全国铁路的运营管理、列车运行组织等工作。在提高运营安全和服务水平的同时，锻炼出一大批技术尖兵。

资源开发分公司是中铁路网集团公司的直属经营开发管理部门，主要负责对除物业管理外的铁路附属资源进行统一经营和统一管理，是路网公司的主要经济来源之一，内部可设综合管理部、经营策划部、广告部、商贸部等部门，分别负责资源分公司的综合管理、各业务的统筹策划和经营管理工作。

物业管理分公司是中铁路网集团公司的全资子公司，主要承接铁路枢纽场站及属于铁路资产的地产开发项目的物业，将来还可涉足城市公交场站等物业项目。

（3）公司控股单位：××通信公司、××维保公司。

对于路网公司而言，重新建立一家专门从事通信服务的子公司耗时较长，因为修建新设备、雇用和培训工人、开发产品等都将花费大量时间。路网公司可采取合资控股式开展通信服务和维保业务。合资控股式又称注资入股，即由并购方和目标企业各自出资组建一个新的法人单位。目标企业以资产、土地及人员等出资，并购方以技术、资金、管理等出资，占控股地位[26]。

因此，路网公司可与中国铁塔、中国电信等在通信服务领域具备较为完善的通信基础设施、较高的通信服务水平以及市场营销能力的公司共同出资组建××通信公司，在铁路沿线提供通信服务，既确保铁路系统内部的正常通信，又为乘车旅客及沿线居民提供高品质的通信信号。同理，路网公司可与中国中车及现铁路局管辖的各车辆段、机务段、动车段等专门从事机车车辆维保的目标企业共同出资组建若干个维保公司，主要负责机车车辆的故障维修、日常检修及保养业务，确保机车、客货车辆及动车组的正常运用。

这样可以以少量资金控制多量资本，以节约控制成本。特别是近年来轨道交通产业迎来发展热潮，当目标公司为国有企业时，让当地的原有股东享有一定的权益，同时合资企业仍向当地企业交纳税收，有助于获得当地政府的支持，从而突破区域限制等不利因素。同时，将目标企业的经营性资产剥离出来与优势企业合资，规避了目标企业历史债务的积累以及隐性负债、潜亏等财务陷阱。

（4）公司参股单位：××机车车辆公司。

在参与机车车辆装备制造产业融合过程中，路网公司即使没有机车车辆制造的专业技术及经验，也可出资收购中国中车等在目标市场上已经拥有有价值的商标、品牌或工艺技术的机车车辆制造企业的股权。这就无须全资成立一家新公司并修建全新的生产设备（如工厂、办公室和机器设备等），有利于放大国有资本的影响力。且对中国中车来说，经济目标仍居主导，有利于增强国有经济的实力。

4.3.4　出资人代表制度

企业国家出资所有权来源上的全民性决定了其行使目标的公共性，而国家所有权人的虚拟性决定了在企业中设立其代表人的必要性。在全民所有制的国有独资企业，企业及其财产为国家所有，国家出资人可直接无障碍地行使其所有权，故该类企业中不必设国家出资人代表。但在公司制企业，国家所有权已转化为国有股权，由于国有股权的私权局限，为保障国家所有权的公共性本质得以延续，国家出资人当借由其所持国有股权，支持使其代表人当选为公司董事、监事，在企业中代表国家履行国资经营与监督职责，该自然人代表即企业中的国家出资人代表[27]。

国家出资人代表主要承担着企业国资经营之监督性的公法职责，在某种程度上当与所在公司保持一定的距离，而现有的国家出资人代表除了董事与监事的职责往往兼任经理层职务，将公司决策权和执行权绑为一体，同时弱化了监事会的监督权，不利于发挥现代企业制度的优势。

无论路网公司采用国家独资还是国家控股的形式，其都应是能建立现代企业制度的公司制企业。为实现国家的出资目的，防止国有资产流失，应由国有股权支持当选董事和监事的形式，设立国家出资人代表，代表国家履行企业经营与监督职责。

路网领域作为后起的国有企业改革者，应当尤其注意以往国有企业现代企业制度建立的弊端，建立更为完善的现代企业制度。在国家出资人制度方面，为充分发挥董事会决策、经理层执行、监事会监督的制度优势，厘清政企职责，应当在国家出资人代表与企业经理层之间建立隔离机制，让国家出资人代表充分执行对企业的国家外部性监督职责，从而优化法人治理机制。

1．出资人代表考评制度

从《中华人民共和国企业国有资产法》的相关制度设计来看，履行出资人职责机构对国家出资人代表的控制，除了重大事项的决定权外，更多的是一种事后的评价与监督。国家出资人代表作为在企业中履行国资经营与监督职责的公务代表，其考评标准应结合其履行公务的程度来认定和衡量。履行国家公务的程度，与实现国家出资目的紧密相关，也与国家出资人代表是否切实履行国有资产经营管理和监督职责息息相关，如是否遵守国有资产经营范围、投资方向、国有资本经营预算收支规定等。同时，对于具有公务员身份的国家出资人代表，考评还应遵循《中华人民共和国公务员法》和《公务员考核规定》中关于公务员考核的规定。

在路网领域，其表现形式为国家出资人代表是否监督企业保障公益性运输、是否促进国有资产的保值增值等。基于路网领域公益性的考虑，对于国家出资人代表的考评标准不能太过市场化，在注重效益考核的同时，也要强调其在公共性目标上的实现程度，如军事运输、抢险救灾运输、公益性线路建设等。应当建立综合考量经济性与公益性的国家出资人代表考核制度，同时促进企业效益进步和国家公共服务。

2．出资人代表激励制度

我国现有的激励制度明确规定国家出资人代表的薪酬与业绩考核结果挂钩，并且对国有上市公司业绩评价指标采用经济增加值（EVA）评价指标体系。这考虑了国有企业负责人报酬多因素的影响，取得了实质性突破。同考评制度类似，在路网领域采取此种激励制度，过于偏重经济指标作为激励标准，忽视社会贡献与长远发展，有可能导致国家出资人代表过分追求国有资产保值增值而弱化国家出资公共目标的实现。

铁路领域的国家出资人代表往往由来自党政部门的公职人员、相对较为独立的大学教授等人士担任。对来自党政部门的公职人员的激励体制，建议按照公务员法所设计的激励体系进行。

为了更好地实现政企分离，建立完善的现代企业制度，对于路网领域国家出资人代表的激励制度建议以公职晋升、记功等手段为主，适当辅以经济激励。同时为了保证激励的公允性，要严格执行经济责任审计制度，完善信息公开制度，对管理层的薪酬进行公开披露与监督。

3．出资人代表监督制度

国家出资企业的国有资本出资性质，决定了国家出资企业及国家出资人代表必须接受来自多方的监督——政府多部门的监督、人民代表大会监督和社会公众的外部监督以及公司的内部监督等。在我国当下的监督体系中，国资委的监督、公司内部监督、政府相关部门及人大的监督和社会公众的外部监督共同形成对国家出资人代表的综合监督体系。

从国家出资人代表的监督主体来看：

首先，作为国家出资人代表的委派机构、国资行政监管主体及国资产权代表机构，国资委享有对国家出资人代表的监督权。国资委对国家出资人代表的监督，主要表现在以下几个方面：一是通过其选派的股东代表参与公司股东（大）会，形成股东的外部监督；二是通过对国家出资人代表的业绩考核，建立严密的考核体系和实施公平有效的奖惩措施，完善激励约束机制，从而实现对国家出资人代表的直接监督；三是通过对国家出资企业的财务监督，督促国家出资人代表依法维护国有出资人的权益；四是通过实行国有资本经营预算监督，来监督管理国家出资人代表的经营管理活动。

其次，国家出资人代表本质上仍为国家公务员（或代表国家利益），所以，行政机关对其享有行政监督权。这种监督权主要体现为行政监察机关的监督、审计监督以及人大监督等。其中，人大监督主要是通过审批国有资本经营预算、听取专项报告和组织执法检查等多种方式来实现的。

再次，国家出资人代表的权力实际上来源于全民的授权，基于国家出资企业的全民属性，社会公众对国家出资人代表享有监督权。这种社会公众监督权，主要体现为媒体、舆论、公民的监督等。

最后，国家出资人代表身处国家出资企业中，作为公司董监事，其还应接受公司股东、监事会及职工的监督。

4.4　本章小结

本章主要从路网公司的由来、职能、企业形式等方面对中国铁路总公司实行"统分结合的网运分离"后的形态进行描述。

我们认为：

（1）铁总实行"瘦体健身"是实行铁路国家所有权政策的需要，是充分发挥市场竞争优势的需要，是从根本上解决铁路深层次问题的需要。

（2）"瘦体健身"后的路网公司一共有三方面的职能：一是国家铁路基础设施的建设维护者；二是国家铁路基础服务的提供者；三是与其他各产业融合发展的主导者。

（3）路网企业选择国有独资或是混合所有制各有利弊，无论是发展混合所有制还是国有独资，在企业内部建立现代企业经营制度才是企业长期良好发展的关键。

我们建议：

（1）铁总的"瘦体健身"可分四步走：第一步是改革准备阶段；第二步是运营业务公司化阶段；第三步是网运分离阶段；第四步是路网整合阶段。

（2）路网公司应采用法人治理结构，形成完备的现代企业制度，建立高效运转的董事会、监事会、经理层结构。

（3）路网公司作为后起的国有企业改革者，尤其应当注意以往国有企业现代企业制度建立的弊端。在国家出资人制度方面，为了充分发挥董事会决策、经理层执行、监事会监督的制度优势，厘清政企职责，应当在国家出资人代表与企业经理层之间建立隔离机制，让国家出资人代表充分执行对企业的国家外部性监督职责，从而优化法人治理机制。

第 5 章　铁路运营领域的企业运行机制

建立与现代市场经济相适应的现代企业运行机制是建立现代企业制度的重要内容之一。铁路运营企业的运行机制是一个有机系统，本章主要从运营企业的发展变革、多元经营、产品策略等方面对铁路运营企业的运行机制进行分析。

5.1　抽丝涅槃：从附属走向主体

目前，铁路网运合一的经营管理体制是阻碍社会资本参与铁路建设和运营的"玻璃门"，直接导致铁路竞争机制的缺乏，市场配置资源的决定性作用难以发挥，不仅难以满足市场经济条件下铁路行业的发展需求，并在不断地激化铁路内部矛盾，一定程度上成为铁路进一步发展的体制性障碍。因此，网运关系调整是全面深化铁路改革实践层面的首要关键问题。通过网运关系调整，铁路运营从附属地位逐步走向主体地位，充分地参与市场竞争，从而激活铁路运输市场。

1．我国铁路运营分离的必要性

（1）运营分离是实现市场充分竞争的客观需求。

社会主义市场经济具有平等性、竞争性和开放性等一般特征，市场应该在资源配置中起决定性作用。从世界主要国家铁路改革实践可以看出，不论哪种改革模式，其目标无一例外是使铁路企业能够走向市场、参与竞争，不断提高运营效率和经济效益。

党的十八届三中全会通过的决定指出，对自然垄断企业应"根据不同行业特点实行网运分开、放开竞争性业务，推进公共资源配置市场化，进一步破除各种形式的行政垄断"。党的十八届三中全会以来，上述重要理论创新成果正在电力、通信、能源等领域逐步得到实践，但是这一理论目前尚未在铁路行业得到充分重视。

铁路路网与运营的高度融合是铁路网运合一经营管理体制的重要特征，并有两个方面的重要影响：一是中国铁路总公司路网规模庞大并拥有调度指挥权，形成事实上的体制性壁垒，进而在客观上成为阻碍社会资本投资铁路运营领域的"玻璃门"[①]；二是中国铁路总公司职能过多、决策链条过长，难以对市场需求做出及时而准确的响应。

在上述背景下，缺乏竞争的严重后果正在铁路运营领域逐步显现出来，作为"竞争性业务"本应放开的铁路运营业务，正逐渐成为中国铁路总公司一场"单打独斗"的"独角戏"。在2013—2016年全社会全方式货运量不断增加的有利条件下，公路与铁路两种主要运输方式的表现却出现较大差别：不仅公路运输货运量持续快速增加，而且各种创新形式不断涌现；而铁路在2013年提出"货运组织改革"、2015年提出"推进铁路向现代物流转型发展"之后，铁路货运量与市场份额仍在持续下降。

因此，只有将铁路运营从网运合一的体制之中分离出来，各类社会资本进入运营领域形成数量众多的运营公司，才能形成竞争机制并充分满足运输市场对竞争的需求，使运输服务更贴近市场需求。

（2）运营分离是社会资本进入铁路的现实需要。

对于社会中存在的众多小型民营资本，要想进入铁路运输市场，必须以运营分离作为前提条件。我国众多社会资本一般具有主体分散、规模较小、数量众多的特点，而铁路建设具有建设投资大、回报周期长的特点，众多社会资本不具备大型国有企业的实力，在短时间也难以得到回报，以致社会资本不愿也无法进入铁路领域，成为限制社会资本进入铁路的瓶颈。

[①] 尽管在主观上，铁总对于各类社会资本投资铁路持非常开放的态度。

国家已经意识到加快铁路建设不能只靠国家投资"单打独斗"，要拿出市场前景好的项目和竞争性业务吸引民间资本共同参与，通过创新融资方式、丰富多元投资主体，为铁路发展注入新动力。尽管目前我国铁路每年超 8 000 亿元的投资，急切需要社会资本的进入，国务院和铁总也出台了多项鼓励社会资本进入铁路的指导意见，可是收效甚微，仍难以激发资本市场投资铁路的活力和动力。

笔者认为，这与我国铁路现在网运合一的经营管理体制有很大关系。虽然铁路运营是可以完全放开的竞争性业务，但由于路网的巨大沉淀成本阻碍了外部潜在性企业的进入，运营也伴随着路网的自然垄断而高度垄断，铁路路网与运营领域形成长期自然垄断[28]，十分不利于社会资本投资铁路。因此，有必要将运营从路网的制约中剥离出来，打破现有的运营跟随路网被迫垄断的局面。

运营分离后，庞大的铁路基础设施建设和维护将主要由国有资本来承担，为众多规模较小的社会资本进入运营市场创造条件，使客、货运输公司真正成为符合市场经济要求的竞争主体。列车运行线的使用费用成为剥离后运营者的运输生产固定成本，并且该成本在整个成本结构中所占的比重很小，从而降低了其资产沉淀性和生产专业性，资金投入的回报周期也相应缩短。这将有效消除社会资本进入铁路的障碍和顾忌，增加运输服务的可竞争性，逐渐剔除和弱化自然垄断的特征，进而形成良性的行业竞争生态。

（3）运营分离是解决铁路深层次问题的前提条件。

结合以上分析，经营体制、公益性、所有制形式、投融资体制以及中长期债务处理等将是铁路改革面临的一系列关键问题。从铁路自身角度看，改革涉及面广、过程复杂，只有将运营分离出来之后，才能有效解决诸多核心问题。

2013 年 11 月 12 日，中国共产党第十八届中央委员会第三次全体会议通过的决定明确提出：完善现代产权制度、积极发展混合所有制经济、推动国有企业完善现代企业制度。在运营分离的条件下，社会资本的广泛进入能够营造出铁路领域的市场竞争环境，促使运输企业建立现代企业制度，铁路投融资才能摆脱对国家政府长期以来的依赖，铁路企业才能建立相应的混合所有制，从而保证国家在不失去对铁路控制力的前提下，扩大铁路国有资本的控制力，提升竞争力。同时，铁路长期以来的债务也能得到合理的处置。此外，在网运分离的条件下，将由国家对从事公益性运输的运营公司予以补贴，运营公司自负盈亏，这将有效地处理好铁路企业性与公益性之间的矛盾。

可见，运营分离引入的众多竞争主体，将为铁路投融资体制、混合所有制、中长期债务处置、扩大国有资本在铁路领域的控制力等深层次改革工作提供有利条件。

2. 铁路企业的运营分离路径

我国"1+18"网运合一体制下的运营分离，是将铁路运营权划转到三大专业运输公司并建立若干小、专、精的各类社会资本广泛参与的运营企业，充分放开竞争性业务，使这些企业在充分竞争的条件下提供更加优质高效的运输服务。为了实现这一目标，笔者提出了"统分结合的网运分离"四步走路径（详情参见本书第 4 章 4.1.3 小节）。其中最为主要的两步为：运营业务公司化阶段和网运分离阶段。

运营业务公司化阶段的目标：① 在现有基础上做大做强中铁集装箱、中铁特货、中铁快运三大专业运输公司，提升铁路货物运输竞争力；② 根据铁路向现代物流转型发展要求，按照公司制和股份制的思路，完善信息技术系统，做好货物运输与路网财务分账核算及相应调度指挥机构建设等基础工作，进而由铁总及 18 个铁路集团公司以交叉持股的形式，成立若干专业运输公司。例如，可仿照公路物流成立铁路专线运输公司，负责城际干线运输或根据运行线组建运输公司。

然后在网运分离阶段，将铁总及 18 个铁路局孵化出的一大批运营公司推向市场，全部流转为社会资本控股或参股的股份有限公司（若具备条件可上市），并允许各类社会资本举办铁路运营公司，铁路运营作为"竞争性业务"彻底面向市场开放（除铁路军事运输外），实现较为彻底的网运分离。

（1）三大专业运输公司与"1+18"的分离。三大专业运输公司从成立之日起，本身就具有分离的特性。在该阶段，应将三大专业运输公司的股权全部流转为社会资本或其他国有资本，实现三大专业公司与铁总和 18 个铁路局集团的分离。

（2）铁路运营类业务属于充分竞争性业务（铁路军事运输除外），应彻底面向市场开放。在这一阶段的网运分离中，将已成立的各运营公司逐渐推向市场的同时，众多规模较小的社会资本也具有参与铁路运营的可能，因而将产生众多的运营公司，且都具有独立的法人资格以及承运人资格，使其在不同层面参与铁路运营并以加强竞争为首要目标。在实现上述股权流转之后，若条件具备应立避免铁总及 18 个铁路局直接面向货主或旅客从事客、货运业务，其目的在于为各类社会资本参与运营类公司创造公平环境。

（3）铁路运营公司的股权多元化改革应以混合所有制的股份制公司为最终实现形式，这是贯彻党的十八届三中全会关于国有企业改革、建立现代企业制度精神的必然要求，是"混合所有制"这一重大理论创新在铁路领域的大胆实践。

（4）作者在 2016 年 4 月曾做过如下初步测算：在确保三大专业运输公司国有资本控股的前提下，如果能在全国范围内形成约 300 家运营类的上市公司，并且铁总及 18 个铁路局集团能够通过资本市场流转所持股份，那么按照我国上市公司 150 亿元的平均市值规模水平（2011 年度为 171 亿元、2012 年度为 129 亿元），以上股权流转可实现约 4.5 万亿元的收益，基本能够覆盖 2016 年 3 月铁路 4.14 万亿元的负债规模。

3．铁路运营逐步从附属走向主体

在铁路内部，以前行车调度似乎是更为重要的工种，客货运专业运输处于相对比较附属的地位。2017 年 11 月，铁总已对内部机构进行调整，客运部、货运部成为与其他职能部门平行的机构（见专栏 5-1），客货运输地位与调度部门同样重要甚至更为重要，这个是以前改革没有的。铁路运营正在市场变革中逐步从附属走向主体地位。

【专栏 5-1】　铁总组织机构改革：新组建一局五部和发改部等亮相

"当前铁路体制机制改革创新处于关键时期，要按照预定目标，统筹做好总公司机关组织机构改革、铁路局公司制改革、总公司直属机构和相关企业的改制。"2017 年 11 月 7 日，中国铁路总公司党组召开中心组（扩大）学习会议，铁路总公司党组书记、总经理陆东福这样强调要求。

在陆东福提到的铁路体制机制改革中，总公司机关组织机构改革和铁路局公司制改革正在有序推进。

近日官方公开的报道显示，18个铁路局（公司）公司制改革已全面启动公司制改革并完成了工商变更登记；而铁总机关组织构架改革方面也已取得重要进展，新组建的"一局五部"以及发展和改革部、企业管理和法律事务部、科技和信息化部、经营开发部等部门陆续公开亮相。

10月中下旬，在铁路局公司制改革加速推进、铁总机构组织机构改革动员会之后，一则"铁总将更名""铁总运输局分为独立的'一局五部'"的传言在互联网上热传。随后，铁总机关新组建的部门不断通过官方渠道公开亮相，陆续证实了这则传言的内容。

这则传言提到的内容主要为，"总公司机构优化调整及相关人事变动：中国铁路总公司将更名为中国国家铁路集团公司""撤销运输局及内设的综合部、营运部、调度部、机务部、车辆部、供电部、工务部、电务部和价格管理部，设置运输统筹监督局（总调度长室）、客运部、货运部、调度部、机辆部、工电部；撤销计划统计部，设置发展和改革部；撤销改革与法律部，设置企业管理和法律事务部；撤销科技管理部、信息化部，设置科技和信息化部（总工程师室）；撤销资本运营和开发部，设置经营开发部；设置董事会办公室，与办公厅（党组办公室）为一个机构多块牌子；宣传部加挂党组宣传部牌子""总公司党组巡视工作领导小组办公室设在总公司党组纪律检查组。总公司监察局与总公司党组纪律检查组合署办公"。

10月下旬以来，这则传言中提到的铁总机关新组建的"一局五部"（运输统筹监督局、客运部、货运部、调度部、机辆部、工电部）以及发展和改革部、企业管理和法律事务部、科技和信息化部、经营开发部等部门陆续获得官方新闻报道的证实。

资料来源：http://news.sina.com.cn/o/2017-11-13/doc-ifynsait7776615.shtml。

5.2 运作构想：铁路运营企业市场化运行

5.2.1 运营公司的职能

运营公司作为市场竞争的直接参与者，要坚持市场取向，引入竞争机制，提高服务质量，逐步扩大市场份额，实现铁路客运、货运收益的最大化。对于公益性铁路及公益性运输项目，应由国家直接对路网公司与运营公司分别进行补贴。因此，运营公司的主要职能是为旅客和货主提供优质的运输服务，设计迎合市场的各类运输产品，以保持市场占有率，促进我国铁路运输行业在公平有序竞争中实现快速健康发展。

1．客运公司职能

作为率先培育的市场主体，客运公司的组建过程可由铁路局集团主导，先铁路局内部模拟公司运作，再过渡到法人实体的客运公司。如此分步进行，有利于降低改革成本，减小改革难度。具体地，各客运公司由现行各铁路局的客运处、收费处、客运段等部门的一部分人员与职能按《公司法》的要求改组而成，各客运公司根据市场需求自主开展客运营销业务，通过线路运营权的竞争向路网公司获得线路使用权，向路网基础设施和生产协作单位付费；售票实行委托代理制（可委托给 12306 网站）。

客运公司的数量、规模和格局应随着运输市场的变化以及公司内部条件的变化做出调整，随着网运关系调整的深入，进入铁路客运市场的门槛应降低。这样不仅有利于外部资金进入，也能够吸引"路外人"直接或间接参与竞争。

2．货运公司职能

将现行各铁路局集团与货运有关的非行车业务（如集装箱中心、装卸公司）及其相关人员按《公司法》的要求整合或者改组为成多家货运公司，各公司均是独立法人实体，自主经营，独立核算，自负盈亏，自我发展。其基本职能包括铁路货运的生产组织及其延伸服务，如受理、进货、承运、装车等发送作业货物的中转、换装和整理、货物运输变更及整车分卸等途中作业货物到达卸车、交付和出货等到达作业等。

各货运公司间以及和其他专业运输公司间，通过合理的竞争手段，从市场获取收入。各货运公司通过投标向路网公司购买线路经营权。对运量少、运输密度低的线路，依据市场运行规律，以较低价格从路网公司获得运营权，国家对路网公司由此带来的损失，给予财政补助；对承担战时任务、国家扶贫扶弱计划的货运公司，国家给予一次性资金补助。

5.2.2　运营公司的产品策略

市场营销策略是企业以顾客需要为出发点，根据经验获得顾客需求量以及购买力的信息、商业界的期望值，有计划地组织各项经营活动，依据相互协调一致的产品策略、价格策略、渠道策略和促销策略，为顾客提供满意的商品和服务而实现企业目标的过程。面向市场的铁路运输服务，对充分增强其在各种交通运输方式中竞争力，制定适宜的产品策略尤为重要。

5.2.2.1　客运产品策略

铁路客运产品的实质是服务，那么其基本策略的制定应着重围绕提供优质服务这一核心。在旅客消费需求不断增长、消费层次差异扩大，享受观念和维权意识迅速提高的今天，只有给旅客提供了感觉"值得花钱"的优质服务，铁路客运产品才能赢得旅客的青睐、赢得市场。由于服务的优劣通常要根据安全、迅速、准确、便捷和舒适等质量特征来判断，所以铁路客运产品的基本策略主要有以下几种：

第一，安全策略。确保运输安全，是客运产品的头等大事，是铁路客运占有和扩大市场的基础、保证，也是目前人们心目中铁路运输的最大优势所在。如果运输企业不能对旅客的生命财产给予有力的保护，旅客就不大敢有所托付。此外，安全还是影响铁路客运企业形象的重要因素。

　　抓客运安全，必须持之以恒，从两方面着手：一是要抓好行车安全，保证线路质量和机车车辆质量；二是要抓好车厢内的安全，保护旅客的人身财产安全。而无论从哪一方面抓，关键是要给旅客以安全感。只有给了他们安全感，他们才会放心地选择铁路运输工具，选择后，才会安心、舒心。

　　第二，提速策略。运行时间是评价客运产品质量的重要因素。在票价与乘车条件相近的条件下，旅客大多会选择旅行时间短的运输方式，因为这可以使旅客减少旅途的疲劳，使旅客乘车之后有更充沛的精力投入工作，为社会创造更多的财富，还可以使有急事的旅客及时赶到目的地，不会为延误时机而扼腕抱憾。提速是个系统工程，提高列车运行速度是提速；压缩站停时间是提速。要提速，就要全方位的提速；否则，单是列车运行速度上去了，并不一定就能缩短旅行时间。

　　第三，准时策略。旅客出行有准时的要求。旅客要赶某个会，要和某人见面，要购某种紧俏商品，要换乘其他交通工具，都不能不准时。对于客运企业来说，准时更是一种信誉，一种竞争力。不准时，有时效性要求的旅客就不会放心地选择铁路。

　　第四，便利策略。便利也是旅客的一个重要需求。旅客外出旅行，希望不要"在家千日好，出门时时难"，所以对交通方式的便利与否更为关注。尤其是在有了一定的经济基础，又有了多种交通方式可供选择时，便利对旅客而言就显得更为重要。比如开设"应急售票处""绿色通道"，开展门到门服务等，不仅能方便旅客，吸引大量的客流，还可以开辟新的市场。比如开展旅客观光一条龙服务，增加吃、住、购、娱乐等服务项目，就既方便了旅客，又拓展了创收项目。

　　第五，提高舒适度策略。舒适度也是旅客关心的重要内容。随着人民物质文化生活水平的提高和交通运输业的发展，旅客对旅行中舒适度的要求不断提高，甚至在选择交通工具时，往往把舒适度作为选择标准之一。铁路客运要提高舒适度，主要应在如下方面努力：增大人均坐卧面积、缩短旅行时间、改善旅行环境、塑造好客运职工的形象等。

　　第六，多元化策略。客运公司在专心从事传统的铁路旅客运输任务的同时，还可着眼于票价之外的其他潜在盈利。四川航空的一种商业模式值得借鉴（详见专栏 5-2）。

【专栏 5-2】 四川航空商业模式拓展的案例

为了延伸服务空间，四川航空为搭乘四川航空班机的航空旅客提供免费的高品质城市接送服务。在采购阶段，原价一台 14.8 万元的休旅车，四川航空要求以 9 万元的价格购买 150 台，提供风行汽车的条件是，在载客途中为其做广告，向乘客提供车子的详细介绍，包括车子的优点和车商的服务；在运营阶段，四川航空征召了一些想当出租车司机的人，以一台休旅车 17.8 万元的价格出售给这些准司机。因为四川航空提供了稳定的客源，无须像出租车一样在城市中巡游，且这 17.8 万元里还包括特许经营费和管理费，自然不愁没驾驶员。四川航空立即进账了 1 320 万元。

接下来，就是该举措的实施阶段。对乘客而言，不仅解决了机场到市区的交通问题，还省下了接驳交通费用；对风行汽车而言，虽然以低价出售车子，却省下了一笔广告预算，换得一个稳定的广告通路；对驾驶员而言，与其把钱投资在自行开出租车营业上，不如成为四川航空的专线司机，获得稳定的收入来源；对四川航空而言，不仅获利 1 320 万元，这 150 台印有"免费接送"字样的车子每天在市区到处跑来跑去，让四川航空平均每天多卖 10 000 张机票，与车商签约协议到期后还可以酌收广告费。

这样的商业模式是非常值得铁路学习的，打造一个平台，既能在上面做好人，又能做好事。"统分结合的网运分离"将创造出众多小、精、专公司，同时激发这些公司的活力、动力、创造力，以最小的投入获取最大的收益，实现企业价值和社会价值双最大化。

资料来源：网易财经，http://money.163.com/13/1223/14/9GPNVVA000253G87.html。

5.2.2.2 货运产品策略

1．一般货运产品策略

铁路运输的产品开发，必须树立以市场需求为导向的理念，建立起满足市场需求的高效、便捷、安全、经济、优质的系列运输产品体系，向社会提供运输产品和物流产品并举的综合服务。实施品牌战略，增强铁路市场的竞争力，建成货运快捷体系，实现货场送达快速化、准时化和货运服务信息化，使铁路在大宗货物运输市场中保持绝对优势，在零散货物运输市场中的份额不断提升，在货物总周转量份额中稳居首位。

第一，打好"超长重载"列车品牌。超长重载列车是铁路内涵发展、挖潜提效的重要举措，更是为满足社会需求、加速货物送达提供的有效运力资源。要不断强化运输组织，优化运行方案，抓好货源货流组织工作，以煤炭、木材、石油、粮食主导品类，积极支持供需双方签订中长期大宗稳定合同，兑现服务承诺，在与其他运输方式的竞争中，不断提升品牌信誉和要素。

第二，积极组织开行跨局"五定班列"。所谓"跨局"，就是跨铁路局间开行长距离、远运程的始发直达和技术直达列车，以"五定"为主要标志即定点定装车站和卸车站、定线定列车运行线、定车次定运行车次、定时定始发时间和终到时间、定价定运输价格，通过"五定"使货运班列客运化、价格收费公开化、服务承诺规范化，以方便、快捷、准时、规范的服务吸引客户。

第三，大力发展集装箱运输。优化集装箱运输组织和运力资源配置。集装箱装运的大部分是远运距、高附加值、高费率的货物，要积极组织开行五定快运直达班列，淡季组织开行管内、管外的循环车组，增加区域单向运量，择机开行双层集装箱班列。

第四，开行管内"夕发朝至"货运快车。夕发朝至"货运快车是为满足零散货物运输市场需求，扩大运输市场占有份额而开发的货运新品牌。以其夕发朝至、一站直达、一口报价为主要特点，采用全新的运输组织方式，零散货物以整车形式拼装装车，时间上货车按客车速度，做到"夕发朝至"，运输时限仅为普通货物列车的1/4。

2．做大做强三大专业运输公司

在第 4 章路网领域"瘦体健身"中我们曾提过，铁总总经理陆东福 2018 年 3 月在记者采访问答时提到要"研究以路网运营企业、专业运输企业及非运输企业为重点的资源整合、资产重组、股改上市等方案"。关于"路网运营企业与专业运输企业的资源整合"的理解，笔者将之理解为"将路网领域的货运资源整合到专业运输公司里去"，放在这里，我们可以进一步理解为做大做强三大专业运输公司。

根据中铁快运、中铁特货、中铁集装箱三大专业运输公司不同的经营现状，我们提出以下不同经营策略。

（1）中铁快运加快战略转型。

中铁快运成立于 2003 年，注册资本 26.08 亿元，是铁总旗下三大专业运输公司之一（另外两家是中铁集装箱运输有限责任公司和中铁特货运输有限责任公司）。中铁快运设有 18 个区域分公司，13 个省市分公司（中心营业部），7 个子公司，在全国 700 个城市设有 3 000 个营业机构，"门到门"服务网络覆盖 3 000 个市、县。

中铁快运承担全国铁路行李包裹运输工作，通过铁路客车行李车、快运货物专列、汽车等运输方式和遍及全国的经营网络，为客户提供全国铁路行李包裹运输服务，全国 1 000 个主要城市门到门快运服务以及包装、仓储、配送等全程物流服务。

中铁快运自 2006 年重组完成后，曾一度表现出欣欣向荣之势，2008 年收入超过百亿元，成为仅次于中国远洋的第二大运输企业。即便在货运收入开始萎缩的 2011 年，其日运送行李包裹约 170 万件，全年运量超 1 300 万吨，营业收入也超过了 80 亿元。

2013 年 6 月 15 日，铁路货运组织改革开始，中铁快运与各铁路局完成资产切割工作，中铁快运由承运人转变为托运人，当时这一改革措施标志着中铁快运开始进入市场化竞争。不过改革 5 年来，中铁快运未能完全实现市场化。

【专栏 5-3】　中铁快运营业收入大降　盼与顺丰京东加强合作"救场"

在民营快递公司的不断冲击之下，铁总旗下主营散货快运业务的中铁快运股份有限公司（下称中铁快运）经营业绩出现下滑。铁总相关人士向《中国经营报》记者透露，截至 2018 年 4 月 20 日，中铁快运 2018 年经营收入累计完成 17.59 亿元，同比下降 7%；月同比减少 6 100 万元，大降 17%。

该人士还对《中国经营报》记者透露，为促进增收增运，铁总要求中铁快运各分公司加强与顺丰、京东、中国邮政等大型物流企业的合作，积极开展高铁快运业务，千方百计促高铁快运业务增量。

中铁快运人士对《中国经营报》记者证实，2018 年以来，中铁快运在主营业务上遇到了前所未有的困难，两项主打业务收入全线下降。他透露，2018 年 1—4 月，普通快运和多式联运年累计收入分别为 6.52 亿元和 10.40 亿元，同比分别下降 6.79% 和 8.37%。虽然高铁快运业务收入同比大增近 20%，但其仅占中铁快运全部收入不到 4%。"高铁快运收入虽然大增，但相较于全部收入可以忽略不计了"，他说。

而中铁快运的严峻形势还不止于前 4 月收入的下滑，更严重的是其下滑速度在逐月加快。《中国经营报》记者得到的一份中铁快运内部会议纪要显示，2018 年 4 月，中铁快运月收入同比减少 0.61 亿元，大降 17%。其中，普通快运、高铁快运均同比下滑 13%。收入下滑最严重的分公司分别为中铁快运南宁、南昌、北京、太原、上海、西安 6 个分公司。"中铁快运力推品牌'高铁快运'收入也出现下滑，这是前所未有的。如果下滑趋势不能扭转，公司今年亏损将会继续扩大"，上述中铁快运人士说。

为确保中铁快运 2018 年经营任务目标，铁总已经向中铁快运提出要求，上述铁总人士称，中铁快运各分公司总经理、党委书记要亲自主持工作，组织研究普通快运收入增长措施；开展以外包采购运力方式的公路物流，在最短时间内止跌。

上述中铁快运人士称，在近期举行的内部会议上，中铁快运再次强调了与顺丰等民营物流企业业务互补性问题，强调要在高铁快运、电商班列、行李车、货物快运等方面与之合作，最大限度地拓展中铁快运市场生存空间。

就中铁快运业务的局限性，该人士对《中国经营报》记者表示，与顺丰和"四通一达"等快递品牌相比，中铁快运品牌影响力有限，网点覆盖和服务能力等还欠缺。尤其其门到门服务能力薄弱，目前中铁快运 8 成以上都是客户上门送货和到店自取，"门到门"业务不足 20%。

他以高铁快运举例称，通过高铁运输货物固然快，但这并不代表最后到达客户手中花费的时间就少，中铁快运现在需要做的关键是客户对于上门取货、送货上门的体验。如果"最后一公里"的配送不过关，高铁快递业务口碑将很难树立。"'最后一公里'的成败，决定着高铁快递的成败"，他说。

2017 年铁总与顺丰、京东和中国邮政等物流运输公司频繁接洽，意图在拓展市场方面加强合作，形成互补。4 月，中铁快运与顺丰会谈，双方表示尽快成立联合工作组，建立定期沟通机制。

2017 年 11 月 21 日，铁总总经理陆东福会见京东董事局主席刘强东。陆东福表示，双方要充分利用高铁网络优势和快捷优势，合作开发高铁快运业务。发挥京东优势，创新高铁服务模式，提高国铁企业物资采购配送效率、降低库存和资金占用。11 月 25 日，铁总与中国邮政集团公司签署战略合作协议，协议中最重要的一项就是加强国内物流合作，综合利用中国铁路干线运输能力和中国邮政末端配送能力，构建物流服务网络，拓展多式联运，实现双方业务的衔接、延伸和拓展。

资料来源：http://www.cb.com.cn/zjssb/2018_0424/1232341.html。

中铁快运作为国有物流企业，身处于深化国有企业改革和我国物流高速发展的双重关键时期，国有企业体制的弊端与公司经营管理问题相互交织，前路任重道远。当前短期目标为挽救业绩颓势，实现业绩回升，为谋求企业长久良性发展，中铁快运宜尽快调整企业战略，适应市场需求与发展刻不容缓。

在中铁快运经营不善的诸多原因中，最为显著的是网点覆盖和服务能力欠缺，尤其门到门服务能力薄弱。目前中铁快运 8 成以上都是客户上门送货和到店自取，"门到门"业务不足 20%。

中铁快运在全国 1 564 个县级以上城市，设有 3 200 多个营业机构，与其他成熟的快递物流企业相比，这还远远不够。例如，德邦截至 2018 年 3 月公司网点近 10 000 家，全国转运中心总面积超过 120 万平方米；圆通现拥有 118 个转运中心，68 000 余个派送网点，县级以上城市网络覆盖率达 98%；中通服务网点约为 29 000 个，转运中心

82 个，先后投资约 100 亿建设大型分拨中心、航空中心、电子商务中心等，网络通达 97.97% 以上的区县；韵达快递在全国建设了 70 余个分拨中心，40 000 余家营业网点；申通拥有独立网点及分公司 1 899 家，服务网点及门店 20 000 余家，乡镇网点 15 000 余家，直属与非直属转中心及航空部 90 余个。2018 年快递企业第一季度财报，如表 5-1 所示。

表 5-1　2018 年快递企业第一季度财报

企业名称	营业收入/亿元	同比增长率
顺丰	205.70	32.96%
圆通	53.41	52.88%
申通	29.06	33.48%
中通	35.44	35.5%
韵达	26.57	40.44%
德邦	47.02	11.60%
中铁快运	17.59	−7%

对于中铁快运而言，通过完善"最后一公里"的接取送达能力以期挽回市场份额，长路漫漫，且面临巨大的竞争压力。近年来，我国物流运输行业发展迅猛，在企业方面，小型、零散的公路运输正在聚合发展，势态良好，大型的物流企业如顺丰、邮政、京东、"四通一达"等在管理技术和服务体系上日趋成熟；在市场方面，快递行业竞争激烈，且进入了增速换挡期，各大快递巨头的战场已从国内延伸到国外，从快递服务延伸到重货、综合物流服务，从物流延伸到金融、电子商务。

在笔者看来，扭转中铁快运的亏损局面，破局之策不在于"完善最后一公里"，重新明确中铁快运的企业定位才是根本。

中铁快运定位关系转变，如图 5-1 所示。

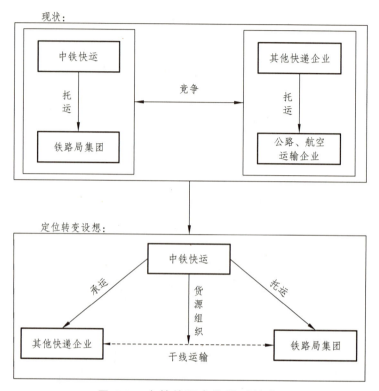

图 5-1　中铁快运定位关系转变

中铁快运相比于其他物流企业，最大的特点在于，依托铁路实行线上运输，这是中铁快运独特的资源和优势。相较于 18 个铁路局集团公司，中铁快运拥有服务网络化需求的能力。各个铁路局在局管范围内十分灵活，但出了局管范围，要开展全网的运输产品服务则较为困难，无法为客户提供全程服务。而中铁快运作为独立于各路局的运输公司，可以协调全国范围的铁路资源，其在开展全网运输服务方面独具优势。

因此，中铁快运应当扬长避短，舍弃短期难以弥补的接取送达短板，充分发挥铁路运输的优势，将中铁快运的产品服务重新定位：基于 18 个铁路局集团提供的路网资源，打造面向物流企业的网络化干线运输能力，即中铁快运的业务应当是 2B（to business），而非直接面向个人客户的 2C（to customer）。

这样，中铁快运可不必直接面向客户组织货源，且同顺丰、"四通一达"等的竞争关系也会转变为合作关系，充分发挥自身优势，为快递品牌提供铁路线上运输服务，而快递企业充足的货源也便于铁路"化零为整"，优化铁路零担运输的货运组织，提高运输效率。

（2）特货与集装箱加快混改步伐。

中铁特货运输有限责任公司是铁总直属专业运输企业，注册资本85 亿元，主要从事商品汽车、大件货物、冷藏货物的铁路运输。

近年来，铁总从货运改革入手，在搭建铁路货运平台、助推多式联运的同时，大力提高物流供给质量和物流服务水平，推动铁路特货物流驶入高质量发展快车道。2017 年，在全国商品汽车销售增速同比降低近 60%、公路商品汽车运输回潮的不利局面下，中铁特货铁路商品汽车物流全年累计实现运输收入 48.9 亿元，同比增长 44.4%。2018年一季度，铁路商品车装车台数同比增长 34.65%，商品车单车运输收入同比增长 7.18%，冷链运输发送吨数同比增长 33.7%，特货运输收入同比增长 39.24%。

中铁集装箱运输有限责任公司是铁总所属的国有大型集装箱运输企业，成立于 2003 年 11 月，注册资本 39 亿元，资产规模 115亿元；公司下设 18 个分公司、36 个营业部、2 个全资子公司，参股 10 家公司，其中持有上市公司中铁铁龙集装箱物流股份有限公司 15.9% 股份、中外合资企业中铁联合国际集装箱有限公司 36.67% 股份；公司拥有 24.15 万只 20 英尺（1 英尺 ≈ 0.304 8 米）通用集装箱、2.75 万只 40 英尺通用集装箱、600 只 40 英尺宽体集装箱、16 万张铁路货车篷布，是铁总指定的中欧班列全程经营和服务平台，国家 5A 级物流企业，2016 年度全国先进物流企业、中国物流百强企业。

中铁特货和中铁集装箱近年来发展势头良好，还面临着我国"一带一路"倡议和国家增调铁路运量这两大发展机遇，两大公司应当继续创新管理机制、经营策略，提升服务质量与运输效率，同时加快公司改革步伐，在现有混合所有制的基础上进一步引进社会资本，谋求上市。

5.2.3 运营公司的价格策略

采用灵活多变的价格策略以适应铁路市场的变化，在增强自身竞争力的同时，还可优化铁路运输服务质量。适宜的价格策略也是铁路运营企业经营过程中重要的运营策略之一。

1．基本价格策略

价格通常是影响产品销售的关键因素，定价的重要意义就在于使价格在表现商品价值的同时，成为促进销售的有效手段。铁路运价的策略很多，基本有如下几种：

（1）建立运价与物价的联动机制。铁路运价与社会物价是相互制约、相互促进、相互影响的，两者在本质上是联动的。必须建立铁路运价与社会物价的联动机制，使铁路运价与社会物价同步联动。不仅如此，铁路运价的上调幅度应略高于社会物价的上升幅度，这样才能保证铁路运输与整个国民经济的协调发展。这种联动要定期地、经常地进行，不能等铁路运价长期偏低、亏损严重时再调整。

（2）实行浮动运价。为了使运价能适应供需关系的变化和竞争关系的变化，保持和扩大市场占有份额，提高盈利水平，可以实行浮动运价，由国家控制运价的总水平，管理基本运价，赋予铁路企业一定的浮动权。铁路可在国家批准的范围内，决定具体运价的上下浮动水平。例如，在客运方面，可实行春运、暑运和节假日期间浮动运价、热门车次和紧缺座别浮动票价、客源不足车次座别浮动票价等。铁路企业要提高对浮动运价的管理水平，对浮动的时间、幅度要准确把握，从而最大限度地发挥浮动运价的作用。

（3）实行季节运价。运输市场的季节性很强，运量具备时间上的规律性或称周期性，不同的季节会表现出不同的供求规律，有时供不应求，有时供过于求。为了适应供求特点，缓解供求矛盾，帮助调整运量结构，提高市场占有率和盈利水平，铁路可实行季节运价。在需求旺季，运价可适当高些；在需求淡季，运价可适当低些。

（4）实行区域运价。我国的经济发展极不平衡，有发达地区，也有欠发达地区。我国的交通状况也有很大差别，有的地区交通发达，各种运输方式竞争激烈，而有的地区铁路还是独家经营，处于垄断地位。为了适应旅客的经济承受能力，促进地区间物资流通，支援地方经济建设，也为了适应市场竞争需要，取得合理经营效益，铁路应该实行区域运价。对于某些运量小，成本高，周边经济又欠发达的支线，尤其应依具体情况来定价，而不应机械地实行全路统一运价。

（5）实行新线新价。随着铁路建设的大发展，新投入运营的线路不断增多。新线的运价也不能实行统一运价。其原因有四个方面：一是因为新建铁路运营成本高，还贷压力大，实行统一运价就会亏损；二是有些新线途经老区或经济欠发达地区，负有扶贫和促进经济建设的重任，也应实行不同于老线的运价；三是新线运营，要启动运输市场，要把已被其他运输方式所占有的市场分出一部分来，无论是从投入上讲，还是从加大竞争力度上讲，都应按实际需要确定运价；四是与老线平行的新线，修建目的在于分流，保证分流的实现。

（6）实行优质优价。随着市场经济的发展，人民生活水平的提高，广大旅客对运输企业提出了更高的要求。为了适应这种要求，铁路运输企业推出了多种优质产品，在运输的快速性、方便性、安全性和可靠性上都有很大改善，由此导致的运输产品综合效用的提高有效提升了运输竞争力。按照价值规律，为了补偿成本，也为了鼓励提高服务质量，应该实行优质优价。今后，实行优质优价的范围还应该扩大，包括对名牌列车的价位也可提高，以鼓励创名牌，体现名牌效应。

（7）实行和加强协议运价。市场形势是千变万化的，国家定的价格再合理，也总有不适应的时候。为了吸引、保持客源和货源，国家应该允许铁路企业与旅客和货主在一定范围内协议运价。实行协议运价，供需见面，通过讨价还价寻求双方都能接受的价位，更准确地反映供求关系和竞争关系，促进运力资源的优化配置。协议运价又称合同运价，为了搞好协议运价，铁路企业要提高运价管理水平，准确计算运输成本，把握市场动态，了解客户，掌握谈判艺术并运用合同来管理运价，增强协议运价的法律效力。

（8）实行随行就市价。对于某些市场行情变化较大，已经形成竞争局面的线路、车次的运价，可以放权给企业，由企业根据当时当地的运输价值、消费心理和各运输方式间的比价关系，制定适宜的价格。实行随行就市价，铁路企业要及时准确地把握市场行情，对市场需求的变化，对竞争对手的变化，要有快速反应能力。反应迟钝，就会错失时机。

2．其他价格策略

在客运方面，还可实行折扣优惠运价。为了吸引旅客，也为了尽某种社会责任，铁路客运也可实行折扣优惠运价。如对团体旅客可按其购票人数规定一定的折扣比例，购票越多，折扣比例越大，以吸引和留住较大批量的客源。同理，对购买往返票、回程票和定期票的旅客也可以优惠。还有的是为提高某些运力的利用率而实行折价优惠。如对空闲卧铺实行优惠价格等。另外，为合理分流，鼓励中长途旅客乘坐火车，还可实行递远递减的折扣优惠运价策略。打折以后，尽管相对于正常收费来说单位利润减少了，但提高了运力利用率，增大了运量，总的收入还是增加了。

在货运方面，铁路运输企业可根据货运市场的竞争和货主的需求，研究、开发一些铁路货运新产品，如五定列班、集装箱专列、特殊需求快运直达车、冷藏直达车、鲜活易腐直达车、国际集装箱海铁联运班列等。这些铁路货运新产品的定价，应充分考虑货流量、货主的需求、公路、水路、航空等竞争者的价格等。

（1）实行空车稍货价。对空车方向顺路装车、大批量运输，与其他运输方式进行竞争以及其他特殊情况的货源，可实行运价下浮，同时，对集装箱回空装运大宗货物实行优惠运价。

（2）实行季节运价。对不同季节、不同时间的运输产品，可以实行不同的运价。如在春节开始前后半个月及每年第4季度运输和销售旺季，实行费用上浮，其他时段实行费用下浮，运用价格杠杆调节运量变化。

（3）实行全程一口价。根据短途铁路运输与其他运输方式竞争的焦点是价格的特点，同时，由于在局管内运输发、到站都在铁路局管内，这样在定价政策、运输组织、装卸组织都有自主权的优势。我们对铁路易流失货源和与公路竞争的货源，可实行"全程一口价"，在装车站向托运人一次性收费再实行内部清算的政策，从而减少收费环节，方便货主，提高铁路竞争力。

5.3　业务潜力：运营企业的多元化经营

当前，我国铁路运输主要经营客货运输业务，对于铁路的多元商业价值还处于不断挖掘的过程，而日本民营铁路已经具备较为完善的铁路多元商业开发模式，其发展模式可为我国铁路运营提供借鉴。

日本民营铁路的商业经营模式主要包括铁路沿线房地产、车站配套商业、酒店业、观光休闲业及其他模式，将铁路经营与城市开发相结合，使主业与辅业相互促进和融合发展。这些模式促进了铁路与沿线区域经济的共同发展，对于我国铁路的商业经营具有重要的借鉴意义。[29]

积极开展与运输主业相关的辅业经营，能够为运营公司带来巨大的发展潜力。以在东京城市圈的民营铁路公司为例，东京急行电铁株式会社（以下简称"东急"）的资本金规模约为京成电铁株式会社（以下简称"京成"）的 3.31 倍，但是在营业里程方面东急则只相当于京成的 68.88%，而东急的客运收入占总收入的比例也较京成的比例低 28.08%。出现这样差异的重要原因之一是，东急更为积极地采取多元化经营战略，开展与主业相关的其他辅业经营。

5.3.1　12306 及旅行服务

中国铁路客户服务中心（12306 网）是铁路服务客户的重要窗口，集成了全路客货运输信息，为社会和铁路客户提供客货运输业务、公共信息查询服务。客户通过登录本网站，可以查询旅客列车时刻表、票价、列车正晚点、车票余票、售票代售点、货物运价、车辆技术参数以及有关客货运规章。客户可以通过网站办理铁路货运业务。铁路通过互联网的方式实现多种服务功能，对铁路本身来说具有重大的意义，减轻了车站售票员的劳动强度，节省了旅客购票的时间，增加了购票的渠道，提高了购票的便利性，节省了铁总的成本。

【专栏 5-4】 动车组列车网上订餐

2017 年 7 月 17 日起，铁路部门在各省会及计划单列市所在地的 27 个主要高铁客运站，推出动车组列车互联网订餐服务，为旅客提供更多品种、口味的餐食服务。

据铁总有关部门负责人介绍，开展动车组列车互联网订餐服务，是铁总深化铁路运输服务供给侧结构性改革，推出的又一服务新举措。铁路部门针对旅客多样化、个性化的旅行服务需求，引进社会品牌餐食，充分发挥"互联网+"优势，进一步丰富动车组餐饮品种结构，为旅客提供更多的选择、更好的服务。

7 月 17 日起，乘坐 G、D 字头的动车组列车出行的旅客，可以通过 12306 网站、手机 APP 等方式预订，既可以订所乘列车餐车供应的餐食，也可预订沿途供餐站供应的社会品牌餐食。此次试点的供餐站共 27 个，主要是上海、天津、广州、南京、杭州、西安、沈阳、长春、武汉、济南、福州、厦门、长沙、成都、重庆、兰州等省会及计划单列市所在地高铁客运站（其中沈阳、长春市试点供餐站为沈阳北站、长春站、长春西站），旅客订餐成功后，铁路站车服务人员会把餐食送到订餐旅客指定的车厢和席位。

该负责人表示，铁路部门本着开放合作、许可经营的思路，向社会餐饮企业开放铁路互联网订餐平台，符合规定的餐饮产品均在 12306 网明码标价，供旅客选择。铁路部门将依照国家有关食品安全管理的法律法规，对网络平台提供者、食品生产经营者、食品配送单位等相关资质、准入条件、餐食卫生等进行监督，努力为旅客提供安全放心的餐饮食品。

关于订餐服务流程，该负责人提示，旅客通过 12306 网订票成功后，将收到是否订餐的提示，需确认订餐时，按页面功能提示办理，并可使用支付宝和微信支付餐款；通过电话、车站窗口、代售点、自动售票机等其他方式购票的旅客，也可通过 12306 网订餐，需在订餐时提供车票信息和联系人信息，所订餐食费用（含配送费）均按社会网络订餐规则办理。另外，已经订好的旅客，如果要进行网上退票、改签、变更到站，系统会自动提醒旅客进行退餐，在实体窗口进行了以上操作的旅客，也可在网上自行办理退餐。

资料来源：http：//www.jlradio.cn/html/5/2017/7/12/174260.html。

5.3.2　房地产业务

众所周知，房地产行业是一个资金密集型、资源整合型、知识密集型的行业，具有鲜明的行业特色。从服务运输主业的角度看，铁路房地产业分两大类：一类是直接服务于铁路运输主业的铁路房产维修与管理（主要是生产办公房屋大维修服务）、铁路生产办公房屋建造（主要是站舍、站台）；另一类是间接服务于铁路运输主业的行业，即主要从事铁路职工经济适用房建设，依托铁路土地资源进行房地产开发以及物业管理维修服务等多元经营。

铁路房地产具有以下几个方面的特征：一是房产设施的专业型，专为铁路运输生产服务，被其反复使用。二是服务对象的唯一型，主要是为铁路运输企业及其员工服务。三是产业地位的从属型，作为服务保障和多元经营产业，主要目的是为运输主业创岗创效。四是服务社会的公益型，亦即共享性，需承担一定的社会公益职能。五是业务发展的成长性，铁路房地产是铁路多元产业中贡献率和成长性较好的行业。六是管理方式的传统型，目前铁路房地产业仍是按照传统模式经营管理，企业市场化、集团化、专业化步伐不及其他房地产行业发展步伐。

房地产开发项目投资额大，投资周期长，对于企业的资金实力和融资能力有着很高的要求；房地产业务的整个价值链，从论证、策划、设计、采购、施工、销售、客服到物业涉及多个管理环节，都有大量工作和资源需要整合；同样由于涉及的相关行业多、开发流程复杂，所以对于开发商来说只有通过不断的经验积累，才能持续强化专业技术水平和管理水平，并支撑企业长期稳定发展。因此，铁路多元系统应加快对铁路房地产业的培育力度，促进中国铁路房地产业快速发展。

东急电铁（以下简称"东铁"）是日本运营效率最高的地铁公司之一，在"轨道＋物业"开发模式上，东急集团实施全环节覆盖，贯穿土地一级整备、项目、物业开发建设、不动产销售、物业持有运营的全过程。不动产开发虽然只是公司的第三大收入来源，但得益于其较强的盈利能力，却是东铁最主要的利润来源，其中 2015 年不动产占东铁营收比重为 15.4%，营业利润贡献率高达 46.7%。东铁较强的不动产盈利能力来自强大的资源整合能力，集团实现了从销售到租赁、从开发到运营以及中介、REITS 等房地产全产业链的覆盖，大大增强了地产和轨交的协同效应。

在东铁模式中，开发商和轨道交通企业共同参与地铁上盖物业的开发，开发商采用的是一种类似于轻资产的方式。东铁的市郊铁路+房地产模式对开发商的风险是最能得到控制的，对企业的回报率也有明显的效果。

18 个铁路局集团在改制后都新增了房地产业务，个别公司对增量房地产开发业务还较为积极，但这种行为在当前市场环境下存在较大风险。较为稳健的做法是，在保障车站行车用房的前提下积极引入社会资本开发商旅经济，充分盘活车站存量房产。

5.3.3 旅游业务

现在旅游市场上的相关企业尽管有了很大的发展，但人们对其的依赖度和信任度还不够。然而，铁路恰恰具备这个重要环节的优势，体现在运力优势、行业优势和规模优势等方面。铁路可以根据旅行产品的需求，开行特定的专列，这在其他服务行业显然是做不到的。另外，铁路行业固有的高度集中、大联动、半军事化的行业运行管理特点，旅行产品一旦进入生产过程就会得到高效率的执行。此外，铁路不仅具有地域覆盖面大，只需很小的短途运输就可到达较大的选择区域目的地的优势，而且还具有产业辐射范围广的优势。

铁路自身现在基本具备了旅行产品中吃、住、行的大部分能力，只需部分地补充，就可以完成旅行产品的全部要求。因此，发展好铁路客运服务产业，就是运用铁路自身优势塑造优质的综合客服产品，以此提升铁路综合客服产品和产业的核心竞争力及收益性，这无疑有利于扩大优质资本进入铁路服务产业。所以在具体的发展措施中，建立铁路的营销机构必须紧紧依托铁路自身的优势来开发产品，根据铁路优势产品来设置营销机构的基本框架，以铁路综合优势广泛吸引社会资本合作共赢。

日本小田急电铁成立于 1948 年 6 月 1 日。在小田急电铁沿线，有新宿、箱根、江之岛·镰仓等充满魅力的观光地，在这些地方，能感受到都市文化、历史传统，欣赏到自然景色。大都市新宿最适合购物和享受美食，箱根有以温泉和富士山为代表的自然美景，江之岛·镰仓充满了历史和日本文化气息，这些都是日本顶级观光地。除此之外，丹泽·大山保存了很多美丽的自然风景，是个徒步郊游圣地，伊东以温泉、海鲜闻名，还有富士山周边，如果乘坐小田急电铁，到这些地方都很方便，即使时间有限，舒适的住宿也能让旅客充分品味日本的文化。由此可看出，铁路线路的建设，不仅是推动铁路企业的发展，在很大程度上也为沿线的旅游业带来了较大的发展。

5.3.4　百货业务

铁路运输企业考虑到自身利益和乘客的便利性，在车站及附近引入大量百货商店，既增加了铁路的乘客，也培育了百货店赖以生存的消费市场，并逐渐形成了具有规模的商圈。

日本 JR 把百货公司设置在各主要车站的乘车大楼内，并利用其交通的便利性吸引从都市以外其他都道府县来的顾客，以扩大商圈的范围。JR 系列百货公司对原有商圈冲击最大的是名古屋地区。在那里，JR 东海同高岛屋合作，于 2000 年在 JR 的新车站大楼（JR Central Towers）开设了 JR 名古屋高岛屋百货商店，对原有商圈造成很大冲击。位于名古屋市内的传统商圈的荣区内原本有松阪屋、三越、丸荣等以吴服系为核心的繁华商店街。

铁路企业以车站为基础引入百货公司，通过郊外住宅区的开发，既增加了自己公司的乘客，也培育了百货店赖以生存的消费市场，并逐渐形成了具有规模的商圈。除了大型百货，这些商圈内还包括超市、便利店等其他流通业态，以及娱乐和教育等与生活息息相关的服务业。即使在零售业高度发达的今天，这种发展模式对一些新兴市场的国家仍有一定的参考价值。

以上所讲的轨道+房地产、旅游、百货 3 种模式是日本东京市郊铁路 3 种典型的盈利模式。我国铁路运输企业可以借鉴其他国家的模式，建立自己的营运方式，以促进铁路企业的发展，实现铁路盈利；同时可以充分结合自身的发展状况，开创符合我国国情与路情的发展模式，如上述提到的 12306 及旅行服务。

5.4 本章小结

企业运行机制与企业生产经营的各个环节有着内在的、必然的联系，对于企业生产和再生产过程的顺利进行、取得较好的生产经营效益具有直接的、重要的影响。本章主要阐述了铁路运营企业从附属走向主体的过程，分析了网运合一企业的运营分离路径，研究了运营企业的多元经营潜力，并对运营企业的产品策略和价格策略给出了建议。

我们认为：

（1）铁路改革的步伐越来越快，铁路客货运经营在铁路中逐步走向主体地位。

（2）应采用"统分结合的网运分离"四步走路径实现运营企业与路网的分离。其中最为主要的两步为：运营业务公司化阶段和网运分离阶段。

（3）日本民营铁路的商业经营模式主要包括铁路沿线房地产、车站配套商业、酒店业、观光休闲业及其他模式，将铁路经营与城市开发相结合，使主业与辅业相互促进和融合发展。这些模式促进了铁路与沿线区域经济的共同发展，对于我国铁路的商业经营具有重要的借鉴意义。

（4）面向市场的铁路运输服务，为充分增强其在各种交通运输方式中的竞争力，制定适宜的产品策略尤为重要。

（5）采用灵活多变的价格策略以适应铁路市场的变化，在增强自身竞争力的同时，还可优化铁路运输服务质量。适宜的价格策略也是铁路运营企业经营过程中重要的运营策略之一。

我们建议：

（1）目前 3 个专业运输公司太少，无法满足市场需求，建议由铁总和 18 个铁路局集团公司出资，组建一批运营公司。不管该公司的规模如何，从成立之日起就必须是一批具有现代企业制度特征的公司。

（2）我国铁路运营企业可在 12306 旅行服务、房地产、旅游、百货等方面发掘铁路运营的多元价值。

（3）中铁快运等专业运输公司可将产品服务定位为：基于 18 个铁路局集团提供的路网资源，打造面向物流企业的网络化干线运输能力，即中铁快运的业务应当是 2B（to business），而非直接面向个人客户的 2C（to customer）。

第6章　铁路工程领域的企业运行机制

我国铁路工程建设位于世界领先水平，是中国"高铁外交"的中坚力量。铁路工程领域的快速发展离不开国家创造的优良环境，而企业内部高效的运行机制更是其进步的基础前提。

6.1　砥砺前行：铁路工程企业运行机制的发展

铁路工程领域企业是国家重大基础设施建设企业，属于功能性国有企业，在推动"一带一路"和"高铁出海"建设任务中发挥着重要作用。作为代表的铁路工程企业：中国铁路工程总公司控股的中国中铁和中国铁道建筑总公司控股的中国铁建，并称中国轨道交通工程建设领域"双寡头"，两大央企几乎承担了中国铁路基建9成以上的工程量，是铁路工程项目施工主力。2017年《财富》世界500强企业中，中国铁路工程总公司和中国铁道建筑总公司分别排名55和58位，这是我国铁路工程企业实力的体现。

铁路工程领域的快速发展离不开国家政策的支持，也离不开工程企业内部逐渐完善的企业运行机制这一基础保障。铁路工程领域企业的发展经历的3个主要特征时期，分别为铁道部管理时期、国资委管理时期和股份制改革后。笔者以中国中铁为例，对3个时期铁路工程企业运行机制的主要特征进行概括。

6.1.1　铁道部管理时期

中国中铁的前身是成立于 1950 年 3 月的中华人民共和国铁道部工程总局和设计总局，1958 年合并为铁道部基本建设总局。1989 年 7 月 1 日，铁道部撤销基本建设总局，组建中国铁路工程总公司。1994 年年底，铁道部对铁路企业展开了现代企业制度试点工作，揭开了铁路建立现代企业制度的序幕。

这一时期的试点工作取得了初步成效：一是在公司选型方面进行了多种形式的试点，为下一步铁路工程企业深化改革探索了道路，积累了经验；二是在公司法人治理结构方面，对股东会、董事、监事会、经理层的组成和议事规则等都做出了明确规定，较好地体现了权力机构、决策机构、监督机构、执行机构权责明确、相互独立、相互制约，又相互协调的原则；三是在产权制度改革方面，明确了国有资产投资主体，为将来国资委对铁路工程企业的管理做好了铺垫。2000 年 9 月 26 日，经国务院批准，铁道部与中国铁路工程总公司实行政企分开，中国铁路工程总公司整体移交中央企业工委管理。

6.1.2　国资委管理时期

2003 年 5 月国务院国有资产监督管理委员会成立后，中国铁路工程总公司隶属国资委管理。中国铁路工程总公司始终牢牢抓住改革这一重大课题，以公司制改革为目标，统筹安排，突出重点，规范运作，分步实施，在建立现代企业制度等方面迈出了实质性步伐。全公司 9 个工程局、2 个工厂、80 多个工程处进行了公司制改革，所属 8 个设计院、研究院初步完成改制工作，按新名称办理了工商注册登记。

中国铁路工程总公司积极探索国有资本的经营管理方式，对 11 个集团公司、3 个工厂、3 个设计院、5 个直属单位和 3 个分公司实行了资产经营责任制。为了充分发挥产权代表的作用，总公司先后向各集团公司派出产权代表 56 名，加强了对国有资本投入、运营、收益全过程的监管，提高了国有资本的控制力和支配力。各改制企业依照《公司法》的要求，建立和完善了公司法人治理结构，明确了股东会、董事会、监事会和经理层的权力、义务和职责，逐步理顺了"新三会"与"老三会"的关系，初步建立起了各负其责、协调运转、有效制衡的运行机制。

全公司加大资产重组和结构调整力度，实施"抓大放小"战略，调整生产布局，重点搞好工程局、工程处和大型工厂等企业，对中小型企业采取多种形式放开搞活。大部分的中小企业通过改组、联合、兼并、租赁、出售、承包、股份合作制和"国有民营"等途径，加快了转机建制的步伐，经济效益明显提高。全公司积极稳妥地推进住房、教育、医疗卫生、养老保险制度改革，逐步剥离企业办社会职能。

6.1.3　股份制改革后

2007 年 9 月 12 日，中国铁路工程总公司独家发起设立中国中铁股份有限公司（以下简称"中国中铁"），并于 2007 年 12 月 3 日和 12 月 7 日分别在上海证券交易所和香港联合交易所成功上市。中国中铁成为国有控股上市公司，具有较强的市场融资能力。

中国中铁上市后，中国铁路工程总公司与中国中铁之间就产生了双层董事会模式。仅由上市公司董事会决策的重大事项，由中国中铁董事会决策；针对由中国中铁董事会提交股东大会审议决策的重大事项，中国铁路工程总公司以控股股东的身份参加股东大会，参与有关决策。两者之间充分尊重彼此权利，确保双层董事会运作规范和有效衔接。

中国中铁全面推动了企业体制机制创新，逐步建立和规范了公司法人治理结构，初步建立了"权责分明、运转有效"的现代企业制度，形成了与市场初步接轨的一系列管理制度体系，推动了企业持续快速发展。近年来，为适应市场变化，中国中铁开启了新的经营体制改革，拓宽了经营领域，构建了"四大主业、八大板块"上中下游一体化的产业结构，全面开拓路内、路外、海外三大市场。目前，中国中铁已是全球最大的铁路及交通基础设施建设企业，为全球 90 多个国家和地区提供服务，业务覆盖基础设施建设全产业链，较好地实现了与市场的融合，企业经营机制、管理体制、品牌形象都发生了根本性变化，市场竞争力大幅提升。

中国铁路工程总公司的改革脚步仍在继续。2017 年 12 月 29 日晚间，中国中铁股份有限公司发布公告，披露控股股东中国铁路工程总公司改名事宜。中国铁路工程总公司，经国务院国有资产监督管理委员会批准，由全民所有制企业改制为国有独资公司，改制后名称变更为"中国铁路工程集团有限公司"，由国务院国资委代表国务院履行出资人职责。

6.2　整体提升：铁路工程企业运行机制的优化

铁路工程领域企业在完成了公司制股份制改革后，需要进一步考虑的是建立完善的现代企业制度、完善治理结构、规范董事会的权力和职责等问题，进而形成制衡而又高效的决策系统，以及在动力和约束机制下的高效的执行系统。决策机制、动力机制和约束机制这三大机制构成了一套完整的、有效的和相互联系的内部运行机制体系。

6.2.1　决策机制优化

决策是管理的核心，是企业生产经营活动成功的关键。决策机制是在一定的企业治理结构中，赋予各个权力机构不同的决策权所形成的决策权力分配和行使的制度安排[30]。笔者将从决策主体、决策程序两个方面对铁路工程决策机制进行说明。

1．决策主体的优化

（1）企业权力机构。

铁路工程领域企业如中国中铁的权力机构，由股东大会、董事会、监事会、经理层共同组成。这些权力机构决策权力分配中存在层级关系：第一层为股东大会决策，是公司最高权力机构的决策；第二层为董事会决策，是企业常设决策机构的决策；第三层是经理层决策，掌握着企业日常经营管理的决策权。

股东大会是企业最高的权力机构，拥有选择经营者、重大经营管理和资产收益等决策权力。决策权力的具体表现：审议公司章程，决定公司的经营方针和投资计划；审计财务报告，对公司合并、分立及解散事项做出决定；选举和罢免董事，决定董事的报酬事项。股东们在股东大会上的决策方式是投票表决，投票权以持有的股权为基础分配。我国铁路工程企业大多为国家控股的企业，国家可对其各项决策行使表决权。

董事会负责企业的日常运营，在股东大会闭会期间为企业最高决策机构。为了明确董事的具体职责，董事会实行分工负责制，下设若干个专门委员会，如中国中铁的董事会设立战略委员会、审计与风险管理委员会、薪酬与考核委员会、提名委员会与安全健康与环保委员会，从而使各个董事之间能够有效地实现分工合作。董事会决策权力的具体表现：制定公司的经营目标、重大方针和管理原则；挑选、聘任和监督经理人员，并决定其报酬与奖惩；制定公司利润分配方案；制定公司年度预决算方案；决定公司财务原则和资金周转；制定公司管理制度和决定公司内部管理机构的设置；决定公司的产品和服务价格、工资、劳资关系；代表公司签订各种合同；决定公司员工的福利待遇；召集股东大会，等等。如果董事会的决议和股东大会的决议发生冲突，则应以股东大会的决议为准。

经理层是董事会决议的执行机构，总经理是公司日常经营管理的负责人，一方面，拥有对公司生产经营管理的经营自主权；另一方面，有责任和义务依法、照章处理好公司的各项日常业务，并以其经营绩效接受董事会的监督和奖惩。经理层决策权力的具体表现：拟定公司的发展规划、年度生产经营计划和年度财务预决算方案；对日常经营管理活动负责组织、指挥和调控；任免公司中层管理人员；决定对本公司一般员工奖惩、晋级、薪酬、聘用、辞退等；代表公司对外处理业务，等等。

监事会是由监事组成的常设监督机构，监事由股东大会选出，监事会向股东大会负责。在中国内地企业，监事会和董事会是平行机构，具有决策职能和执行职能，对董事和经理层进行监督，其中财务和审计监督是监事会的主要职能。

对铁路工程领域企业中权力机构的优化要做到以下几点：一是合

理优化股权结构,积极发展机构投资者;二是进一步推进董事会改革,健全董事会制度,充分发挥独立董事在公司治理中的作用;三是进一步加强监事会建设,增强监事会监督职能,有效保障股东利益不受侵害;四是进一步完善上市公司监管,切实提高监管的有效性,规范市场行为,维护市场秩序。

(2)"行政化"的去留问题。

一般认为铁路工程项目主要由国务院相关部门、铁路总公司及地方政府等作为决策者,铁路集团公司(原铁路局)及参建单位作为执行者,咨询机构作为咨询者,公众、社会力量等作为监督、需求者。长期以来,政府一直在铁路工程项目决策中扮演着重要角色,形成了政府主导型的决策模式,即政府同时扮演着决策者、管理者和监管者的角色。这种决策机制导致铁路工程项目决策出现了许多弊端:市场参与铁路工程建设的积极性低、决策相对封闭、领导意志强以及公众参与度低,这种决策模式显然已不能适应中国经济社会的发展。中国国有企业治理转型的总体趋势是从"行政型"治理模式向"经济型"治理模式转变,"去行政化"是国有企业改革的呼声。目前,铁总混合所有制改革已经完成第二步,即完成了铁总所属非运输企业的公司制改革以及对全国18家铁路局和3家专业运输公司(中铁集装箱运输有限责任公司、中铁特货运输有限责任公司、中铁快运股份有限公司)的公司制改革,"去行政化"是未来的发展方向。但中国资本市场尚处于发展阶段,在没有强有力外部治理约束机制下,行政型治理在国有企业中能够起到弥补市场治理失灵的作用。因此在现阶段,复杂多变的外部经济环境与当前经济发展模式的转变仍然需要政府在经济格局中发挥巨大的宏观导向作用,适当的政府宏观调控如财政政策与货币政策等宏观经济政策实现经济调控依然是有意义的,但这在一定程度上不利于企业以利润最大化为目标参与市场化竞争,同时容易造成行政型治理实质上的残存。

(3)出资人决策的民主与科学化。

国资委发布的《在全面深化国有企业改革中加强党的建设工作》指出:企业重大决策必须先由党委(党组)研究提出意见建议,涉及国家宏观调控、国家战略、国家安全等重大经营管理事项,必须经党委（党组）研究讨论后，再由董事会、经理班子做出决定。企业的战略定位与目标由董事会中国资委直接委派的董事和企业其他管理层人员共同商议，通过战略管理委员会、提名委员会、薪酬委员会、审计委员会等董事会内部决策机构，制定并决策企业发展过程中的重大问题。首先，政府对铁路工程领域的决策直接决定着一个国家铁路建设的成效，进而影响国家的经济社会发展，然而对于铁路工程建设决策，国家还没有完整的规章制度，这是亟待解决的问题。其次，要提高政府决策的科学化水平。政府作为铁路工程项目决策的主导者，其决策的科学化水平直接影响铁路工程项目的投资效益。最后，需要推进铁路工程项目政府决策的民主化进程。铁路工程项目的建设涉及社会各个方面的利益，因此，实现铁路工程项目决策的民主化显得尤其重要。在强化人大、政协监督的同时，拓宽各民主党派、社会组织、公众依法参与铁路工程项目决策与监督的民主渠道，事关社会公共利益的重大铁路工程项目决策，广泛听取意见，接受公众的监督，有助于保障社会参与的权利，从而让决策建立在客观实际的基础上，实现铁路工程项目决策的民主化。

2．决策程序的优化

决策程序就是在决策过程中，各工作环节应遵循的符合其自身运动规律的先后顺序，它是人们在工程项目决策实践中，不断总结经验，对客观事物规律认识不断深化的基础上制定出来的，是决策科学化、民主化、法制化的重要保障。铁路工程建设决策程序主要包括项目的意向形成、项目建议书的上交、铁路工程项目具体建设方案、项目设计任务书的审核、对项目的评估以及审批。笔者认为，要对铁路工程领域的决策程序进行优化，就要做到以下几点：

（1）优化需求分析过程。

铁路运输之所以产生，是由于有客运或货运的需求，由于经济发展水平、消费水平、人数和城市化程度、产业结构、铁路网规模等的不同，不同地区对铁路运输的需求也不一样，而满足需求异质性也是工程项目立项时应考虑的首要条件。要分析和优化这一需求量，就要运用科学的方法，正确分析市场需求，了解现状和发展趋势，做出合理判断。

（2）优化效益分析过程。

对于不同性质的铁路工程项目来说，效益评价的目的是不一样的。对于经营性项目，需要考察项目盈利能力；对于非经营性项目，主要分析项目对国民经济的贡献程度。国家投资选择的重点是涉及国计民生、政治、国防的铁路工程项目，地方政府选择的方向是体现地方公益性的项目，而市场投资者是为获取最大利润，必然选择有市场竞争优势的项目。对于铁路工程领域企业而言，应该把实现利益最大化，满足市场需求放在首位，这样才能激励投资者进入铁路工程领域，实现该领域的良性投资发展。

6.2.2　动力机制优化

所有事物的发展都必须有一定的推动力，企业也不例外。企业能否正常运行、运行速度的快慢及能否抓住市场机遇都依赖于动力机制的建立和作用。企业建立动力机制的目的包括以下三方面：

一是调动积极性。企业领导和员工应不断提高自身素质，积极主动地为实现企业目标而工作。

二是激发创造性。来自外部的竞争能够使人敢于突破现有的模式，找到市场的切入点，从而获取更多的利益。

三是增强凝聚力。动力机制能够增强企业部门与部门之间、人员与人员之间的凝聚性，在强大的竞争和危机下，企业的高度凝聚力是战胜一切困难的保证。企业动力机制包括企业的外部动力和内部实力两大部分。外部动力一般为利益吸引、市场需求、市场竞争等，从而形成了相应的竞争机制，以及调动企业领导者、管理人员、技术人员和劳动积极性的激励机制。内部实力是启动企业动力机制的基础，包括企业内部技术、设备、信息、资金、人才和管理等。

笔者主要从外部动力的竞争机制、激励机制，内部动力的人事、劳动和分配3项制度进行探讨。

1．竞争机制

企业为了在市场中能更好地发展，都要建立适当的竞争机制。企业竞争机制包括内部竞争机制与外部竞争机制：外部竞争机制主要指企业为获得一定的市场空间而进行的企业之间、产品之间的较量。内部竞争机制是指企业为提高企业竞争力，而在内部建立促进员工之间正当较量，获取他们所共同需要的目标的各种要求及其相互联系、相互制约的制度。在此，笔者主要探讨外部竞争。

从国内竞争来看，作为代表的铁路工程企业：中国铁路工程总公司控股的中国中铁和中国铁道建筑总公司控股的中国铁建，并称中国轨道交通工程建设领域"双寡头"，两大央企几乎垄断了中国铁路基建9成以上的工程量，是铁路工程项目施工主力。从国际竞争来看，在中国新一轮"走出去"倡议的指导下，大型铁路企业纷纷转型为国际型公司，积极参与国际铁路基建工程项目的角逐。

我国铁路工程企业迎来了前所未有的发展机遇，同时也面临着前所未有的挑战与风险。就目前中国铁路工程企业在国际竞争的形式来看，国内企业缺乏复合型国际化人才、传统经营模式陈旧单一、缺乏融资能力、企业在国际工程承包市场中的认同度低、对海外项目风险准备不足等缺点在国际化竞争中日益显露出来[31]。

结合铁路工程领域企业内忧外患的现状，笔者认为：首先，应当建立充分的铁路工程领域市场竞争机制，避免同领域企业恶性竞争现象的发生；其次，要建立国际化经营机制，以适应海外市场，调整发展思路，向工程咨询、可行性研究、采购、施工管理、培训以及售后等工程总承包领域延伸，拓展服务范围；最后，要积极引进高端人才。人才是企业第一生产要素，也是推动海外业务快速发展的关键所在。

2. 激励机制

激励机制是企业人力资源管理中的重要一环，是衡量企业管理水平的主要标准之一。激励理论是当代管理学中一个非常重要的部分，在管理实践中有着显著的现实意义，科学有效的激励机制能够搭建公平竞争的企业内部环境，发挥出企业人力资源的最佳潜能，为企业创造出更大的价值。对公司高管进行有效的激励和约束是实现经理与股东利益一致、降低代理成本、提升公司价值的主要途径之一。对企业员工的激励能激发员工的工作热情，充分调动员工的工作积极性，能从企业内部产生改革的推动力，更能提高国有企业的竞争力。

在多年的铁路基础设施建设过程中，铁路工程企业也积累了很多富有成效的激励措施，现有的激励机制主要分为薪酬激励和精神激励。对参建单位及人员主要的薪酬激励措施如考核奖励、培训激励、阶段目标奖励、投资包干、单项奖励、安全奖励等，精神激励措施主要有精神文明建设、劳动竞赛、评优评先、人才推荐等，铁路建设实践证明这些措施成效良好。一些效果较好的铁路建设激励措施或者方法经过长期的铁路实践和理论总结形成了一些文件或规定，如《关于建立铁路建设项目激励约束考核机制的指导意见》（铁办〔2007〕35 号）、《铁路建设项目考核办法》（铁办〔2005〕158 号）、《关于铁路建设项目施工及监理考核的指导意见》（铁建设〔2008〕247 号）等若干文件，形成了一系列指导铁路工程项目激励管理的制度，对铁路工程领域企业建立适当的激励机制有一定的指导意义。但同时由于铁路工程领域建设的复杂性，激励机制还有很多不完善的地方，笔者对此提出以下几点建议：

（1）分类实施激励。

应针对企业高管和员工的不同特点制定不同的激励机制。管理人员、施工人员的需求层次和需求内容是不同的，管理人员的需求偏重于成就感和归属感，需求层次相对比较高，而绝大多数员工需要的是较好的工作环境和较高的工作报酬。对于国有企业高管的薪酬激励，中央国资委新出台的《中央企业负责人经营业绩考核暂行办法》中，对国有企业主要负责人的奖惩进行了详细的规定：国资委根据负责人在计划期内任务的完成进度和质量予以评级，从而实施奖惩措施；国有企业高管的精神激励方面，优秀的国有企业经营者会被授予荣誉称号或荣誉证书，社会地位得到提升，受到民众的尊重，进而增强对企业的使命感。对企业员工的激励措施主要包括：分解任务，细化指标，改善食宿条件，提高劳保指标，强化成本意识，鼓励开展工序创新，开展技能竞赛，摈弃固定工资，收入与进度、成本直接挂钩，评选优秀人员，推广先进经验，重奖先进个人，进行物质奖励，侧重于给予安全感和生活保障。

（2）增加激励要素。

铁路工程领域激励要素分配如合同奖金的确定、荣誉的确定等，主要是从工程质量、施工安全、建设工期、投资控制、环境保护、技术创新6个方面来考虑的，除此之外还应对资本要素、劳动要素、管理创新要素、制度创新要素、环境保护和技术创新参与分配予以重视。

（3）激励机制多元化。

除了薪酬激励和精神激励之外，合理的培训体系、公平的绩效考核评价体系、项目本身的吸引力、良好的现场工作环境、项目的管理政策及制度合理性在努力成本一定的情况下，更容易达到激励相容约束，增加经济激励效果[32]。

3．人事、劳动、分配制度的完善

大部分国有企业已拥有完全的用人自主权，劳动用工已基本实现市场化和规范化，并按照公开公平、竞争择优的原则，建立起与岗位相匹配的人才选拔机制，建立了以业绩贡献为导向、以绩效考核为基础的薪酬管理体系，实现了员工收入绩效化[33]。

我国铁路工程领域企业在3项制度上取得了许多进步。如：中国中铁在薪酬管理方面实行了分级、分类的薪酬管理体系，便于理顺企业内部各种薪酬分配关系；在保障职工的合法权益方面，公司2009年制定了《关于建立健全职工工资正常增长和支付保障机制的指导意见》，切实保障职工工资与企业经济效益协调增长，实现企业的科学发展、和谐发展；在工资总额和工资水平管理方面，公司2013年根据国资委工资总额预算管理相关规定，制定了《中国中铁股份有限公司工资总额预算管理暂行办法》和《中国中铁股份有限公司工资总额预算管理实施细则》，2014年公司列为国资委工资总额预算备案制管理试点企业，公司进一步加强工资总额内部管理，印发了《关于进一步规范工资总额预算管理工作的通知》，按照工资效益联动、效益决定分配的原则，完善工资效益联动机制及工资增长调控线浮动方法，保障工资总额以及职工工资水平合理有序增长，促进企业科学发展。

铁路工程领域企业3项制度在取得进步的同时，依然存在一些问题：一是国资监管部门对企业监管存在越位的情况，导致企业经济性减员、企业高管人员市场化选聘与管理等方面无法到位；二是企业内部分配约束多，员工激励难以到位，激励主要依靠绩效薪金，手段单一。

建立铁路工程企业更加适应市场竞争形势的劳动用工、人事和分配制度的建议：一是企业董事会成员需要扩大市场化选聘比例，并拓宽职业经理人来源。目前，许多国有企业内部竞争上岗仅是辅助手段，社会公开招聘、人才市场选聘更是小范围的尝试，造成了各层级的企业高管难以按照企业家标准进行选聘。二是建立健全中长期的激励约束机制，出台员工持股等中长期激励措施，对关键管理骨干和核心科研人员，实施项目收益提成激励措施。三是建立具有市场竞争力的薪酬体系。按各类人员对公司发展的作用、贡献不同，分层次有侧重地确定薪酬原则。对核心层实行领先型薪酬水平，其薪酬水平要高于市场价位，以保持较强的吸引力，对骨干型实行匹配型薪酬水平，其薪酬水平不低于市场价位，以保持较强的稳定性。对普通型员工实行浮动型薪酬水平，其薪酬水平根据绩效及市场供给情况围绕市场价格上下浮动，可保持一定的流动性。四是优化设置岗位，强化岗位管理，建立竞争择优、责任到人、能上能下、充满活力的选人用人机制，除中、高层管理岗位以外，其他岗位人员的补充需要实行公开竞争、择优聘用。

6.2.3　约束机制优化

约束机制是指通过约束、调节、控制、计划和管理使企业沿着既定的目标健康发展的机制。约束机制首先是对企业管理人员的约束，以防企业高管滥用权力谋取私利；其次是对整个企业的约束，有了约束和规范才能在日益激烈的竞争中保持前进的势态；最后是对整个行业的约束，此时法律会代替企业内部约束机制，保证社会秩序的稳定。

1．完善企业风险管理机制

铁路工程领域企业在快速发展的同时大量向银行等金融机构贷款，以保证工程施工的正常运行，但是随之而来的负债也会增加，对企业的整体发展产生不良影响。目前，许多三级公司由于经营管理不善，导致亏损率高达 50% 以上，三级公司的亏损会对二级公司产生直接的不良影响，部分二级公司的资产负债率更是高达 85% 以上。这对铁路工程企业的整体发展不利，经营风险大大增加。

除了经营风险，铁路工程企业的人员施工安全风险、海外投资风险、项目资金风险等也都居高不下，如何健全完善的风险管控体系，明确董事会风险管控职能，有效防控企业经营风险，成为亟待解决的问题。

本书建议，通过问责制度对重大项目的决策部门、工程咨询、工程设计、工程管理等单位的行为进行约束，如果发现因部分单位或者个人出现违背相应法律法规给国家造成巨大损失的，可以按照相关法律追究责任人的刑事责任和法律责任。

2．改善企业监督机制

科学完善的规章制度和质量管理体系是企业高效运行的基础，加强监督管理是保证企业执行力能够有效推行的重要手段。国资委根据授权，依法履行对国有企业的出资人职责，依法对企业国有资产进行监督管理，然后再由各级国资委授权给各个国有企业的总经理或董事长行使企业所有权，由他们在企业内部行使剩余索取权和控制权。在企业内部，国务院国资委主要从利润总额、经济增加值、成本费用总额占营业收入比重、资产负债率 4 个维度进行考核，并参考资产总额、净资产收益率、股东投资回报、实际上缴税费、"两金"管控，以及企业科技创新、安全生产、稳增长、压减工作等情况，对所有中央企业进行综合排名，考核结果代表了中央企业一段时间内的整体运营质量。此外，国资委可以通过股东大会行使表决权，任免或建议任免董事、监事会。在企业外部，出资人通过买进和卖出股票的市场行为，支持或否决企业的经营管理，实现间接监督。

【专栏 6-1】 国资委：强化监督，防止国有资产流失？

虽然建立国有资产监督管理委员会后国有资产的经营效率得到了明显改善，但现阶段国有企业监督机制仍然存在许多弊端，而这会使企业的经营状况难以得到进一步的提升。关于国务院国资委如何采取适当措施加强对国企的监管、防止国有资产流失，国务院国资委副秘书长彭华岗从以下四方面进行了回答：

第一，健全制度体系。近两年，国资委就国有资产监管方面的制度有27个，包括进一步修订完善的，也包括新制定的，一系列的制度出台为加强监管奠定了良好的制度基础。

第二，构建监督闭环。监督从发现问题、处理问题一直到追究责任，应该形成一个闭环。所以这几年尤其是去年，国资委在职能转变、内部机构调整过程中新设了3个监督局，监督局和监事会与业务厅局形成相互配合，形成发现问题分类处置、督促整改、责任追究的一个工作闭环。

第三，加大重点环节监督力度。盯紧了重点环节，包括强化对企业改制重组、产权交易，还有重大投资这方面的监督力度。这两年国资委也把海外经营的监督作为重点，采取多种方式，系统地加强了对国有企业海外经营的监督，采取了常态化的监督检查。在监督检查过程中，及时发现问题，及时督促整改。

第四，强化违规经营责任追究。闭环到最后，要划到最后的句号。去年出台了一个文件，是国有企业违规经营投资责任追究制度，这两年在落实这个制度的过程中，对中国铁物、中冶集团的重大国有资产损失案件开展了专项调查和责任认定，对相关领导人也做了严肃处理，并且公开进行了通报，引起了中央企业的高度重视、高度警觉。

彭华岗强调："强化监督防止国有资产流失，是国资委整个国资系统的重要职责，我们也将进一步转变监管职能，明确监管重点，改进监管方式，不断提升国资监管的针对性、及时性、有效性，切实防止国有资产的流失。"

资料来源：http://www.crntt.com/doc/1048/2/9/0/104829025_2.html?coluid=93&kindid=15470&docid=104829025&mdate=0929003002。

近年来，我国铁路工程企业在企业监督机制方面积极推动国务院派驻总公司监事会、股份公司监事会审计、巡视、纪检监察、民主监督等各监督主体之间实现工作联动、信息共享。国有企业产权多元化

的实施使其他投资主体拥有国有企业的监管权，同时也能使企业经营行为受到众多产权所有者的制约，改变资本的整体素质，较之仅依靠单一产权所有者监督成本更低、效率更高。所有权及法人财产权、经营权、监督权三权分立、三权制衡保障各当事人的正当权益，保障企业的正常运作。此外，还要强化社会监督，拓宽监督渠道，广泛征求意见和建议，认真查找自身存在的问题和不足，着重开展专项检查，有针对性地解决问题。

3．绩效考核是重要的约束手段

如果付出和收获不成正比，那么人的工作积极性会大大降低，责任做不到位，以致对企业的经济效益造成不良影响。绩效考核机制，主要是正确评价企业员工的工作绩效，评价结果主要反映的是员工所得薪酬与工作绩效之间是否匹配。用绩效考核的办法来规范行为，在奖励过程中通过奖金等形式肯定表现良好的员工，提升员工工作的积极性与创造性，最终促进项目整体管理水平与绩效的提升。一方面，可以让员工享受工作任务带来的经济效益；另一方面，也让未能完成工作任务的责任人受到相应的处罚，这样能在一定程度上避免平均主义、浑水摸鱼现象的发生。同时，绩效考核的经济惩罚性也可以减少铁路工程企业参建的道德风险行为，降低信息的不对称，在一定程度上规范了企业行为。

6.3　战略基础：铁路工程企业产品策略

科特勒在《营销管理》一书中将产品定义为，提供给市场以满足需要和欲望的任何东西，包括有形的产品、服务、体验、事件、人物、场所、产权、组织、信息和想法[34]。产品满足顾客需求的程度和产品策略的正确与否是决定企业成功与发展的关键因素。因此，制定产品策略是企业制定经营战略的基础。

我国铁路工程企业如中国中铁和中国铁建在铁路方面的主要业务有基础设施建设、勘察设计与咨询服务、工程设备和零部件制造及房地产开发等。2016 年中国中铁主营业务分行业的具体情况如表 6-1、表 6-2 所示。

表 6-1　2016 年中国中铁主营业务分行业情况

币种：人民币

分行业	营业收入 /千元	营业成本 /千元	毛利率 /%	营业收入 比上年增减 /%	营业成本 比上年增减 /%	毛利率比 上年增减 /%
基建建设	551 485 815	515 117 884	6.59	3.08	5.76	2.37
勘察设计与咨询服务	11 615 149	8 110 975	30.17	14.78	18.51	2.20
工程设备和零部件制造	12 315 094	9 563 553	22.34	− 5.69	− 6.67	0.82
房地产开发	32 582 799	23 946 310	26.51	12.85	11.86	0.65
其他	35 358 461	27 874 871	21.16	− 4.56	− 3.84	0.59

资料来源：中国中铁企业年度报告。

表 6-2　2016 年中国铁建主营业务分行业情况

币种：人民币

分行业	营业收入 /千元	营业成本 /千元	毛利率 /%	营业收入比 上年增减 /%	营业成本 比上年增 减 /%	毛利率比 上年增减 /%
基建建设	540 134 612	503 154 934	6.85	4.01	7.17	2.75
勘察设计与咨询服务	12 257 456	8 565 178	30.12	21.60	28.01	3.50
工程设备和零部件制造	14 340 507	10 747 750	25.05	− 2.36	− 7.74	4.36
房地产开发	38 319 888	29 513 674	22.98	33.66	39.13	3.03
其他	47 301 680	42 110 820	10.97	0.79	0.03	0.67

资料来源：中国中铁企业年度报告。

6.3.1 基础设施建设业务

基础设施建设业务是中国中铁和中国铁建最核心、营业收入最多的业务。其基本经营模式是在境内外通过市场竞争，以工程总承包、施工总承包、BOT、PPP 等方式，按照合同约定完成工程项目的勘察、设计、采购、施工及运营等任务，并对承包工程的质量、安全、工期负责。国家正在继续加大固定资产投资力度，积极实施和推进西部开发、东北振兴、中部崛起、东部率先的区域发展战略，同时"一带一路"、京津冀协同发展、长江经济带三大倡议给予了基建建设行业更大的支持，基建市场整体处于平稳较快发展的趋势。麦肯锡预计，2016—2030 年，年度全球经济基础设施投资需求增加 30% 至每年 3.3 万亿美元，同时预计 2018 年亚洲铁路投资约 4 500 亿美元，成为全球第一大基础设施建设及装备制造市场，这意味着全球基建市场需求大增。

中国中铁基建行业收入如图 6-1 所示。

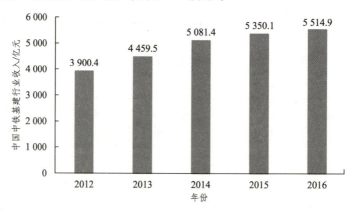

图 6-1　近年来中国中铁基建行业收入

1. "一带一路"倡议

在"一带一路"的政策红利下，我国铁路工程企业参与境外重大基建项目建设的质和量都有了长足发展。国家有关部委牵头、金融机构支持、基建企业配合，大力推进了"一带一路"互联互通领域大型基础设施建设项目的实施进展，通过一系列政治、经济和外交举措促使早期追踪的重大项目相继落地。与此同时，在海外业务的商业模式上，中国中铁也借机实现了从单纯工程承包商向项目整体解决方案供应商的转变。但我国铁路工程企业海外营业收入与总营业额的占比仍然较低，与国际著名大型承包商相比差距明显。提升海外业务比重也是铁路工程企业的一大目标。

【专栏 6-2】　中国机械设备工程股份有限公司与 ABB 签订战略协议

　　ABB 是电力和自动化技术的全球领导厂商，致力于为工业和电力行业客户提供解决方案，以帮助客户提高生产效率，同时降低对环境的不良影响。ABB 集团的业务遍布全球 100 多个国家。

　　中国机械设备工程股份有限公司（CMEC）是一家以国际工程承包、国际贸易、投资业务、科研设计以及国际服务为主体的大型综合性企业集团，形成了以电力能源为核心，交通运输、电力通信等业务齐头并进的板块布局。

　　ABB 与 CMEC 在杭州举行的"ABB 电力与自动化世界"活动中签订战略合作协议，以进一步深化双方合作关系，携手开拓全球市场。协议涉及电力、工业、交通及基础设施领域。根据协议，双方将充分发挥各自优势，共同开拓全球电力基础设施项目，拓展"一带一路"市场海外工程总承包（EPC）项目。

　　"一带一路"倡议为 ABB 与中国企业的合作带来新的机遇。仅在 2016 年，ABB 就为包括中国中车、中国石化、中国石油、北方重工、中材国际等在内的 400 余家中国企业提供了咨询、设计、工程、制造和服务，并帮助他们解决了不同国家和地区设计标准、行业规范差异化等问题，助其降低项目成本和工程风险。

　　资料来源：http://www.abb.com.cn/cawp/seitp202/f4179010bbedcc4ec1258161001d60b0.aspx。

2．PPP 模式策略

　　随着政府与社会资本合作(PPP)投融资机制改革顶层方案的出台，基础建设市场投融资体制发生了变化，PPP 模式已成为重要的工程建设模式。为了积极适应基础设施投融资体制的变化，紧抓 PPP 政策带来的发展机遇，中国中铁通过"PPP+EPC""PPP+基金""BOT+政府缺口补贴"等 PPP 创新模式在铁路、公路、城轨、地下管廊等多个基建领域参与了基础设施投资业务,同步拉动了公司传统施工业务。中国铁建构建了投融资区域经营平台体系,大力推广 PPP 模式,企业经营将越来越多地由传统单纯承包施工模式转为投资、建设、运营、移交模式。基础建设市场投融资体制的变化将为基建业的发展带来前所未有的机遇与挑战。

3."互联网+"策略

铁路工程领域是一个长期以来以经验为主导的较为封闭的行业,而互联网是新经济形态的代表,可以通过大数据平台将生产要素的配置合理优化、工作流程信息化;同时,互联网化和信息化也可以更好地为工程设计和施工提供保障,避免不必要的资源浪费。

【专栏 6-3】 中国中铁采购电子商务平台:基于互联网模式下的采购管理

当"互联网+"与中国中铁碰撞时,中国中铁顺应了时代发展潮流,进行了采购体系大改革。2014 年 1 月由中国中铁旗下中铁物资全资子公司鲁班(北京)电子商务有限公司建设运维的鲁班电子商务平台应运而生。鲁班平台是按照中国中铁集中采购需求量身定做的采购平台,由电子商务、网上商城、数据服务、供应协同、租赁、企业门户六大子系统组成,实现与项目成本管理系统、项目物资管理系统、机械设备管理系统和财务共享平台、资金平台的集成应用,支持从项目需求到采购计划、采购寻源、采购执行、现场管理、采购结算、决策分析的采购全过程管理。

中铁鲁班采购云通过大数据仓库的建设,协同平台化应用与信息交互,将成本中心转化为利润中心,借助项目、采购、合同、资金一体化,改变了业务模式和商业模式,推动业财一体化,逐步成为中国中铁的新兴电子商务板块。鲁班采购云平台的功能如下:

(1)支持 13 000 多个项目入网应用,中国中铁旗下 46 家企业集团公司和数万家供应商可在线开展交易活动;

(2)将建成一个年交易额 3 000 亿元左右规模,拥有覆盖全国乃至全球的物资采购、供应、物流配送网络平台,预计每年为中国中铁降低成本 200 多亿元；

（3）引入各类产品的生产商、服务商和结算银行，实现供应链金融在线服务，不断完善和壮大机械设备租赁系统。

资料来源：https://www.read138.com/archives/487/pd5cmh9yjsu7rnl2/。

6.3.2　勘察设计与咨询服务

勘察设计与咨询服务业务是技术和智力密集型的生产性服务业，为建筑、交通、电力、水利等行业工程建设项目的决策与实施提供全过程的技术和管理服务，位于工程建设产业链前端，以铁路和城市轨道交通为主要市场，公路、市政工程、工业与民用建筑、水运工程等为多元发展的重要市场，是工程建设不可缺少的关键环节。

工程领域企业勘察设计与咨询服务的经营模式是在境内外通过市场竞争，按照合同约定完成工程项目的勘察设计及相关服务等任务，提供铁路、城市轨道交通、公路、市政工程、工业与民用建筑、水运工程、水利水电和民航等领域的土木工程和基础设施建设的勘察设计、研发、可行性研究、监理和咨询服务。

在"十三五"期间国家大力支持技术创新的背景下，勘察设计与咨询服务行业应该以技术创新为先导，以改善服务能力为目标，一方面，要致力于改革创新和转型发展，向工程建设产业链和全生命周期延伸，提供增值服务，拓展以交通基础设施建设为依托的新兴业务；另一方面，要大力开发海外工程咨询和勘察设计市场，参与国际市场竞争，实现由关注单一的国内市场向参与国际国内两个市场的经营模式转型。"一带一路"建设聚焦于沿线国家互联互通等基础设施建设及工业化建设，为行业向海外市场拓展提供了新的机会，也必然为勘察设计企业实现转型发展带来重大机遇。

6.3.3　工程设备及零部件制造业务

工程设备的发展既是促进经济增长与经济转型的战略性产业之一，又代表着国家工业化的程度。我国工程设备制造企业存在着生产规模大、盈利能力低、产能过剩、国内市场占有率高、国际市场开拓能力弱等特点。技术水平的落后一直使中国在世界经济分工中处于产业链低端，与此同时，以智能制造、新能源和新材料为特征的新一轮科技革命迅猛发展，颠覆性技术创新大量涌现。今后中国装备制造业的发展将越来越关注制造水平的高低，工程设备制造行业变革趋势十分明显。

中国中车的主要产品有铁路机车车辆、动车组、城市轨道交通车辆、工程机械、各类机电设备、电子设备及零部件、电子电器及环保设备产品的研发、设计、制造、修理、销售、租赁与技术服务。近年来，陆续推出了中国标准动车组、无人驾驶地铁车辆、悬挂式轨道列车、新能源空铁列车、驮背运输车、货运动车组等新型高端设备，不仅有效地迎合了市场需求，也契合了未来铁路工程设备的发展趋势。

中国铁建生产的主要产品包括铁路大型养路机械、隧道掘进机等施工设备，高速铁路道岔等配件，电气化接触网导线和零部件等，主要面向铁路和城市轨道交通新建和既有线改造工程。旗下的中国铁建高新装备股份有限公司是亚洲最大、世界第二的大型养路机械制造商，其产品在国内市场占有率达 80%；中国铁建重工集团有限公司是中国生产能力最大、设备最全、工艺最先进的隧道掘进机制造商。

中国中铁工程设备和零部件制造业务主要服务于境内外基础设施建设，产品涵盖道岔、隧道施工设备、桥梁建筑钢结构、工程施工机械以及铁路电气化器材。中国中铁是全球最大的道岔和桥梁钢结构制造商，是国内最大、全球第二的盾构研发制造商，还是国内最大的铁路专用施工设备制造商。目前，中国中铁的盾构产品已经销往新加坡、马来西亚、印度、以色列等国家。

由以上对各公司产品业务的简介可以看出，中国中铁、中国铁建作为铁路工程领域的主力企业，其对设备生产领域的涉及与铁路装备领域的中国中车等相比，具有领域与性质的不同。工程领域的装备生产主要涉及施工建造过程中需使用的设备与零部件，如养路机械、隧道施工设备、道岔等，而本书中所叙述的铁路装备领域涉及的设备，主要是指铁路车辆、机车、动车组、通信信号等设备。两者看似重叠，实则独立。鉴于装备领域和工程领域的企业都具有相当的实力，为避免在设备生产方面的不当竞争产生资源浪费，笔者建议其在今后各自的发展过程中应当集中发展主力产品，避免产品业务上的重叠。

1. 高端设备市场增长潜力大

虽然我国装备制造业近年来在政策支持下得到了持续稳定的发展，但是总体盈利不足，这与生产技术低下、创新能力不足、集中于低端制造有关。企业逐步意识到传统通用工程机械受到产能过剩影响，市场竞争日趋激烈，都在积极寻求产业转型升级，高端装备制造业迎来黄金增长。《中国制造 2025 重点领域技术路线图》对轨道交通装备提出了目标要求：到 2020 年，以现代化的干线轨道交通、区域轨道交通和城市轨道交通的运载装备、通号装备、运控装备与路网装备为代表的高端轨道交通装备研发能力和主导产品达到全球先进水平，行业销售产值超过 6 500 亿元，境外业务比重超过 30%，服务业比重超过 15%，这将强力推进先进机器人市场并推动相关企业的转型升级和国际化。预计到 2020 年，我国高端装备制造业产值规模有望扩大至 8 万亿到 10 万亿元。

高端设备的生产将推动公司资源向新兴产业、价值链高端转移，加快产业结构调整和转型升级，促使工程领域企业的资源合理配置，更有利于参与国际市场的竞争。

【专栏 6-4】　中国中铁高端装备资产整体上市

3 月 2 日①，随着一声锣响，中铁工业正式亮相上交所。作为中国中铁国有企业改革的又一样板，其标志着中国中铁旗下高端装备制造业资产完成整体上市。中铁工业董事长易铁军在更名上市新闻发布会上表示，未来中铁工业将继续深化国有企业改革，通过并购重组、员工激励等多种方式，加快产业整合和市场开发，践行"智能制造"，大力提高技术水平和新产品开发能力；同时，借助国家"一带一路"的东风加快走出去，实现"中国设计、世界制造"，打造"中铁工业、世界品牌"。昨日，"中铁二局"正式更名为"中铁工业"，在上交所敲锣上市，正式亮相资本市场。此前的 2015 年 12 月 4 日，中铁二局披露

---

①　2016 年 3 月 2 日。

重组预案，拟以全部资产和负债，与控股股东中国中铁持有的中铁山桥、中铁宝桥、中铁科工及中铁装备等 4 公司 100% 股权中的等值部分进行置换，差额部分由中铁二局向中国中铁发行股份进行购买。该项交易总金额超过 115 亿元。

这是国有企业改革的又一样板，标志着中国中铁旗下高端装备制造业资产完成整体上市。资料显示，重组标的资产是中国中铁高端装备制造业的核心载体，业务范围涵盖桥梁钢结构、铁路道岔、盾构机及 TBM、大型施工机械以及中低速磁悬浮跨座式单轨的研发设计、制造安装与服务。交易完成后，上市公司主营业务变为以高端装备制造为主的工业制造业务，并消除了与控股股东中国中铁的同业竞争。

中铁工业具有多项世界领先的技术。据公司副总经理、董事会秘书余赞介绍，重组完成后，公司拥有国家专利超过 600 项，依托国家 863 计划、973 计划，完成了多项科研项目，其中 2013 年"盾构装备自主设计制造关键技术及产业化"项目荣获国家科技进步一等奖。

中铁工业将致力于向产业研发转型。易铁军表示，公司后续将整合研发资源，在加大研发投入、大力提高技术水平和新产品开发能力的同时，将在统一的研发平台下设计开发新的产品，实现从产品研发向产业研发转变。目前，作为全球领先的基础设施建设服务型装备制造商，公司目前拥有 2 家国家认定企业技术中心，同时与清华大学、西南交通大学等知名院校建立了长期的产学研合作机制，在钢桥梁制造、道岔业务、盾构业务、铁路施工专用设备等多个方面，填补了多项国内技术空白。

公司将借助"一带一路"东风，加速布局海外市场。据易铁军介绍，中铁工业是积极响应"一带一路"走出去的最大国有企业之一，目前在老挝、马来西亚等地均有大型基建相关项目。公司总经理李建斌表示，中铁工业将借助中国中铁多年来在海外市场的发展布局，拓展高端装备制造业产品和服务的海外市场，实现"中国设计、世界制造"。"针对我们的高端装备制造产品和服务业务，我们已经在德国、马来西亚等多个国家设立了分公司、办事处，或建立了代理商渠道；鉴于东亚更便宜的基建和人力成本，未来，我们希望在国内完成设计，将工厂放在国外。"

易铁军表示，伴随着产品的技术升级和海外市场的开拓，中铁工业盾构机、高速铁路道岔、桥梁钢结构等产品具备较大增长潜力，将成为中铁工业新的利润增长点。

资料来源：http://money.163.com/17/0303/02/CEINS45O002580S6.html。

2．集中资源于优势产品上

近年来，铁路工程企业在探索市场的同时也在扩大自己的经营业务，这一举措有利也有弊。如中国中铁旗下子公司中铁工业，是我国唯一专业从事轨道交通及相关高端装备制造的上市公司，于 2017 年年初完成了资产置换、重组更名和配套募集资金发行，为中国中铁原工业板块的道岔、桥梁钢结构、隧道施工设备、工程施工机械等优势资产打造了独立的上市平台，这有利于资源优化配置，实现专业化和规模化经营。与此同时，中铁工业将与常州天晟新材料股份有限公司在南京合资设立中铁轨道交通装备有限公司，成为第一个"央企"＋"民企"混合所有制合作典范。这意味着中铁工业将把经营业务扩展到研发制造跨座式单轨、磁悬浮、悬挂式轨道交通、有轨电车、智能虚拟轨道列车等新制式轨道交通车辆上。中铁工业称此举有助于强化母公司中国中铁在新型轨道交通产业的全产业链优势，在充分发挥原有业务竞争优势的同时，强化制造主业，提升整体市场竞争力，有助于公司做强做大和转型升级。

目前，我国最大的轨道交通车辆制造商是中国中车。按照惯例，之前大多数情况下是由中国中铁或中国铁建承担轨道交通施工任务，由中国中车提供机车车辆，这就意味着中铁工业的轨道车辆下线后，将会和中国中车展开正面竞争，而笔者并不看好这一竞争现象。笔者认为，中国中铁等铁路工程领域企业应当将主要业务板块放在基础设施建设业务而非新制式轨道交通车辆的制造上，积极优化资源配置，加快结构调整，完成内部资源整合，发挥企业产品优势，加快现有产品"走出去"步伐，实现专业化和规模化经营，而中国中车等铁路装备企业需要大力提高轨道交通装备的技术水平和新产品开发能力，成为国际一流的综合型重工装备和配套服务提供商，实现中国产品向中国品牌转变的伟大跨越。

铁路各领域之间的融合发展应当采取资本融合的方式，而非直接参与业务竞争。铁路工程领域如果想向铁路装备领域延伸，应当采取投融资合作的模式。这样有利于各领域专注发展自身业务，同时可以加强铁路各领域之间的联系，促进整个行业的良性发展，避免由于不必要竞争带来的资源浪费。

【专栏6-5】 中国铁建叫停磁悬浮车辆生产线

2018年5月24日，铁建重工上级公司中国铁建股份有限公司（601186，中国铁建）在给澎湃新闻（http://www.thepaper.cn）记者的回复中表示，磁浮车辆确实存在一定程度的生产过剩现象，故根据发改委有关要求，中国铁建停止了长沙磁浮车辆生产线，这也是贯彻落实中央有关供给侧改革的具体举措。

今年（2018年，作者注）3月，国家发改委发布的《关于加强城市轨道交通车辆投资项目监管有关事项的通知》要求，省级发改委要采取有效措施，严格控制本地区城轨车辆新增产能。城轨车辆产能利用率低于80%的地区，不得新增城轨车辆产能。企业申请建设扩大城轨车辆产能项目，上两个年度产能利用率应均高于80%。

一名熟悉国内轨道交通市场的业内人士表示，中国国内轨道交通市场有一定的非理性，大型企业之间的业务存在相互交叉的情况，比如强于做基础设施施工的铁建重工想突破轨道交通车辆业务，强于整车业务的中国中车也想做总包、通信信号业务等，"要是对企业完全放任不管，企业肯定有扩大自己边界的冲动"。

在这名业内人士看来，铁建重工在长沙布局磁悬浮车辆生产线，有跟中国中车竞争市场之意。

他表示，铁建重工一开始做轨道检修，后来想做大，进入轨道交通领域。但轨道交通领域的大市场地铁这块，国家发改委管得最严，而中低速磁浮领域则属于"擦边球"，"中低速磁浮这类单轨车辆不在严格的地铁车辆范畴之内，铁建重工没法做地铁，于是就想从擦边球寻求突破"。

目前，国内共有3条在营的磁悬浮线路。其中，北京磁悬浮S1线的车辆为中车唐山提供，上海磁悬浮车辆为国外进口，长沙磁悬浮车辆来自中车株机。此外，未来青岛或还将建设一条 100 多千米的高速磁浮线，湖南株洲或将建设一条速度 200 km/h 的磁浮线路，与中车目前的 600 km/h 高速磁浮和 200 km/h 中速磁浮配套。

按铁建重工今年年初发布的消息，该公司拟在长沙开建的中国铁建新型轨道交通装备产业园，总投资 100 亿元，旨在打造新型轨道交通装备完整产业链，包括超高速、高中低速、货运磁浮列车和悬挂式单轨列车、跨座式单轨列车、有轨电车等。产业园项目预计 2022 年年底投产，达产后年产值在 100 亿元以上。与此同步开建的，就是满足各种制式要求的 7 条新型轨道交通综合试验线，包括 200 km/h 以下磁浮线、200 km/h 以上磁浮线、600 km/h 以上高速磁浮线、磁浮货运线和跨座式单轨、悬挂式单轨、有轨电车等。

据前述熟悉国内轨道交通市场的业内人士称，铁建重工在长沙的磁悬浮车辆生产线还未进入实质性造车环节。

该人士介绍，大型企业竞争就有这样一个问题，小企业竞争过程中会考虑成本收益问题，但对大型企业而言，能在承受一定损失的过程中获取目标，宁可整块板块都亏掉，也要进行战略平衡。

据该人士称，磁悬浮目前还相对处于政策的空白，国家还未严控，但未来想建磁浮的城市却不是很多，市场很小，因此，容易出现产能过剩严重的情况。

目前，国内中低速磁浮技术普遍来自国防科技大学或西南交通大学，大多采用校企合作的方式来进行技术实现，因此在技术不断迭代的过程中，即使这一代技术被买断，学校研发的下一代技术的合作对象也可以不停更换，使技术的门槛降低。虽然企业也可自行研制，但重新研发的成本远远高于购买的成本。

据了解，目前中国中车旗下共有唐山、大连、株洲三家企业做 160 km/h 的中低速磁浮，200 km/h 的中速磁浮中车株洲正在研发，600 km/h 的高速磁浮则由中车青岛四方在研发。其中，高速磁浮的研发完全由中车主导，一些子课题由高校或者研究机构参与联合开发。

上述人士表示，目前国内磁悬浮市场的情况是已经有企业在自主研发，但市场很小，更多是一种技术储备。

在该人士看来，发改委此前下发的控产能文件，国内轨道交通巨头或多或少会受到影响，有些地方的产能会受到遏制，短期内可能有不利影响，但长期来看肯定会有好处。

西南交通大学交通运输与物流学院副教授、中国高铁发展战略研究中心副主任左大杰在接受澎湃新闻采访时表示，从积极意义来说，这体现了中国铁建作为铁路工程领域的央企有向装备领域融合发展的趋势。

资料来源：http://finance.sina.com.cn/roll/2018-05-24/doc-ihaysviy1981013.shtml。

6.3.4 房地产开发业务

20 世纪 90 年代开始，中国中铁开始涉足房地产开发业务。2006年，国资委将房地产业确定为公司的主营业务，为公司全面进军房地产业提供了"准入证"。经过 20 余年的发展，房地产业务已经成为中国中铁提高发展质量的重要组成部分。

中国铁建也是 16 家以房地产开发为主业的中央企业之一，2011—2016 年连续 6 年进入行业 TOP30，2017 年公司房地产业务经营业绩再创历史新高，全年实现销售金额 684 亿元，同比增长 38%，为公司增速最快的板块之一。

房地产业务作为铁路工程领域企业重要收入来源之一，其相关政策和市场环境的变化对铁路工程企业提出了新的挑战。

2017 年，中央经济工作会议坚持"房子是用来住的，不是用来炒的"房地产市场调控定位，地方以城市群为调控场，采用限购限贷限售以及收紧土地拍卖等策略，优化供应结构。2018 年，中国房地产市场持续调控，"坚决遏制房价上涨，加快建立促进房地产市场平衡健康发展长效机制"成为房地产市场的主基调。房地产市场总体上保持平衡运行，逐步回归理性。面对复杂多变的市场形势，铁路工程领域企业房地产业务应采取"加快转型升级、推动提质增效"的经营战略，实现房地产业务健康持续发展。一是优化市场布局，提升市场开发能力。科学管理房地产业务城市准入标准，房地产业务重点布局市场成熟、供需关系健康的区域，坚持立足于一线和二线核心城市，实现区域的深耕发展，审慎进入三四线城市。二是加快传统房地产业务模式的升级。充分发挥公司在基础设施建设领域的规模优势，加大同城市轨道交通企业的合作力度，大力拓展推进 TOD（Transit-Orientd Development）模式的地产开发业务。三是积极探索新型房地产业务模式。房地产板块的发展要紧跟政策导向，面向市场需求，积极探索实践养老养生地产、文化旅游地产、产业地产、特色小镇等新的房地产业务模式，开拓新的业务发展空间和新的盈利增长点。四是积极稳妥开发海外房地产市场。抓住国家"走出去"和"一带一路"倡议带来的发展契机，继续以积极稳妥的态势进军海外成熟的房地产市场。

6.4　本章小结

本章在总结铁路工程领域企业运行机制近年来的发展背景下，讨论了企业的决策机制、动力机制、约束机制，介绍了企业主要经营业务并讨论了企业产品策略。

我们认为：

（1）企业能否正常运行、运行速度的快慢及能否抓住市场机遇都依赖于动力机制的建立和作用；

（2）产品满足顾客需求的程度和产品策略的正确与否是决定企业成功与发展的关键因素，制定产品策略是企业制定经营战略的基础。

我们建议：

（1）对于决策主体而言要优化股权结构、推进董事会改革、加强监事会建设、进一步完善上市公司监管，并通过制定相应的规章制度实现政府决策的民主与科学化。

（2）应当建立充分的铁路工程领域市场竞争机制，避免同领域企业恶性竞争现象的发生，建立国际化经营机制以适应海外市场，积极引进高端人才，人才是企业第一生产要素。

（3）针对企业高管和员工的不同特点制定不同的激励机制，增加激励要素，实现激励机制多元化。

（4）劳动用工、人事和分配制度：一是企业董事会成员需要扩大市场化选聘比例，并拓宽职业经理人来源；二是建立健全中长期激励约束机制；三是建立具有市场竞争力的薪酬体系；四是优化设置岗位。

（5）通过建立完善的企业风险管理机制、监督机制和绩效考核方式建立企业约束机制。

（6）铁路工程领域企业应当把业务重心继续放在基础设施建设、勘察设计与咨询等传统优势业务上，而对于进军新制式轨道交通车辆市场的行为应当暂缓。

第 7 章　铁路装备领域的企业运行机制

铁路装备是铁道、机车、货车、机动客车、敞车、电气信号、交通管理设备以及车辆零件等铁路设备的总称。在全球经济一体化不断推动，以及国际铁路装备业复兴的背景下，中国铁路装备产业发展面临着全新的机遇及挑战。本章以中国中车等企业为例，研究铁路装备领域的企业运行机制。

7.1　蓬勃发展：铁路装备企业的良好形势

近年来，我国铁路装备不断突破海外市场，预示着我国铁路即将跨入另一个大时代。中国产业调研网发布的 2017 年中国铁路装备现状调研及市场前景走势分析报告认为，整体来看，我国铁路技术经过技术自主化积淀及战略调整，将会以强者的身份参与到全球化的体系中，随着中国铁路加快走向海外，也会打开进一步成长及估值空间。

7.1.1　重点企业发展概况

1. 中国中车股份有限公司

（1）中国中车股份有限公司概况。

中国中车股份有限公司（简称"中国中车"，缩写 CRRC）是经国务院同意，国务院国资委批准，由中国南车股份有限公司、中国北车股份有限公司按照对等原则合并组建的 A+H 股上市公司，属中央企业。经中国证监会核准，2015 年 6 月 8 日，中国中车在上海证券交易所和香港联交所成功上市。现有 46 家全资及控股子公司，17 余万名员工。

中国中车承继了中国北车股份有限公司、中国南车股份有限公司的全部业务和资产，是全球规模领先、品种齐全、技术一流的轨道交通装备供应商。中国中车主要经营业务：铁路机车车辆、动车组、城市轨道交通车辆、工程机械、各类机电设备、电子设备及零部件、电子电器及环保设备产品的研发、设计、制造、修理、销售、租赁与技术服务；信息咨询；实业投资与管理；资产管理；进出口业务。

【专栏 7-1】 中国南车与中国北车概况

1. 中国南车股份有限公司

（1）中国南车股份有限公司概况。

中国南车股份有限公司（简称"中国南车"，缩写 CSR），是经国务院国有资产监督管理委员会批准，由中国南车集团公司联合北京铁工经贸公司共同发起设立，设立时总股本 70 亿股。该公司成立于 2007 年 12 月 28 日。2008 年 8 月实现 A+H 股上市。中国南车主要从事铁路机车、客车、货车、动车组、城轨地铁车辆及重要零部件的研发、制造、销售、修理、租赁和轨道交通装备专有技术延伸产业，以及相关技术服务，信息咨询，实业投资与管理，进出口等业务。按照《国际标准产业分类》划分，其属于机械制造业中的交通运输装备制造业。

（2）中国南车装备领域发展概况。

中国南车具备铁路机车、客车、货车、动车组、城轨地铁车辆及相关零部件自主开发、规模制造、规范服务的完整体系。公司拥有中国最大的电力机车研发制造基地，全球技术领先的高速动车组研发制造基地，行业领先的大功率内燃机车及柴油机研发制造基地，国内高档客车研制的领先企业，全球领先的铁路货车研发制造基地，3 家城轨车辆国产化定点企业，以 2008 年新签合同总额计，本公司是中国最大的城轨地铁车辆制造商。

2. 中国北车股份有限公司

（1）中国北车股份有限公司概况。

中国北车股份有限公司，简称中国北车，是经国资委批准，由中国北方机车车辆工业集团公司联合大同前进投资有限责任公司、中国诚通控股集团有限责任公司和中国华融资产管理公司，于 2008 年 6 月 26 日共同发起设立的股份有限公司，主营铁路机车车辆、城市轨道车辆、工程机械机电子的研发、设计、制造、修理、服务业务。

（2）中国北车装备领域发展概况。

中国北车汇集了一大批机车车辆专业及其他学科技术人才，技术开发实力雄厚，取得了一大批国家级重大科研成果。公司现拥有两个国际领先的动车组技术平台，CRH5 动车组批量投入运营，CRH3 动车组创造了速度 394.3 km/h "中华第一速"，成为奥运配套交通的重要运输工具，也将成为京沪高速铁路的主力车型；拥有国际领先的 3 个产品系列的大功率交流传动电力机车技术平台，和谐 2 型、和谐 3 型电力机车大批量投入运营；具有国际领先水平的国内首台国产化和谐 3 型大功率交流传动内燃机车成功下线；两个国际领先水平的大型养路机械项目也落户北车。产品现已出口到 30 多个国家和地区。在海外建立合资企业，实现了技术输出。骨干企业技术装备达到国际先进水平，机械加工、铸锻、钢结构制造和组装、电机电气等有显著优势。

（2）中国中车装备领域发展概况。

中国中车的成立，是中国轨道交通装备行业提升核心竞争力、打造世界一流跨国企业的重要举措，是中国乃至世界轨道交通发展的重要里程碑，开启了中国轨道交通装备国际化的新征程。

中国南车和中国北车的合并，其目的就是面对即将饱和的国内轨道交通装备市场，整合两家企业各项优势资源，强强联合，与国外企业诸如庞巴迪、阿尔斯通、通用电气、西门子、日立、川崎重工、三菱等老牌轨道交通装备制造业巨头相抗衡，开拓并赢得更多的国际市场份额。

2015 年 7 月 23 日，中国中车宣布获史上最大地铁订单。香港铁路有限公司已经落实采购 93 列、744 辆地铁列车，金额约 60 亿港元（约合 48.4 亿元人民币），并决定委托中国中车股份有限公司青岛四方机车车辆股份有限公司负责生产。

2016 年 3 月 10 日，中国中车公告称，公司中标芝加哥 7000 系地铁车辆采购项目，中标的金额高达 13.09 亿美元。这一订单是芝加哥运输管理局历史上最大规模地铁客车采购订单，相当于该市客车总量的一半。这也是迄今为止中国轨道交通装备企业向发达国家出口的最大地铁车辆项目。

中国中车坚持自主创新、开放创新和协同创新，拥有世界领先的轨道交通装备研发制造平台，高速动车组、大功率机车、铁路货车、城市轨道车辆等产品全面达到世界先进水平，能够适应高温、高湿、高寒、风沙等各类复杂的气候环境条件，以及多样化的个性需求，是全球轨道交通行业实现产品类型全覆盖的企业之一。目前，中国中车产品已经出口全球近百个国家和地区，并逐步从产品出口向技术输出、资本输出和全球化经营转变，全球化经营网络基本形成。

2016 年 11 月 22 日，国家重点研发计划"先进轨道交通"重点专项"400 km/h 及以上高速客运装备关键技术"项目正式启动，开启了我国 400 km/h 跨国联运高速客运装备的新一轮研发工作。项目由中国中车股份有限公司牵头，中国中车长客股份有限公司具体组织实施，研制出满足泛欧亚铁路互联互通需求的 600～1 676 mm 可变结构转向架和 400 km/h 跨国联运高速动车组样车。列车人均能耗将比现有 350 km/h 的高速列车降低 10% 左右，噪声降低 2 dB 左右，达到国际领先水平。

2．中国铁路通信信号集团公司

（1）中国铁路通信信号集团公司概况。

中国铁路通信信号集团公司（China Railway Signal & Communication Corp，CRSC），简称中国通号，是国务院国有资产监督管理委员会直接监管的大型中央企业。

中国铁路通信信号集团公司具有铁路、城市轨道交通通信信号系统集成、研发设计、设备制造、施工运维完整产业链，是中国铁路通信信号系统制式、标准规范的编制单位；有科研设计、生产制造和工程服务等全资、控股、参股及合资企业多家，并有海外、城市轨道交通、通信信息、基础设备、工程等事业部，分布在全国各地；在海外多个国家设有办事处或项目部；拥有世界先进的高速铁路列车运行控制系统技术和装备；市场遍及海内外铁路、城市轨道交通、机场、港口和矿山等。

在中国，超过 90% 的高铁、超过 60% 的地铁线路由这家企业提供核心控制系统和装备。近年来，其以 30% 的年复合增长率，超过 10% 的净利润率昂首阔步。2015 年年底，中国通号资产总额、净资产总额分别是 2011 年的 3.0 倍和 3.8 倍，相当于 4 年内再造了 3 个中国通号。

（2）中国通号装备领域发展概况。

中国铁路通信信号集团公司具有国家甲级勘测、设计、咨询、通信信息网络系统集成资质以及铁路电务和电信工程专业承包一级等多项资质，具有对外进出口经营权和对外工程承包权；集团及所属企业全部通过 ISO9000 质量体系认证，是北京市认定的高新技术企业，北京市工商局认定的"重合同、守信用"单位，具有"AAA"银行信用等级。

集团公司建立了技术创新体系、部级产品质量监测中心、道岔设备转换中心、系统技术试验中心和设备维修中心；进一步完善了现代化产品生产能力及调试检测手段；以完整的技术解决方案、优良的工程设计、规范的技术标准和工法、优质的产品、精湛的施工服务，承建了国内近千项铁路、城市轨道、高速公路、港口、机场的通信信号、机电、电力等工程；产品和服务覆盖了全国铁路及城市轨道交通领域，并应用于亚洲、非洲、拉丁美洲等国家或地区。

高铁列控技术是高铁的"大脑和中枢神经"，是中国高铁三大核心技术之一，具有技术含量高、系统复杂、掌握难度大等特点，一度被全球极少数跨国公司垄断，成为世界各国发展高铁的技术瓶颈。

作为保障国家轨道交通安全运营的核心企业，中国通号在中国高铁建设初期，迅速在全系统集聚超过 3 000 人的高端研发团队，坚持引进、消化、吸收、再创新的技术路径。通过 3 年顽强拼搏，实现了我国高铁、地铁全套列车控制系统技术的完全自主化和产品的 100% 国产化，将轨道交通核心技术牢牢掌握在自己手里，从根本上保障了国家铁路建设和运输安全，为国家"一带一路"和高铁"走出去"提供核心技术支撑。

中国通号先后参与了京津城际、京沪高铁、哈大高铁等国内全部重大高铁建设项目，在 300 km/h 以上高铁中，中国通号核心设备市场占有率超过 90%。在国内城市轨道交通市场，中国通号先后承揽了北京、上海、广州等 20 多个城市的 100 余项地铁项目，市场占有率达到 60% 以上。

作为中国高铁"走出去"联盟的重要一员，在国际市场上，中国通号积极参与了印尼雅万高铁、中泰铁路、匈塞铁路、莫斯科—喀山高铁等 10 多个国家和地区的高铁项目并取得积极进展，向世界展示了"中国高铁"靓丽的国家"名片"。

中国通号世界领先的列控技术为我国超过 2 万千米高铁提供安全保障，建立完善了 3 万多个高铁测试案例，超过国外巨头的总和，是我国高铁建设运营的突出优势。

目前在全球轨道交通列控系统领域，主要供应商有中国通号、西门子、阿尔斯通、庞巴迪、日立等企业，按照营业收入排名，中国通号排列全球轨道控制系统供应商第一；在技术层面，中国通号自主研发的适用于 300 km/h 的高铁 C3 列控系统，是目前世界上高铁应用等级最高的列控系统，技术水平与西门子、阿尔斯通等国际巨头处于同一水平，实现了技术体系、支撑平台、核心技术及集成技术"四大创新"。

同时，中国通号还拥有世界一流水平的 3 个综合实验室、48 个专项实验室，建立完善了 3 万多个测试案例。

7.1.2 时代机遇：中国高铁"走出去"

随着"一带一路"倡议的提出，中国高铁走出国门，成为中国崛起的最新象征。

近年来，作为我国创新型国家建设的重大突破和自主创新的标志性成果，高速铁路已然成为中国新的"外交名片"和"形象代言"。

当前，中国的海外高铁建设正面临着千载难逢的历史性机遇。中国高铁出海不仅在技术、成本、安全系数、运营经验等方面优势明显，而且有着日益广阔的国际市场，同时还得到了政府的高度重视以及国家雄厚财力的坚定支持。

在"十二五"国际经营战略的指导下，中国铁路装备企业持续加大国际化经营力度。按照国务院国有资产监督管理委员会"调结构、促转型、提质量、增效益、控风险"的精神，不断加大创新力度，优化贸易结构，完善管控模式，提升管理水平，深入拓展国际市场，不断加强国际化经营能力。国际化经营取得良好成绩。

经营指标持续稳定增长。2011—2015 年，中国中车股份有限公司（简称中国中车）出口签约金额分别为 17.37 亿美元、36.16 亿美元、39.44 亿美元、66.20 亿美元和 57.81 亿美元；中国中车境外收入分别为 124.08 亿元、181.78 亿元、138.24 亿元、159.19 亿元和 264.9 亿元，经营指标实现稳步增长。国际化经营能力快速提升。

市场区域和产品实现新突破。"十二五"期间，中国铁路装备企业国际市场拓展成绩斐然。截至 2015 年年末，中国中车累计出口国别达 101 个，市场覆盖全球六大洲 11 个区域。2015 年，中国中车集团收到土耳其伊兹密尔市的中标通知，这是中国铁路装备业打开欧洲市场的进一步动作。2016 年，中国中车集团获得南非机车市场维保订单、澳大利亚墨尔本地铁订单、塞尔维亚机车订单和捷克动车组订单等，订单总金额高达 20 多亿美元。2016 年 3 月 10 日，芝加哥交通管理局发布消息称，中国中车中标芝加哥 7000 系地铁车辆采购项目，该项目金额为 13.09 亿美元，中标数量约 850 辆，该项目是目前为止中国向发达国家出口的最大一笔地铁车辆订单。

出口产品覆盖面广。"十二五"期间，中国铁路装备出口产品包括机、客、货、高速动车组、动车组和城轨车辆。累计出口整车产品 44 467 台（辆），其中电力机车 654 台、内燃机车 1 142 台、电动车组 1 173 辆、内燃动车组 285 辆、客车 815 辆、轻轨 515 辆、地铁 5 687 辆、货车 34 196 辆。[36]

此外，中国铁路装备企业积极推进产品"走出去"、产能"走进去"、品牌"走上去"，全面提升国际化经营水平。国际化经营能力、营销能力、管理能力持续增强，海外战略布局成效初显。出口产品实现从中低端到高端的升级，出口市场实现从亚非拉市场到欧美市场的飞跃，出口形式实现从产品出口到产品、资本、技术、服务、管理等多种形式的组合出口，出口理念实现从"走出去"到"走进去""走上去"的转变。

7.2 发展阻力：内忧与外困

7.2.1 日益严峻的国际竞争

当前，我国铁路装备业的国际市场占有率不断上升。根据联合国商品贸易统计数据库数据显示，我国的铁路装备国际市场占有率快速提升，现在已经显著高于加拿大、法国、日本、德国。2001 年，中国全部铁路装备产品出口占国际市场份额是以上 5 国中最低的，只有 0.91%。同一时期，法国、日本、德国、加拿大等国市场占有率分别为 6.53%、5.93%、4.51% 和 7.69%，显著高于我国。在此之后，我国铁路装备的国际市场占有率逐年上升，2008 年中国国际市场占有额已经处于领先地位。到 2016 年，中国铁路装备国际市场占有率为 12.32%，已经显著超越了其他 4 国。

2016 年，中国中车海外市场份额高速增长，国际业务签约额约达 81 亿美元（约合人民币 533 亿元），同比增长 40%，这让中国中车坚定了继续拓展海外市场的决心。2017 年年初，中国中车提出 2017 年海外市场签约额要更上一层楼，达到 90 亿美元左右。然而，中国中车 2017 年在海外市场的拓展远不如预期中的理想，出口签约额仅完成约 57 亿美元，仅为 90 亿美元目标的 63%。随着中车海外市场的拓展和国际竞争参与程度的加深，其企业在国际化经营方面逐渐暴露出可持续发展能力不足、海外机构缺乏协同、国际化经营意识薄弱、风险防控体系不完善等短板。

除企业自身的不足之外，外部竞争形势也开始发生变化。2017 年 9 月 26 日，西门子和阿尔斯通签署谅解备忘录，西门子轨道交通业务与阿尔斯通对等合并，西门子与阿尔斯通各占合并后公司的 50% 股份。合并后的新公司总部位于法国巴黎，新公司将在法国上市。新公司交通解决方案业务部门总部设在德国柏林。合并后的新公司在 60 多个国家拥有 62 300 名员工。

西门子总裁兼首席执行官 Joe Kaeser 表示西门子和阿尔斯通将在铁路行业创造新的历史，将为客户提供更具竞争力的投资组合。他说，"全球铁路市场在过去几年发生了翻天覆地的变化。亚洲出现了一个占主导性的企业，这改变了全球市场格局。数字化也正在改变着运输行业的未来"。显然，Joe Kaeser 所称的"亚洲主导性企业"是指中国中车。西门子阿尔斯通还在上述谅解备忘录签署时表示，合并后的公司将进一步拓展中东、非洲、印度以及中南美市场，同时覆盖中国、美国和俄罗斯市场。

2018 年 3 月 23 日，西门子和阿尔斯通正式签署企业合并协议，这将影响中国中车国际化经营环境，抑制中车国际化步伐，进一步提高中国中车进入欧洲市场的门槛。

7.2.2　"合而不融"的内部难题

中国中车是由原中国北车和南车两家公司合并而来的。在南北车时代，两家企业在海外市场互相压价抢订单的情况时有发生。2011 年 1 月，土耳其机车项目招标，南北车互相压价，中国北车以几乎没有利润的价格投标，但最终订单被一家韩国公司抢走。

2013 年 1 月，南北车参加阿根廷电动车组采购招标。在中国北车已经率先中标的情况下，中国南车给出每辆车 127 万美元的报价（当时其他公司平均报价为每辆车 200 万美元）。按当时中国北车人士的说法，这个价格是挣不到钱的。

从 2014 年开始，原南北车步入合并程序，2015 年 6 月 1 日，中国中车正式成立。

南北车合并成立 4 年多来，协调了多个海外项目，原南北车在海外市场恶性竞争的现象有所缓解，但全球市场资源配置问题并没有解决，各个主机厂之间的无序竞争仍然存在，从而造成资源浪费、市场浮于表面、订单获取能力不强等后果。

2017 年年初，中国中车曾发布通报，2015—2016 年，多家企业因违反国际业务原则，被中国中车处罚。问题集中在不服总部安排，以低于最低限价签约、私自与外方企业沟通、私下承诺等。其中，巴基斯坦拉合尔地铁项目因一些公司的失误，中国中车少赚了 6 400 万元，占合同总金额的 6.60%。中国中车称，这些企业的做法给中国中车造成了利润损失，且严重损害中国中车形象，造成极大的负面影响。

北京交通大学经管学院赵坚教授表示：从南北车合并近两年海外市场状况来看，遏制恶性竞争的目的并没有完全实现。一方面，是因为当前国内轨道交通装备行业严重产能过剩，企业都希望通过海外市场尽快消化过剩产能；另一方面，中国中车总公司只是一个管理机构，真正的科研、生产、营销都在下面的子公司，子公司都是独立法人，有一定的管理难度。

针对当前中国中车股份有限公司海外市场无序竞争现象严重、订单获取能力不强等问题，中国中车总裁孙永才强调在国际市场中要做到"一个中车，一个核心"。

中国中车在 2018 年 4 月底前完成海外市场划分工作，17 家企业进入大名单，未进入名单企业不允许进入海外市场。"此次提出的市场划分策略既是对这些问题开出的药方，亦是中国中车在国企改革道路上迈出的重要一步"，孙永才说。

中国中车拟通过对通用、成熟的轨道交通产品划分市场范围，使旗下企业聚焦市场，集中优势资源，精耕细作，并鼓励企业对所在市场进行深入拓展，挖掘更大的市场潜力，提高订单获取能力，实现企业利益最大化。此次市场划分主要针对机车、客车、货车和城轨地铁产品，目前已有 17 家公司进入划分大名单。地铁城轨板块市场最大，涵盖长客股份、四方股份、浦镇公司、株机公司、唐山公司、大连公司 6 家公司。

就划分依据，进入名单的 17 家公司都是在近 10 年来中国中车出口业绩中占优的企业。在区域市场中，各企业承担的市场划分份额要与其历史业绩基本一致，与其承担的年度签约额基本符合；在海外市场区域划分中，这 17 家企业可自愿申请，中国中车将根据申请综合选择，确定该产品市场区域的承担企业。市场区域企业划分名单是变化的。中国中车将定期对区域市场的承担企业进行考核，达不到考核标准或者出现重大质量、安全事故等问题的企业要强制退出，其他待选企业补充。

就市场划分原则，中国中车规定，在明确区域市场主打企业后，非该区域其他企业将不允许再进入该市场区域。同时，在产品市场容量较大的国家，安排两家企业分项目进行开发，在产品容量较小，企业优势特别突出的国家，安排一家企业进行开发。本次划分对于高铁、单轨、磁悬浮等小众产品没有做市场划分。

方案成形后，中车国际事业部将加强对市场划分后的管理，做好下属企业间的协调管理工作，尤其是要建立相似产品的市场价格管理体系。中车国际事业部已经要求旗下企业要有大局意识，站在整体利益的高度理解市场划分，遵守划分结果，严格按照规定开展海外工作，不仅要保障中车海外市场竞争力，更要维护中车的形象，维护国家形象。

然而，目前中国中车在海外市场取得的成绩仍以各个主机厂为主，各主机厂在海外市场历练多年，技术与销售经验明显强于中车国际事业部，国际事业部在整合海外项目资源时，常常与主机厂意见相左。

由中国中车国际事业部决定哪家主机厂去投标，哪家不能去。在主机厂看来，这种做法使国际事业部获得了利益分配空间。谁给国际事业部带来更多利益，谁便有了更多的投标机会。这让主机厂之间、主机厂与总部之间矛盾渐增。

因历史原因，解决"合而不融"的问题，还需要更多时间。

7.3　精益求精：打造国际优质品牌

《中国制造 2025》提到：制造业是国民经济的主体，是立国之本、兴国之器、强国之基。打造具有国际竞争力的制造业，是我国提升综合国力、保障国家安全、建设世界强国的必由之路。

中国中车作为世界铁路装备领域的后起之秀，以强劲的发展态势迅速在国际市场中占领一席之地，与日本川崎重工、德国西门子、法国阿尔斯通、加拿大庞巴迪等装备巨头比肩。然而，在激烈的国际竞争中，中国中车想要继续站稳脚跟，与技术先进、理念成熟的他国装备企业争夺市场，打造优质的中国铁路装备品牌，仍然任重道远。

7.3.1　企业关系

1．内部资源优化配置

中国南车与中国北车的合并，无论是从合并意图还是合并效果来看，对减少同质化竞争带来的内部损耗，都具有极其重要的意义。但是这种内部损耗并没有因为南北车的合并而完全终止。上节提到的"合而不融"的难题一直存在。集团内部产生的无序竞争只是问题的表象，其折射出的是集团内部资源配置的深层次问题。

中国中车旗下的子公司具有平行化、同质化的特点。每一个子公司都是一个完整的个体。例如，中车旗下的中车永济电机有限公司。从图 7-1 中可以看出，永济电机具有完备的战略管控、生产制造、营销、技术开发平台以及国内外子公司。

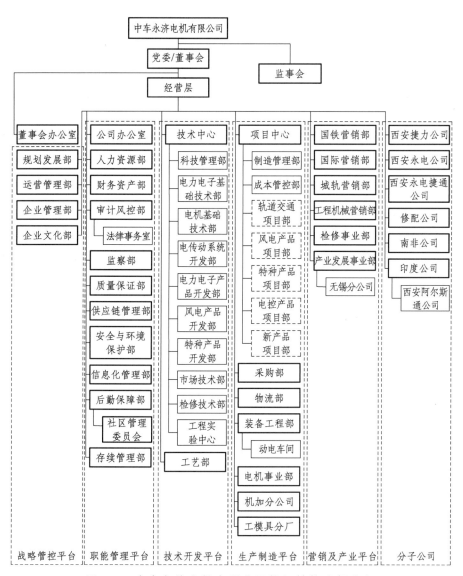

图 7-1　中车永济电机有限公司组织结构（部分）

中车旗下的子公司大多是像永济电机一样，具有独立营销、生产制造与研发能力，不仅如此，其经营业务也会产生重叠。例如，中车青岛四方机车车辆股份有限公司的主营产品为：高速动车组、地铁车辆、城际及市域动车组、高档客车、内燃动车组、现代有轨电车。中车株洲电力机车有限公司的主营产品为：电力机车、城轨车辆、城际动车组、其他车辆。

资源重叠的子公司之间无可避免地会产生竞争，这种竞争的利弊参半。合并后的中车集团几乎垄断了国内铁路装备市场，在国内缺少外部竞争机制来对企业发展进行敦促，但由于各个子公司之间同质化、平行化的特点，子公司之间的竞争会为其提供发展动力，促使各子公司不断提高服务质量，进行产品革新，防止垄断的弊端。子公司之间资源重叠的弊端也很明显，即无序竞争带来的内耗和资源浪费。

如何协调好各子公司之间的关系、子公司同总部的关系、子公司同总部各机构之间的关系、总部各机构之间的关系，形成企业内部高效的运作体系，是中车未来企业运行管理的关键一环。

要厘清各企业内部关系，首先要明确企业发展战略布局以及各内部机构与子公司的发展定位，从集团全局发展的角度出发，并结合各子公司长期发展累积的企业优势，协调布局各子公司的功能定位，调整集团企业内部的资源配置，并不断摸索出协调总部各机构与旗下子公司关系的管理经验，使中车作为一个整体来提质增效，协调运作。

2．与其他铁路企业的协同发展

铁路装备企业在国内市场的发展，与铁总息息相关。中车与铁总之间，可以说是一个垄断巨头与另一个垄断巨头之间的博弈。中车作为乙方，其发展要依靠作为甲方的铁总，但由于双方的垄断性质，作为甲方的铁总并不完全具备优势，其装备需求也要依赖中车。

自 2014 年 12 月中国南车和中国北车合并为中车后，中车和铁总之间就开始了将近 4 年的价格博弈。4 年间，铁总和中车有过不少纠葛。例如，铁总采购 104 列"复兴"号，提出降价 20% 的要求，由于降价幅度太大，中车难以接受，其供应商也表示不满，该价格之争持续半年有余，最终以铁总让步，降价 5% 结束。

对于铁总来讲，除了连年增加的负债，每年的车辆采购和维护又是一大笔支出，因此除了在采购价上下功夫，铁总也开始通过车辆自主维修来减少开支，甚至进入高级修领域。

除了价格之争，双方在知识产权领域也存在分歧。2015 年 4 月，合并后的中车发布了一份订单合同。在这份大额订单中，来自铁总的订单为 43.7 亿元，仅占合同总金额的 27%。这个结果令人意外。此前，铁总常年贡献南车和北车订单额的 50% 以上。

究其原因则是，铁总和中车之间关于动车组知识产权归属问题僵持不下。铁总担心中车获得知识产权进而获取话语权，于是通过降低采购份额来进行遏制。不过，双方最后达成一致，知识产权按原约定确认为双方共有。4 年间，双方的争执还包括制造和维修质量等。

为了解决双方前述矛盾，2017 年 8 月 21 日，中国铁路总公司与中国中车集团公司在京签署战略合作协议。协议针对中车与铁总之间关于价格、质量及知识产权等方面的纷争提出了相应的解决措施。

在协议中，双方确定在轨道交通领域建立从研发、设计、制造到运用、维修全寿命周期，从资源共享到资本开发，从国内到国际全方位的新型战略合作关系；从深化推进铁路行业发展、深化推进行业资源配置、深化推进铁路投融资改革到深化推进"一带一路"建设 4 个方向进行深入交流；也在装备新产品研发、技术提升、运用安全、服务模式创新等领域及装备购置、高级修、配件管理及物流上开展合作。

价格上，双方约定铁路装备战略采购实行装备战略采购、逐年交付的方式；综合考虑物价水平、技术条件、配件价格、批量采购、全寿命周期成本等因素，建立采购价格调整长效机制。

质量方面也提出双方在维修与新产品研发方面展开合作，并共同搭建供应商管理平台，以加强协作、保证采购质量。同时，双方将开展基础理论、检修技术、前沿技术、关键技术研究和标准制修订及新装备、新产品的研发合作。铁总支持中车开展新型装备试验验证工作；中车研发的新装备、新产品与铁总所属企业优先合作；共同开展对外技术合作和知识产权运营，算是对此前知识产权纠纷处理的补充。

而在铁路装备高级修合作方面，双方约定以修程修制为基础，结合装备维修布局规划开展合作。共同研究高级修产能布局，中车将积极参与铁总所属企业高级修产能的扩建，逐步压缩修时，以降低成本。

此外，双方也在配件采购供应、投融资改革和资本开发、铁路配件供应管理方面做了相应的规定。其中在融资方面，协议规定要盘活存量资产，鼓励社会资本投入，多方式多渠道筹集资金，努力提高铁路资产综合收益水平，为接下来的铁总混改做好铺垫。

笔者认为，为了化解铁总同中车之间的利益纷争，可在双方有争端的领域，采用资本融合的方式合作，在优化资源配置的同时兼顾双方利益，减少利益摩擦，促进整个铁路行业的融合发展。例如，可由双方为主要股东，发起成立中国铁路移动设备股份有限公司（简称"中铁移动"），将铁总与中车战略合作协议达成的共识全部由中铁移动这样一个实体来具体实施。

7.3.2 产品策略

1. 科技兴企

创新始终是一个国家、一个民族发展的重要力量，也始终是推动人类社会进步的重要力量。创新，对于企业亦如是，尤其是制造业。影响中国中车在国际市场中同川崎重工、庞巴迪、西门子等装备巨头竞争的因素有很多，但先进的产品核心技术始终是最中坚的竞争力。

中车企业创新体系的建设目标，是建立与完善适应国际化发展需要的技术创新体系，建设具有国际竞争力的系列化产品体系、国际先进的轨道交通装备知识体系、完善的国际化轨道交通装备技术支撑体系，全面提升技术创新能力，推动中国轨道交通装备产业向产业链、价值链高端攀升，实现"中车创造"与"中国创造"，为中车公司持续快速发展提供强劲动力。

目前，中车拥有高速列车系统集成国家工程实验室、动车组和机车牵引与控制国家重点实验室、国家重载快捷铁路货车工程技术研究中心、国家轨道客车系统集成工程技术研究中心等 11 个国家级研发机构和覆盖主机制造企业的 19 家国家级企业技术中心为主体的产品与技术研发体系，9 家海外研发中心、50 个省部级研发机构，在轨道交通装备核心技术突破，产品技术开发等方面取得了丰硕成果。中车产品技术研发体系基本涵盖了从嵌入式底层软件技术到应用级控制软件技术，从基础技术、行业共性技术到产品关键技术，从系统集成技术到产品工程化实现技术的全技术链，从芯片到板卡，从零件到模块、部件，从系统到整机整车的全产品链，基本形成了能够满足中国轨道交通装备制造行业技术产品发展需要的，包括设计分析、计算仿真、试验验证、检验测试、信息情报、创新管理等技术创新保障能力。

通过持续的技术改造和技术升级，中车建设了全球领先的高速动车组、大功率电力及内燃机车、先进铁路客车产品、先进铁路货车产品、先进城轨交通及地铁产品等轨道交通装备制造基地，形成了国际领先的轨道交通装备产品制造能力，并在此基础上，建设了完善的质量保证、安全保障、全球供应商等体系，形成了先进的轨道交通装备生产制造系统，有能力满足世界任何轨道交通装备市场需要。

中车在轨道交通装备技术标准体系建设中积极发挥作用，初步形成了国际先进的轨道交通装备产品技术标准体系。4 年来，中车主持或参与起草、制修订 70 余项国际标准，主持或参与起草国家标准 200 余项，行业标准近 1 000 项。中国中车积极参加建设有国际公信力的中国轨道交通行业认证认可体系，加强与欧美等先进地区轨道交通行业互认互信工作，保证中国轨道交通行业企业国际竞争力。

此外，中车还加强以专利为重点的知识产权工作，专利量以每年 26% 的速度快速增长，专利质量持续提升。2014 年年末，中车拥有专利 13 000 余件，发明专利 1 800 余件；申报专利 4 200 余件，申报发明专利 2 000 余件。为适应国际化发展战略，4 年来中车国外专利申报数以每年 70% 的速度增长，2014 年获得美国、欧洲、日本、澳大利亚、南非等国家授权专利 30 余件，申报国外专利 79 件，以专利为重点的知识产权保护体系正在形成。

在技术创新管理体系上，中车保障充足的资金、物质投入和引进满足要求的创新人才。4 年来，中车公司年度研发经费保持 8% 左右的快速增长，技术投入比例保持 5.6% 以上，保证了中国中车技术创新能力的持续快速提升。

2017 年 6 月 25 日，中国标准动车组被正式命名为"复兴号"，于同月 26 日在京沪高铁正式双向首发。复兴号动车组列车，是由铁总主导，中国铁道科学研究院技术牵头，中国中车旗下四方股份、长车股份、唐车公司及相关企业设计制造，西南交大、北京交大、中国科学院等高校科研单位技术支持，针对中国高铁运营特点，制定中国标准，历经 3 年研制，全面采用自动化设计，具有完全自主知识产权、达到世界先进水平的中国标准动车组。我国的铁路装备从引进外国先进技术、对国外技术进行逆改造到完全自主研发，正一步步向前发展。中车作为铁路装备领域的垄断企业，技术创新不仅是企业责任，更是行业责任、国家责任，其技术领域的发展代表着我国铁路装备的技术水平。

未来的企业运行中，中车应当持续重视技术研发创新工作与管理，形成更为完善的企业技术创新体系，加大与各高校、研发机构的合作力度，重视企业科研人才培养，逐步形成具有核心竞争力的技术体系。

2．从"产品输出"到"方案输出"

中车拥有丰富的产品种类，其高速动车组、大功率机车、铁路货车、城市轨道车辆等产品全面达到世界先进水平，能够适应高温、高湿、高寒、风沙等各类复杂的气候环境条件以及多样化的个性需求，是全球轨道交通行业实现产品类型全覆盖的企业之一。

多样化的产品可以满足更广阔的市场需求，不论是应对国内需求的多样化还是海外市场需求的多样化，都具有灵活的应变能力。但一味迎合市场的多样化，有时会给企业带来额外的负担。以轨道制式为例，轨道制式分为窄轨距、宽轨距、标准轨距①。同时，国外主要采用欧洲标准，由此加大了我国铁路装备的出口难度。例如，2016 年中国参建的塞尔维亚首都到匈牙利布达佩斯的高速铁路项目，该项目全长 350 千米，采取的建设标准为欧洲铁路标准。这就意味着中国高铁所有的产品装备都要经过欧洲认证，包括机车、信号、钢轨、水泥、

---

① 非洲加纳、刚果、坦桑尼亚、赞比亚等国家采用 1 067 mm 窄轨距，几内亚、埃塞俄比亚、喀麦隆等国采用 1 000 mm 窄轨距，俄罗斯、哈萨克斯坦、蒙古等国采用 1 520 mm 宽轨距，印度、巴基斯坦等国采用 1 676 mm 宽轨距，中国主要采用 1 435 mm 标准轨距。

橡胶垫片等，以及设计规范、工艺流程、模具等铁路装备产品，均需改变为欧洲的高铁标准。由于出口市场标准不统一，我国铁路装备产品出口生产成本上升，出口难度增大。

为了更好地应对国际市场复杂的竞争环境，提升我国装备企业在国际市场中的竞争力，装备企业应当转变简单的"产品输出"策略，将单一的产品出口转变为"产品+技术+服务+标准"的全方位出口方式，实现从"产品输出"到"方案输出"的转变，并借此创新商业模式，延长产业链，开展总包、租赁、运营维护等业务，不断完善海外市场布局。

3 ."大单品"战略

中国中车拥有丰富的产品系列，以动车组为例，除去出口海外的内燃动车组（代表产品有阿根廷内燃动车组、突尼斯内燃动车组、马来西亚内燃动车组等），国内还有 CRH1、CRH2、CRH3、CRH5、CRH380、CRH6、复兴号等系列。

这些丰富的车型与我国动车组研发技术发展进程息息相关。一开始，由于我国自主研发能力的不足，我国的 CRH 动车组都是兼容并蓄地与外国公司合作生产的：CRH1（加拿大庞巴迪公司）、CRH2（日本川崎重工公司）、CRH3（德国西门子公司）、CRH5（法国阿尔斯通公司）。随着技术的进步，我国开始自主生产动车组，CRH6 和 CRH380系列是自主研制生产的。

然而，这些丰富的车型给后期运营维修带来了不少难题。这些不同类型的列车，标准系统不统一，无法兼容，各有各的特征，配套和后备列车、驾驶台甚至连车厢里的定员座位都不同，一种列车出问题，只能配套本类型的，维修时零件也是如此，一旦某节车出现故障，需要组织乘客换乘，临时调来的车很可能出现要么"挂不上"，要么"缺座位"的问题。因为车型标准不统一，每种车都需要有备用车停在车站应急，动车检修的车间也要把各种车的零部件全配备，甚至高铁司机也要将各种车型都学习一遍。紧急情况时动车组之间相互救援也十分复杂，如图 7-2 所示。

被救援

救援＼被救援	CRH1系列长编组	CRH1系列短编组	CRH380D短编组	CRH2系列长编组（制动正常）	CRH2系列短编组（制动正常）	CRH2系列长编组（制动不正常）	CRH2系列短编组（制动不正常）	CRH3系列长编组	CRH3系列短编组	CRH5系列长编组	CRH5系列短编组
CRH1B/1E动车组	①	①	①						①		①
CRH1系列短编组		①	①		①		①		①		①
CRH380D短编组		①	①		①		①		①		①
CRH2系列长编组				①	①	①	①				
CRH2系列短编组		①	①		①		①		①		①
CRH3系列长编组					①		①				
CRH3系列短编组		②	②		①		①		②		②
CRH5系列短编组		②	②		①		①		②		②

图例	说明
（浅灰）	可以救援，救援速度120 km/h
（中灰）	可以救援，救援速度60 km/h
（深灰）	不可以救援
①	空气制动完全切除
②	如果有车辆空气制动切除，救援限速60 km/h

图 7-2　动车组相互救援方式

2013 年 6 月，"中国标准"动车组项目正式启动，铁总要求，"中国标准"动车组要综合国内各型动车组的优点，建立统一的技术标准体系，实现动车组在服务功能、运用维护上的统一。

2017 年 1 月 3 日，国家铁路局正式向四方和长客颁发了中国标准动车组"型号合格证"和"制造许可证"。中国标准动车组也正式获得型号命名。新命名规则在 2016 年 11 月底由铁总党组会议确定，未来中国动车组将采用 CR400/300/200 命名，分别对应 400 km/h、300 km/h 和 200 km/h，数字代表最高速度。例如，400 代表最高速度可达 400 km/h 及以上，持续运行速度为 350 km/h。

3 种速度满足不同的市场需求，中国高速铁路主要是 350 km/h、250 km/h 两种，中国快速铁路是 200 km/h 和 160 km/h 两种。3 种速度的列车可以满足这 4 种速度的需求，CR200 可以兼容快速铁路两种速度。

2017 年 8 月 21 日，铁总与中车签署了《中国铁路总公司中国中车集团公司战略合作协议》。根据协议，铁总拟采购 500 组 350 km/h 中国标准动车组，实际采购数量以采购合同为准。

本书建议，随着我国高铁"中国标准"的逐步建立，中国中车在未来应当集中力量研发具有核心竞争力的"中国单品"，逐步缩短产品线，集中产品优势，提升国际竞争力。

7.4 本章小结

本章首先介绍铁路装备领域重点企业的发展概况，然后以中国中车股份有限公司为例，探讨了铁路装备企业的发展机遇、发展阻力以及如何精益求精打造国际化优质装备品牌。

我们认为：

（1）当前，中国的海外高铁建设正面临着千载难逢的历史性机遇。中国铁路装备"走出去"处于天时地利人和的时机，国外市场潜力巨大。

（2）尽管我国铁路装备业的国际市场占有率不断上升，但随着国际形势的不断变化以及国外装备企业的合并重组，同时我国装备企业也逐渐暴露出企业管理方面的问题，国际竞争形势日益严峻。

（3）合并后的中国中车企业内部仍然存在无序竞争，企业内部的资源配置问题没有得到良好的解决。

我们建议：

（1）为了使中国中车作为一个整体高效运作，应当厘清企业内部的各种关系，明确企业发展战略布局以及各内部机构与子公司的发展定位，从集团全局发展的角度出发，并结合各子公司长期发展累积的企业优势，协调布局各子公司功能定位，调整集团企业内部的资源配置，并不断摸索出协调总部各机构与旗下子公司关系的管理经验。

（2）为了化解铁总同中车之间的利益纷争，可在双方有争端的领域，采用资本融合的方式合作，在优化资源配置的同时可以兼顾双方利益，减少利益摩擦，同时促进整个铁路行业的融合发展。

（3）未来企业运行中，中车应当持续重视技术研发创新工作与管理，形成更为完善的企业技术创新体系，加大与各高校、研发机构的合作力度，重视企业科研人才培养，逐步形成具有核心竞争力的技术体系。

（4）装备企业应当转变简单的"产品输出"策略，将单一的产品出口转变为"产品+技术+服务+标准"的全方位出口方式，实现从"产品输出"到"方案输出"的转变，并借此创新商业模式，延长产业链，开展总包、租赁、运营维护等业务，不断完善海外市场布局。

第 8 章　铁路资本领域的企业运行机制

国有资本投资运营公司试点成效显著。在铁路领域成立或组建中国铁路国有资本投资运营公司（以下简称"中铁国投"），成为全面深化铁路改革的必然选项。完善中国铁路国有资本投资运营公司的运行机制对促进铁路改革、助力铁路发展具有重要意义。

8.1　应运而生：中铁国投的成立（或组建）

8.1.1　国有资本投资运营公司加速"上岗"

1. 国有企业改革持续发力

改革开放以来，国有企业改革发展不断取得重大进展，总体上已同市场经济相融合，运行质量和效益明显提升，在国际国内市场竞争中涌现出一批具有核心竞争力的骨干企业，为推动经济社会发展、保障和改善民生、开拓国际市场、增强我国综合实力做出巨大贡献。但也要看到，国有企业仍然存在一些亟待解决的突出矛盾和问题，一些企业市场主体地位尚未真正确立，现代企业制度还不健全，国有资产管理体制还有待完善，国有资本运行效率需进一步提高；一些企业管理混乱，内部控制、利益输送、国有资产流失等问题突出，企业办社会职能和历史遗留问题还未完全解决。

因此，应坚持和完善基本经济制度，坚持社会主义市场经济改革方向，适应市场化、现代化、国际化新形势，以解放和发展社会生产力为标准，以提高国有资本效率、增强国有企业活力为中心，完善产权清晰、权责明确、政企分开、管理科学的现代企业制度，完善国有资产监管体制，防止国有资产流失，全面推进依法治企，加强和改进党对国有企业的领导，做强做优做大国有企业，不断增强国有企业的经济活力、控制力、影响力、抗风险能力，促进国有企业经济社会持续健康发展。

2. 国资管理体制不断完善

2002 年 11 月召开的党的十六大决定启动国有资产管理体制改革，2003 年各级国资委成立，国有资产管理有了明确的责任主体，管资产、管人和管事的结合，初步实现了国有资产所有者权利、义务和责任的统一。

随着我国国有资产管理体制改革的稳步推进，国有资产出资人代表制度基本建立。但现行国有资产管理体制中政企不分、政资不分的问题依然存在，国有资产监管还存在越位、缺位、错位现象；国有资产监督机制不健全、国有资产流失、违纪违法问题在一些领域和企业比较突出。针对这些问题，2013 年党的十八届三中全会《关于全面深化改革若干重大问题的决定》指出，"完善国有资产管理体制，以管资本为主加强国有资产监管，改革国有资本授权经营体制，组建若干国有资本运营公司，支持有条件的国有企业改组为国有资本投资公司。"同时，该决定明确此次改革的方向是从管人、管事、管资产转向管资本为主，推动国有资产监管机构转变职能，专司国有资产监管，不再行使政府公共管理职能，不干预企业自主经营权。

3. 国有资本投资运营公司试点成效渐显

国资委于 2014 年 7 月开始先行在中粮集团、国投公司两家国有企业开展投资公司试点工作，取得了良好的改革效果。2016 年，国资委又进一步扩大了投资公司试点范围，投资、运营公司试点增点扩面，新增了神华集团、中国五矿、宝武集团、招商局集团、中交集团和保利集团 6 家企业作为国有资本投资公司试点单位，国有资本运营公司试点则在诚通集团、中国国新开展，"两类公司"试点企业合计已达 10 家。

（1）以国资改革深化国有企业改革：中粮。

2014 年，中粮集团有限公司（简称"中粮"）被确定为国有资本投资公司试点，被选为国有资本投资公司试点的中粮利用资本的力量实现产业发展。2017 年年初以来，中粮集团围绕专业化设计、产供销人财物一体化、完善现代企业制度，开展了 18 个资本整合项目，实现多粮合一的资本优化配置。同时，中粮的管控模式也实现了转变，中粮总部员工从 610 人减至 240 人以内，形成了"集团总部资本层—专业化公司资产层—生产单位执行层"3 级管控架构。截至 2017 年 6 月底，中可饮料资产重组、我买网整合境外公司、中粮油脂小包装项目、中国茶叶混合所有制改革项目、中粮资本引入战投等项目基本完成。

（2）以国资改革深化国有企业改革：国投。

国家开发投资公司（简称"国投"）成立于 1995 年 5 月 5 日，是国务院批准设立的国家投资控股公司和中央直接管理的国有重要骨干企业。

2014 年，国投被确定为国有资本投资公司试点，在业务结构调整上，国投的着力点放在了推进相关产业和业务重组整合，推动国有资本有进有退，提高国有资本配置效率层面，其表现为国投已经先后退出了航运和煤炭板块，其中划转至专业平台公司的煤炭业务涉及资产 500 多亿元。同时，为了优化管控模式，强化资本运作和资源配置能力，国投开始打造"小总部、大产业"，重点强化集团投资能力和资源配置能力，推动资本权利上移、产业经营责任下沉，总部加强战略性、财务性管控，调整总部组织架构，职能部门由 14 个减为 9 个，更强调集团的投资能力和资源配置能力，具体的产业运营主要由控股、参股的产业集团去承担，并使其成为独立的市场主体。

（3）以国资改革深化国有企业改革：诚通。

2016 年，中国诚通控股集团有限公司（简称"诚通"）被确定为国有资本运营公司试点，成为国有资本运营公司试点后，诚通提出"以新设的方式实施改组"，全面改革运营管理体系。过去 10 年，诚通先后完成 6 户中央企业、14 户中央企业所属二级企业、11 户军工企业和 1 户地方国有企业以及系统内 182 户企业的重组整合，对 1 户央企财务公司实施了破产清算，共涉及企业 656 户，资产债务 800 亿元，职工 8.8 万人，助力央企改革和布局结构调整。

从 2015 年开始，诚通围绕国有资本形态转换和保值增值，做了一些探索实践：接收管理了多家央企上市公司股权，探索国有股权市场化专业化运作；参与中石化国勘公司的重组整合，对中国铁路物资（集团）总公司实施托管，探索从资本层面推进央企和战略资产整合优化；妥善处置金融债务，加快退出僵尸企业，探索在化解过剩产能、服务供给侧结构性改革中发挥作用。

自 2005 年起，中国诚通成为国资委首批 7 家规范董事会试点之一，经过 10 余年的试点运作，诚通基本形成了结构规范、运作有效的董事会。所出资企业已完成公司制改造，并引入"积极股东"参与公司治理，激活内部机制；建立了集团派出董事、监事管理制度；在独资公司、控股非上市公司建立了规范董事会，委派股权董事，引入独立董事，并实行了总会计师委派和述职考核制度；通过出具"股东建议（评价）函"等方式履行出资人职责。在非控股、参股企业中，积极参与公司治理，充分表达股东意见，保障出资人权益[37]。

4．以国资改革助力国有企业改革

国有企业改革一直都是我国经济改革的主体与重心。在改革开放的进程中，国有企业的经济效益和整体素质明显提高，对整个国民经济的控制力、影响力和带动力不断增强；建立现代企业制度的成效已显现；企业的管理水平和技术水平明显提高；产业结构得到调整，布局有所改善。

但是，改革的任务仍未全部完成，国有企业的发展还有很多问题有待解决。当前，深化国资国企改革的一项重要任务，就是更好地发挥国有资本投资运营公司在 3 级管理体制下作为整个国资管理体制的中间层次国有平台公司的功能和作用，使国有资本投资运营公司能够成为新时期完善国有资产管理体制、构建以"管资本"为主的新国资监管体制的抓手，成为实现政企分开、政资分开和分类监管的枢纽、界面和平台，成为落实国有资本投资运营服务于国家战略目标的责任主体[38]。因此，必须进一步深化国有企业改革、完善现代企业制度，以产权明晰、权责明确、政企分开、管理科学为基本要求，以规范经营决策、资产保值增值、公平参与竞争、提高企业效率、增强企业活力、承担社会责任为重点，通过完善现代企业制度进一步提高国有企业发展质量，不断增强国有经济活力、控制力和影响力。

国有资本投资运营公司在深化国有企业改革中起到关键作用，是实现以管企业为主向以管资本为主转变的关键环节，改组组建国有资本投资运营公司是国有企业改革发展的需要，也是国有资产管理体制改革的外在要求，国有资本投资运营公司作为国有资本市场化运作的专业平台，应依法自主开展国有资本运作，代替出资者行使股东职责，按照责权对应原则承担起国有资产保值增值责任，以国资改革助力国有企业改革。

8.1.2　中铁国投破壳而出

1．铁路国有资本监管体制有待完善

中国铁路总公司总经理陆东福在 2017 年中国铁路总公司建设工作会议上表示，要全面实行分类分层建设，充分发挥总公司、地方政府、社会投资者的各自优势，实现优势互补、合作共赢。这意味着中国铁路总公司主要负责路网干线项目建设，或不再投资城际铁路、支线铁路。

近年来，城际铁路、支线铁路等项目的建设主导权由中国铁路总公司逐渐过渡到地方政府和社会资本手中，铁路分层分类建设不断深化。2013 年，国务院发布《关于改革铁路投融资体制加快推进铁路建设的意见》指出，向地方政府和社会资本放开城际铁路、市域（郊）铁路、资源开发性铁路和支线铁路的所有权、经营权，鼓励社会资本投资建设铁路。

2016 年年底，陆东福先后与广西、新疆、安徽、四川、河南、湖北、海南、江苏等地的领导举行会谈，在会谈中指出，"十三五"期间，

铁路总公司将全面推进铁路分层分类建设，总公司主要负责路网干线项目建设，地方政府主要负责城际铁路、支线铁路等项目建设，铁路部门对地方负责的项目提供运营、技术等服务，更好地发挥路地双方优势，实现互利共赢[39]。

在这样的趋势下，结合我国国有企业改革政策以及当前铁路领域企业的发展现状，笔者建议以中国铁路投资有限责任公司为基础，成立或组建中国铁路国有资本投资运营公司，以股权投资的形势参与铁路路网、运营、工程、装备等领域实业企业的管理与运营，根据不同领域企业的特性而进行绝对控股、相对控股或是参股，不干预各领域企业的运作，从而实现铁路各领域企业的良好运营，合理规划、整合市场资源，优化铁路国有企业布局，进一步深化我国铁路投融资体制改革。

中铁国投可作为地方政府、社会投资者与中国铁路总公司之间的桥梁，地方政府将铁路国有资本部分权利授予中铁国投，而中铁国投则代替政府和社会投资者履行出资人职责，从而成功实现 3 级管理体制，真正实现铁路国有资本所有权和经营权的分离，进而充分发挥各类社会资本的优势，实现优势互补、合作共赢。

2. 铁路建设资金来源渠道有待拓宽

据交通部部长李小鹏 2017 年 1 月 27 日在国新办发布会上透露，预计今年（笔者注：2017 年）铁路固定资产投资 8 000 亿元，这一数据与去年（笔者注：2016 年）相当。而 2016 年中国铁路总公司负债已达 4.72 万亿元（较 2016 年增长 15%），当年还本付息就达到 6 203 亿元（较 2015 年增长 83%）。截至 2018 年第一季度，铁总负债已突破 5 万亿元。随着《中长期铁路网规划》（发改基础〔2016〕1536 号）的不断推进，如果铁路投融资体制改革不能取得实质性突破，铁路债务总体规模将加速扩大，铁路债务风险将逐步累积。

根据目前国家出台的一系列政策，铁路建设和经营资金的来源主要有中央预算内投资、铁路建设基金、铁路建设债券以及专项建设基金，还有银行的融资、地方政府的出资等，此外，也包括一部分社会投资。其中，铁路建设资金最主要的来源是建设基金和银行贷款，就目前而言，资金来源渠道正在逐渐丰富。例如，江苏铁路投资发展有限公司通过地方国资增资的方式改建为江苏省铁路集团有限公司（以下简称省铁路集团），注册资本在原有 70 亿元的基础上逐步增资到 1 200 亿元。但促进铁路投融资市场良性发展的宏观调控体系和投融资市场服务体系还没建立起来，市场化的融资还存在一些问题，如有的铁路企业只是名义上的市场主体，不能吸引社会资金、外商资金，以致铁路缺乏资金来源。

【专栏 8-1】　全省铁路发展推进会召开，江苏省铁路集团正式揭牌

2018 年 5 月 18 日，江苏省全省铁路发展推进会在南京召开。省委书记娄勤俭做出批示。省长吴政隆出席会议并讲话，与中国铁路总公司副总经理黄民共同为江苏省铁路集团有限公司揭牌。

江苏省铁路集团有限公司揭牌，标志着省委第十三届第三次全会提出的"探索高铁自主规划建设运营模式"部署要求正式落地。省铁路集团是以省为主投资铁路项目的投融资、建设、运营管理主体和国家干线铁路项目的省方出资主体，是国有全资独立法人公司，实体化独立运作，通过增资方式，将现有的江苏铁路投资发展有限公司改建为江苏省铁路集团有限公司，注册资本在原有 70 亿元基础上逐步增资到 1 200 亿元。

会上，省铁路集团与中国铁路上海局集团签署《关于整合设立以省为主一省一公司的合作框架协议》，共同整合设立以省为主的合资公司。这是铁总启动"一省一公司"改革以来，签订的首个整合协议，标志着此项重大改革率先在江苏落地。省铁路集团将控股整合苏北铁路公司，包括现有的苏北铁路公司、新长公司、丰沛公司和待组建的苏南沿江铁路项目公司，持有省方参股的京沪高铁公司、沪宁城际公司、宁杭城际公司等企业股权，持有今后建设的铁路项目省级出资股权。江苏省将探索建立投资主体多元化、渠道多样化、结构合理化的资金保障机制，积极推动沿线土地综合开发和综合经营，为铁路建设提供强有力支撑。

资料来源：新华日报，http://www.zgjssw.gov.cn/yaowen/201805/t20180519_5400233.shtml。

在国有企业改革的浪潮下，成立或组建中铁国投必然成为新时期深化铁路改革的关键措施，有利于促进铁路投融资体制改革。中铁国投可成为铁路建设和经营资金的募集者，拓宽铁路建设和经营资金来源渠道的同时，充分利用各类资本，吸纳社会资本参与到铁路建设与经营中，促进铁路投融资市场良性发展的宏观调控体系和投融资市场服务体系的建立与完善。

3．铁路混合所有制改革有待推进

2015 年 10 月国务院发布的《关于国有企业发展混合所有制经济的意见》提出，结合电力、石油、天然气、铁路、民航、电信、军工等领域改革，开展放开竞争性业务、推进混合所有制改革试点示范。2017 年 1 月 3 日，陆东福在工作会议上指出，2017 年将拓展与铁路运输上下游企业的合作，采取国铁出资参股、设立合作平台公司等方式，促进铁路资本与社会资本融合发展。探索股权投资多元化的混合所有制改革新模式，对具有规模效应、铁路网络优势的资产资源进行重组整合，吸收社会资本入股，建立市场化运营企业。

在改革浪潮下应运而生的中铁国投将助力具有规模效应、铁路网络优势的资产资源的重组整合，对铁路领域产业布局进行优化，通过对铁路国有资产的投资与运营促进铁路混合所有制的改革，充分激发铁路运输的市场活力与竞争力，进一步促进铁路产业升级和结构优化，扩大铁路国有资本的控制力、影响力。

4．国家在铁路各领域的所有权政策有待落实

铁路是国民经济大动脉、关键基础设施和重大民生工程，是综合交通运输体系骨干和主要交通运输方式之一，在我国经济社会发展中的地位和作用至关重要[40]。

基于铁路在我国发展中的战略地位，铁路改革在全面深化改革中举足轻重。铁路工程、装备、路网、运营在国家发展中的战略地位不同，国家所有权政策也有所区别。采取有效措施来实现国家对铁路国有资本的不同所有权政策，对管理铁路国有资本具有重要意义。

随着 2013 年铁道部撤销，我国铁路实行政企分开，铁路发展取得了重大突破，但也要看到，目前在铁总网运合一体制下，国家无法充分实现在铁路路网和运营 2 个领域的所有权政策。未来，铁总网运分离后，中国铁路国有资本投资运营公司更能切实实现国家对铁路路网与运营的不同所有权政策。

8.1.3 中铁国投成立时机问题分析

笔者在"铁路改革研究丛书"的《铁路改革目标与路径研究》一书中提出，我国铁路改革"六步走"建议，分别为改革准备阶段、运营业务公司化、网运分离、路网整合、成立中国铁路国有资本投资运营公司、配套改革。"六步走"建议中重要的一步即为成立或组建中国铁路国有资本投资运营公司。至于中国铁路国有资本投资运营公司的成立或组建的时机问题（即将其放在深化铁路改革的哪一步），不同的方案则各有优势。

1．备选方案

（1）方案 1：放在"六步走"的第二步。

全面深化铁路改革"六步走"建议中的第一步是改革准备阶段，即深化货运改革，推进铁路客运改革，开展铁路资产清查工作以及对 18 个铁路局、三大专业运输公司、铁总以及铁总下属 17 个非运输主业单位进行公司制改革。经过清产核资、企业改制这些准备工作后，铁路管理层可全面掌握各路局资产管理使用状况，铁路企业也可加快建立产权清晰、权责明确、政企分开、管理科学的现代企业制度，形成有效制衡的公司法人治理结构和灵活高效的市场化运营机制。

在此之后成立或组建中国铁路国有资本投资运营公司，即将成立或组建中铁国投放在"六步走"的第二步，如图 8-1 所示。

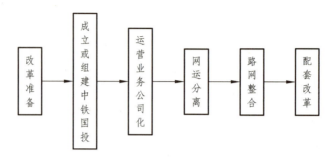

图 8-1　方案 1 改革步骤

　　方案 1 的优势在于，可借助于它来实现国家对铁路国有资本的管理与控制，并以市场为导向制订铁路不同领域的投资计划，同时通过其市场化运作来进一步深化铁路改革。但其不足之处在于，它的部分职能将与铁总相冲突，无法厘清铁总与中铁国投的职能边界。这一矛盾若处理不当，将会在全面深化铁路改革的初期阶段带来不利影响，进而延缓铁路改革的总体进程。

　　（2）方案 2：放在"六步走"的第三步。

　　"六步走"建议的第二步是运营业务公司化，包括货运业务公司化，客运业务公司化，做大做强做实 3+N（中铁特货运输有限责任公司、中铁快运股份有限公司、中铁集装箱运输有限责任公司、N 个运营类公司）。

　　在"六步走"建议的第二步之后成立或组建中铁国投，如图 8-2 所示。其优势在于，此时铁路货运业务公司化、客运业务公司化已取得一定成效，且正在逐步做大做强三大专业运输公司、做实 N 个运营类公司。届时，能通过中铁国投来实现对三大专业运输公司的增资扩股，使三大专业运输公司尽快提升竞争力，助力铁路改革的后续进程。但其不足之处在于，由于铁路网运关系尚未调整，铁总与 18 个铁路局集团网运边界尚未清晰界定，整个铁路改革仍在铁总体制框架下进行，此时成立或组建中铁国投可能会对铁路改革的整体性和连贯性造成一定影响。

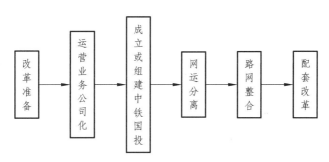

图 8-2　方案 2 改革步骤

（3）方案 3：放在"六步走"的第四步。

"六步走"建议的第三步是适时拆分中国铁路总公司，实现网运分离。铁路货运改革和客运改革做实的一批货运公司和客运公司仍处于铁总的体制之下。网运分离后，这一大批运营类公司全部被推向市场并流转为社会资本控股或参股的股份有限公司，各类社会资本均可举办铁路运营公司。三大专业运输公司也被分离出来，除铁路军事运输外，铁路运营作为"竞争性业务"彻底面向市场开放。

在"六步走"建议的第三步之后成立或组建中铁国投，如图 8-3 所示。

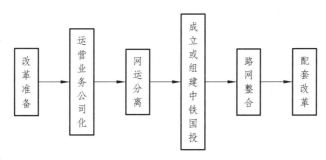

图 8-3　方案 3 改革步骤

其优势在于，由于运营业务从铁总及 18 个铁路局集团剥离，因而铁总及 18 个铁路局集团不适宜继续长期持有 3+N 的股权，被分离出来的 3+N 的股权可划转中铁国投，并由中铁国投履行出资人职责，同时择机将铁路债务全部划转至中铁国投。中铁国投的出现可避免因铁路运营业务分离后铁总及 18 个铁路局集团无法继续长期持有 3+N 股权的局面，其成立的必要性逐步凸显出来。

但其不足之处在于，中铁国投一旦成立，必然会在包括铁路路网在内的铁路相关领域有针对性地制订一系列投资计划，对铁路国有资本进行管理与控制。然而铁路网运刚刚分离，一方面，路网尚未整合，中铁国投在铁路路网领域无法充分制订相应的投资策略与计划；另一方面，路网整合尚需在铁总体制下完成，若此时成立或组建中铁国投，中铁国投与铁总的关系难以厘清，也可能会对铁路改革的整体性和连续性造成一定影响。

（4）方案 4：放在"六步走"的第五步。

"六步走"建议的第四步是路网整合，即以铁总及 18 个铁路局集团为主要股东，成立中国铁路路网（集团）股份有限公司（简称中铁路网），实施全国路网整合，并在条件具备时实现中铁路网的整体上市。

在"六步走"建议的第五步成立或组建中铁国投，如图 8-4 所示。

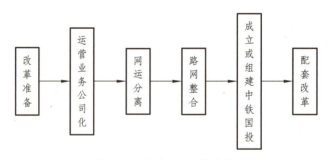

图 8-4　方案 4 改革步骤

其优势在于，经过改革准备阶段、运营业务公司化、网运分离、路网整合后，在铁总体制机制下的改革已基本完成，改革进行到这一阶段，充分发挥了铁总的体制优势，确保了以网运关系调整问题为主线设计的改革路径的完整顺利展开，中铁国投可继续接手 3+N 股权，持有中铁路网股权，并助其完成上市计划，同时还能将铁路改革前几个阶段遗留的改革任务继续完成，并为铁路后续配套改革出力。

但其不足之处在于，中铁国投缺席了铁路改革的前 4 个阶段，未能为铁路改革的前 4 个阶段出力，中铁国投的作用没有得以充分发挥。

（5）方案 5：放在"六步走"的第六步。

原"六步走"建议中的最后一步是配套改革阶段，在此方案中，中铁国投的成立或组建放在了"六步走"的最后一步，如图 8-5 所示。在此方案中，中铁国投的成立或组建接近全面深化铁路改革的尾声，缺席了太多的改革进程。因此，针对此种方案，此处不予讨论。

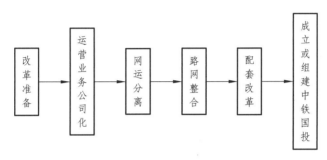

图 8-5　方案 5 改革步骤

2．推荐方案

综合上述 5 个方案比较分析，笔者认为将中铁国投的正式成立或组建安排在"六步走"建议的第五步，有助于充分发挥中铁国投的作用并理清其与铁总的关系。但该方案的不足之处在于，中铁国投缺少铁路改革的前 4 个阶段，未能在铁路改革的前 4 个阶段充分发挥作用。

为解决该问题，笔者建议，在全面深化铁路改革初期尚不完全具备成立或组建中铁国投的条件时，可考虑先由铁总及 18 个铁路局集团来直接承担中铁国投职能（第一阶段），或其职能由铁总下属中国铁路投资有限公司（简称"中国铁投"）承担，而所需资金暂由铁总及 18 个铁路局集团筹集（第二阶段）。当条件具备时，以中国铁投为基础成立中国铁路国有资本投资运营公司（"中铁国投"），并划归财政部或国资委，同时将中国路网、中国中车、中国通号、中国中铁、中国铁建等铁路行业央企的股权由国家授权给中铁国投管理（第三阶段）。（为便于阐述，后文将上述 3 个阶段承担铁路国有资本运作平台职能的公司均不加区分地称之为"中铁国投"）。

如此一来，中铁国投在铁路改革的不同阶段发挥如下作用：① 在运营业务公司化阶段，由中铁国投（或铁总）来实现对中铁集、中铁特货、中铁快运的增资扩股，并逐步向三大专业运输公司注入货运资产，做大做强三大专业运输公司，提升三大专业运输公司竞争力，并根据实际情况，"做实" N 个专业运输公司；② 在网运分离阶段，由中铁国投（或铁总）接手 3+N 股权，履行出资人职责，并承担全部铁路债务；③ 在路网整合阶段，由中铁国投（或铁总）持有中铁路网股权，实现国家对铁路路网的绝对控制；④ 正式成立或组建中铁国投后，在配套改革阶段，中铁国投全力配合全面深化铁路改革的其他进程，不断赋予和履行新的使命与职责，在全面深化铁路改革的过程中不断发挥新的作用。

在中铁国投组建和发展的过程中，应当尤其注意目前中国铁路总公司下属的中国铁路投资有限责任公司与未来的中铁国投之间的关系。笔者认为，中国铁路投资有限责任公司可以看作是中铁国投的前身，在成立中铁国投的条件尚未成熟时，代替中铁国投行使相关铁路企业出资人职能。例如，中铁国投的使命之一，是采取市场化的改革措施和管理手段，以铁路产业资本投资和股权运营为主，着力提高铁路领域企业竞争力。由专栏 8-2 可知，中国铁路投资有限责任公司已经在行使该职能。我们建议，在条件成熟时以中国铁路投资有限责任公司为基础，逐步吸纳各类资本，壮大其资本实力，将其逐步重组为中铁国投。

【专栏 8-2】 国铁保利设计院与国铁吉讯科技有限公司揭牌成立

2018 年 5 月 30 日，国铁保利设计院有限公司出资协议签约暨揭牌仪式在北京举行。国铁保利设计院是中国铁路投资有限公司（中国铁投）与保利房地产（集团）股份有限公司强强联合，充分发挥双方各自优势，满足国家经济建设发展需要，共同出资成立的。其中，中国铁路投资有限公司出资 2 750 万元，出资比例占 55%，保利房地产（集团）股份有限公司出资 45%。

国铁保利设计院致力于推进新型城镇化建设，特别是产业新城、工业园区、物流园区等策划研究、规划设计，开展铁路及轨道交通土地综合开发的前期策划、开发方案研究等经营活动。将按照"市场化、专业化、国际化"思路，为铁路及轨道交通土地综合开发提供专业的前期策划和方案研究等咨询服务，并为铁路企业和社会合作伙伴提供土地开发项目管理服务，同时参与土地合资合作开发等工作，逐步形成土地综合开发全过程咨询顾问服务能力。

国铁保利设计院成立是中国铁路投资有限公司深入贯彻落实国发〔2013〕33 号、国办发〔2014〕37 号文件精神和铁路总公司战略决策部署，大力推动铁路土地集约开发，盘活铁路土地资源，推进铁路建设与新型城镇化建设相结合，实现铁路高质量发展的重要举措；也预示着为铁路土地开发增添了一支重要力量。公司将更好地为铁路企业和社会合作企业发展提供全方位的智库服务，在"交通强国、铁路先行"伟大实践中展示新作为！

2018 年 7 月 5 日，由中国铁路投资有限公司、浙江吉利控股集团和腾讯公司共同组建的国铁吉讯科技有限公司（以下简称国铁吉讯公司）在京正式成立。在成立大会暨揭牌仪式上，中国铁路总公司党组书记、总经理陆东福，浙江吉利控股集团董事长李书福，腾讯公司董事会主席兼首席执行官马化腾共同为国铁吉讯公司揭牌。中国铁路投资有限公司出资 2 550 万元，出资比例占 51%。

国铁吉讯公司是中国铁路总公司唯一授权经营动车组 Wi-Fi 的企业，承担动车组 Wi-Fi 平台建设和经营。公司将通过充分利用互联网产品理念，开发休闲文化娱乐、新闻资讯、在线点餐、特色电商、联程出行、智慧零售等产品，为旅客提供站车一体化、线上线下协同的全方位、智能化融合出行服务，不断优化提升旅客出行体验，完善铁路运输服务品质。

国铁吉讯公司的成立是铁路总公司深化国铁企业改革、积极发展混合所有制经济、推动高铁网+互联网"双网融合"取得的重要成果，同时也是铁路资产经营开发领域又一个里程碑。公司将按照现代企业制度和市场化的经营机制，充分发挥各方优势，实现强强联合、合作共赢，共同努力将国铁吉讯公司打造成为国内领先、全球知名的互联网科技公司。

来源：中国铁路投资有限公司官网。

中铁国投的成立或组建，将是铁路国有资本管理体制改革的标志性措施，是全面深化铁路改革中至关重要的一步，而中铁国投的成立或组建究竟应该放在全面深化铁路改革的哪一步，需要结合具体改革环境来考虑。无论如何，中铁国投正式成立或组建的时机必须精心选择，并处理好中铁国投与铁总、18 个铁路局集团、三大专业运输公司、17 个非运输主业单位之间的关系。

8.2 助力实业：中铁国投对其他领域的投资

8.2.1 中铁国投的双重使命

在全面深化改革过程中，国有企业改革一直都是重中之重，而国有资本投资运营公司在深化国有企业改革中起到关键作用，是实现以管企业为主向以管资本为主转变的关键环节。铁路在我国发展中具有战略地位，是国民经济大动脉、关键基础设施和重大民生工程，是综合交通运输体系骨干和主要交通运输方式之一，在我国经济社会发展中的地位和作用至关重要。作为国有资本国有企业改革的关键领域，未来在铁路领域成立或组建中国铁路国有资本投资运营公司是必然趋势。目前，在电力、石油、天然气、铁路、民航、电信、军工等重点行业，已推动了两批共 19 家中央企业开展混合所有制试点改革。中国铁路国有资本投资运营公司的成立将进一步推动铁路混合所有制改革，同时拓宽铁路建设资金来源渠道，有效落实国家在铁路各领域的所有权政策。

中铁国投成立或组建后，其使命是推动铁路各领域国有企业布局结构调整，同时按照市场化的运作方式进行投资。中铁国投的股东都是各个独立的出资人、企业法人，按照市场化原则操作的。

简言之，中铁国投承担着双重使命：

一是推动铁路各领域国有企业结构布局调整。具体说来，中铁国投主要承担优化铁路国有资本布局结构、提升铁路产业集中度、提高铁路国有资本运营效率等重大使命，重点支持铁路各国有企业及铁路国有骨干企业产业布局优化、转型升级、专业化整合、国际化经营等项目，是服务于国家供给侧结构性改革、推动国有企业及国有骨干企业转型升级和结构调整的市场化运作的专业投资平台。

二是通过市场化投资获取回报，实现铁路国有资本的保值增值。同其他领域已成立试点的国有资本投资运营公司一样，中铁国投成立的另一使命是实现铁路国有资本的保值增值。中铁国投将采取市场化的改革措施和管理手段，以铁路产业资本投资和股权运营为主，着力提高铁路领域企业的竞争力，改善铁路国有资本的分布结构和质量效益，增强铁路国有资本的活力、控制力和影响力的同时，实现铁路国有资本的保值增值。

中铁国投的双重使命决定了未来中铁国投将在全面深化铁路改革过程中扮演着至关重要的角色，作为市场化运作的专业投资平台，中铁国投将探索铁路国有资本投资运营的有效模式，引领带动以管资本为主深化铁路国企国资改革；同时，紧紧围绕推动实体产业发展，落实供给侧结构性改革。

8.2.2　中铁国投对相关领域的投资

中铁国投在铁路工程、装备、路网、运营等领域都将发挥重要作用，它是国家对铁路国有资本的专业化管理平台，通过中铁国投的市场化运作，优化铁路各领域产业布局，提高资源配置效率，实现铁路国有资本的保值增值。

1．工程领域

铁路工程是指铁路上的各种土木工程设施，同时也指修建铁路各阶段（勘测设计、施工、养护、改建）所运用的技术。铁路工程是我国交通运输建设领域的重要组成部分，铁路工程建设肩负着中国铁路"走出去"的重要使命。

中国铁路国有资本投资运营公司将全力贯彻党中央、国务院关于全面深化改革的若干重要决策部署，大力推进铁路改革，重点针对项目主导方的投资需求，以股权投资的方式提供融资支持，通过市场化运作获取相应的投资回报。目前，国内铁路工程领域发展较好的企业以中国中铁股份有限公司（简称"中国中铁"）和中国铁建股份有限公司（简称"中国铁建"）为代表，这两家企业均已上市。

中铁国投在铁路工程领域企业的股权投资应以该领域发展态势优良且具备一定规模，但还未上市的公司为主要对象，大力扶持其在铁路工程领域的发展，并且需要占据其较高股权，以便体现国家意志。

中铁国投依据所占股权比例行使出资人职责，并派出股东代表参加股东大会，参与决定工程领域各公司的经营方针和投资计划，审议批准董事会、监事会或者监事的报告、公司的年度财务预算方案和决算方案，对公司合并、分立、解散、清算或者变更公司形式做出决议等。

通过对铁路工程领域发展前景良好的公司的股权投资，促进形成铁路工程领域企业"百花齐放"、竞相发展的蓬勃局面；同时，促进各类资源在企业之间的流动，优化资源配置，加速形成优势互补、强强联合的局面。中国中铁和中国铁建等发展态势良好的企业在中铁国投的增资扩股下，也不断提高企业竞争力，与铁路工程领域其他新兴企业共同发展。

2. 装备领域

铁路装备是指轨道、机车、货车、机动客车、电气信号、交通管理设备以及车辆零件等铁路设备的总称，是保障铁路高效、快速、安全运营的重要基础设施。中国铁路装备为我国铁路运营提供重要设备设施，是中国高铁"走出去"的重要支撑对象。在国有企业改革浪潮下成立或组建的中国铁路国有资本投资运营公司，肩负着助力中国铁路"走出去"的重大责任。

中铁国投通过对铁路装备领域企业的股权投资来实现国家对该领域的管理与控制，而国家对铁路装备领域的控制力体现在中铁国投投入该领域企业的资金上，国家对铁路装备领域需保持一定的控制力，但不能绝对控制，以便充分激发铁路装备企业的市场竞争力。因此，中铁国投应通过科学、合理的铁路装备投资计划决策手段，对铁路装备投资规模及投资方向进行把控，促进提升铁路装备管理水平，盘活既有铁路装备存量，提高铁路装备使用效率，进一步优化新增购置铁路装备结构，支持装备技术进步，提高投入产出效益。

在我国铁路装备领域，具有代表性的企业有中国中车和中国通号。中国中车是经国务院同意，国务院国资委批准，由中国北车股份有限公司、中国南车股份有限公司按照对等原则合并组建的A+H股上市公司，而中国通号是由中国铁路通信信号集团公司作为主发起人，联合中国机械工业集团有限公司、中国诚通控股集团有限公司、中国国新控股有限责任公司和中金佳成投资管理有限公司共同发起设立的。中铁国投可借鉴中国中车和中国通号两种具有代表性的模式。

第一，横向整合，在铁路装备领域将具备一定实力的企业进行合并，通过专业化整合，优化资源的配置，提升技术创新能力，降低企业管理和经营成本，使经济效益稳步上升。

第二，纵向合并，形成各类行业互相融合、共同发展的新企业。例如，中国通号由中国通号集团母公司、机械工业实业公司、中国诚通、中国国新和中金佳成等金融公司共同组成。

中铁国投可针对不同情况，采取横向整合或纵向合并的方式，对铁路领域装备企业进行投资与管理，通过对整合或合并企业的股权投资来实现国家对铁路装备领域的管理与控制。

铁路装备属于功能领域中的战略产业领域，铁路装备企业是重要领域大型国有骨干企业，虽然具有一定的竞争力，但为了体现高端装备"走出去"等国家政策，国家仍应保持一定的国有股权控制力。现阶段，笔者建议对整合或合并的企业采取相对控股的形式，持股比例依具体改革情况而定，中铁国投依据出资份额，即所持股权比例，履行出资人职责，其持股比例的增减需据各个时期国家发展计划和装备领域企业发展状况而定。当中铁国投所持股的装备领域企业产业技术发展成熟时，再择机逐步降低中铁国投所持股权比例，改为国家参股形式，届时让更多的社会资本参与进来，在市场竞争活力得以释放、市场配置资源程度加大的同时，提高铁路装备企业竞争力，积极推动中国铁路"走出去"的发展规划。

3．路网领域

我国铁路网运关系调整后，可通过中国铁路国有资本投资运营公司来实现国家对铁路路网的绝对控制。

中铁国投如何通过股权投资来实现国家对铁路路网的绝对控制，有两种方式：第一，持有路网公司全部股权，即路网公司为国有独资公司形式，此时路网公司是一个以公益性为主的企业；第二，持有路网公司大于 50% 的股权，路网公司为混合所有制形式，此时路网公司是一个以经营性为主的企业。

针对第一种情况，中铁国投持有路网公司 100% 的股权。其优势在于，可充分体现铁路公益性运输性质，切实承担社会责任，维护国家安全，充分体现国家意志。但其不足之处在于，投资主体单一，此种模式将其他所有形式的资本拒之门外，阻碍了其他类型的资本进入铁路路网，未将各类资本充分利用起来共同助力铁路国有资本改革，无法充分激发市场竞争活力。

针对第二种情况，中铁国投仅需持有路网公司略大于 50% 的股权即可实现对铁路路网的绝对控制。其优势在于，一是既实现了国家对铁路路网的绝对控制，又放大了国有资本的控制力、影响力；二是投资主体多元化，充分吸引各类资本参与到铁路路网建设中，放活市场竞争机制，也避免了铁路网络建设完全依赖国家财政支持的被动局面。但不足之处在于，相比国有独资形式，其在对实现铁路公益性运输、承担社会责任、维护国家安全方面的重视程度可能会略显不足。

笔者建议，中铁国投对路网公司的所持股权略大于 50%，实现国家对铁路路网的绝对控制即可，其余股权由各类社会资本持有，即路网公司为混合所有制企业。统一的路网公司将负责铁路路网等基础设施的建设、维护、运营，为所有参与市场竞争的运营主体提供基于路网的无差别服务，维护市场公平竞争，有利于充分发挥路网运输能力，减少行业内的利益冲突，吸引社会投资，充分发挥其基础设施的服务职能，进而在整个行业形成良好的竞争生态，促进行业内部资源优化。

铁路路网固然要保持统一，国家要对其保持绝对控制，无论是采取国有独资还是混合所有制形式，都要依据现实铁路改革的具体情况而定,中铁国投究竟选择何种方式来实现国家对铁路路网的绝对控制,有待继续深入探讨与研究。

4．运营领域

在网运关系调整到位之后,中铁国投将在铁路运营领域发挥至关重要的作用。

在铁路运营领域,中铁特货、中铁快运、中铁集装箱都是中国铁路总公司直属的专业运输公司,也是目前中国铁路运营领域仅有的 3 家专业运输公司。

按照笔者的设想,未来在中国铁路运营领域将会形成"3+N+N"的并存局面,即三大专业运输平台,N 家铁路物流公司,N 家铁路旅客运输公司并存发展。其中,三大专业运输公司中仅有中铁集装箱旗下的铁龙物流已完成上市计划,另外 N 家铁路专线物流公司和 N 家铁路旅客专线运输公司均有待促成和发展。

铁路车站(车务)有行车、客运、货运三大职能。现代物流领域的竞争十分激烈,然而铁路货运组织形势却十分严峻。笔者认为,铁路货运组织改革成立货运中心并逐步把货运业务从车站(车务)分出来,其最终成果是按照现代物流企业的标准形成一批具有竞争力的货运公司,待到时机成熟之际,再将客运也从车站分出来,那时车站就只具有行车职能。分离出来的货运中心、客运中心逐步做实成为具有独立法人资格的运营公司,即 N 家铁路专线物流公司和 N 家铁路旅客专线运输公司。

中铁国投可对三大专业运输公司增资入股,一方面,助其上市;另一方面,实际控股三大专业运输公司,从而更加便于落实和执行国家关于铁路运营领域的改革政策。值得注意的是,国家通过中铁国投对三大运输公司所持有的股份比例不宜过高,相对控股即可。

除了对三大专业运输公司进行股权投资外,中铁国投还可与各中央企业或国有企业联合在铁路运营领域共同设立专项基金,通过该基金的运作来进行投资和战略布局,促进形成 N 家铁路物流公司和 N 家铁路旅客运输公司等众多铁路运输企业相互竞争、共同发展的蓬勃局面,充分放开铁路运营市场。允许各类社会资本举办铁路运营公司,有实力的铁路物流公司或铁路客运公司，可自行参与铁路运营，无须国有资本投入，真正做到完全放开铁路运营市场。

2016 年 12 月召开的中央经济工作会议上指出，要把混合所有制改革作为国有企业改革突破口，在电力、石油、天然气、铁路、民航、电信、军工等领域迈出实质性步伐，铁路一直是混合所有制改革的重点领域。中铁国投通过股权投资来控制三大专业运输企业和设立专项基金来对铁路运营领域众多专线物流公司和旅客专线运输公司的发展壮大提供资金支持，有利于促进"3+N+N"局面的形成，进一步推进铁路运营领域混合所有制改革。

5．其他领域

中铁国投除了对铁路工程、装备、路网、运营等领域企业进行投资外，还可将投资活动拓展到其他领域，如可增加对港口、快递公司的投资。

当前，中国铁路货运市场充满了挑战，但与此同时也带来了巨大的机遇。公路快递物流跨界发展加快，零担物流专线整合加速，整车物流方兴未艾。公路物流正朝着大数据、大车队、大通道、标准化、生态化、智能化的方向发展，而且有加速之势。一旦这个趋势形成闭环，铁路物流则有被边缘化的巨大风险，而一旦铁路物流失去竞争优势，其所占市场则会逐渐缩小，最直接的影响就是货运量减少，运营收入降低。

因此，若铁路能实际控制一批港口、快递公司，将 3+N+N 与这批港口、快递公司联合起来，就能将铁路运输与公路运输、水路运输充分衔接起来，促进多式联运形成、合作共赢的同时，也相互竞争，共同发展。

笔者在铁路改革研究丛书的《铁路的国家所有权政策研究》一书中曾建议，中铁国投可由"大交通"领域的中央企业以及各级地方国有企业分别出资。其中，笔者提出中铁国投可由大型港口企业参与出资，如大连港、青岛港、连云港、盐田港等，也曾特别建议由有实力的快递快运企业出资，如圆通速递、申通速递、中通速递、韵达速递、德邦快运等。此处，笔者认为，上述港口、快递公司，一方面，既可成为中铁国投的出资人，促成中铁国投的成立或组建；另一方面，中铁国投成立或组建后，也可对其进行股权投资，即中铁国投与上述港口、快递公司可交叉持股，而各方持股比例须根据实际情况确定。

中铁国投与各港口、快递公司交叉持股，对各方发展都具有极大益处。首先，中铁国投的成立或组建需要各类资本支持，此类港口、快递公司均可成为中铁国投的出资人；其次，中铁国投对港口、快递公司增资入股，既能促进提高这些港口、快递公司的竞争力，又能够将铁路运输与公路运输、水路运输充分衔接起来，促进多式联运的形成。

总而言之，中铁国投除了在铁路领域进行投资外，也应该涉及其他领域的投资，特别需要对港口、快递公司进行股权投资，从而实际控制一批港口与快递公司，便于在出资人层面促进铁水联运和公铁联运。

8.2.3　铁路国有资本在各领域之间的流动

1. 各领域企业交叉持股

铁路工程、装备、路网、运营等领域企业在国家战略中扮演着不同的角色，对我国铁路的发展有着不同的功能和意义。国家通过中铁国投对不同领域企业进行股权投资，通过所持股权比例的不同来实现国家对各领域的不同所有权政策。为便于阐述，笔者将铁路划分为工程、装备、路网、运营和资本等相对独立的 5 个领域，但实际上铁路国有资本仍会根据国家发展战略的需要，在几个领域之间流动和调整。笔者建议，铁路各领域企业可通过交叉持股来实现铁路国有资本在几大领域企业间的流动和调整。

2015 年 9 月印发的《关于深化国有企业改革的指导意见》曾明确提出，要积极促进国有资本、集体资本、非公有资本等交叉持股、相互融合。2017 年年初，国资委主任肖亚庆在部署 2017 年国有企业改革重点工作时，再次强调了这一点。国有企业之间相互交叉持股，是国有企业改革顶层政策设计的重要选项之一。

【专栏 8-3】 央企交叉持股开辟国企改革新路径

2017 年 10 月 12 日，鞍钢股份公告称，鞍钢集团为加强与中国石油天然气集团公司的战略合作，优化鞍钢股份股权结构，拟将其持有的鞍钢股份 6.5 亿股 A 股股份（约占本公司总股本的 8.98%）无偿划转给中石油集团。以当天（笔者注：2017 年 10 月 12 日）收盘价计算，该笔股份价值 42.38 亿元。而在此之前的 9 月 13 日（笔者注：2017 年），中石油集团将中国石油 4.4 亿股无偿划转给鞍钢集团，以中国石油当前股价计算，该笔股份价值 35.07 亿元。

除了中石油与鞍钢集团交叉持股的实例外，2016 年以来，包括国投集团、武钢集团、诚通集团、宝钢集团、中船集团、中国远洋集团在内的央企均进行过交叉持股。

2015 年 12 月，中国远洋的 3%、2.45%、2% 股票分别无偿划转给中国诚通下属公司北京诚通、武钢集团及中船集团；国投新集 2016 年 4 月 12 日晚间公告称，公司控股股东国投公司拟将其持有公司的 A 股股票 12 693.65 万股（占公司总股本 4.9%）无偿划转给中国海运（集团）总公司。8 月 15 日，宝钢股份发布公告称，控股股东宝钢集团拟通过无偿划转方式将持有的公司 8 亿股 A 股股票划转给中石油集团；9 月 20 日，武钢股份公告称，武钢集团拟通过无偿划转方式将持有的公司 24 729.76 万股 A 股股票划转给北京诚通金控投资有限公司，24 729.76 万股 A 股股票划转给国新投资有限公司。

资料来源：安宁.央企交叉持股"联姻"开辟国企改革新路径[N].证券日报，2017-10-14（A01）.

种种迹象表明，交叉持股已成为国有企业改革的新路径、新模式。笔者认为，铁路各领域企业之间通过交叉持股可以加强各企业之间的战略合作，促进铁路国有资本在各领域之间的流动与调整，优化各企业的股权结构，加速推进国有资本监管从管企业转向管资本的进程。

铁路领域各企业交叉持股可达到的效果：第一，可进一步强化当前国有企业改革以资本为导向的改革逻辑，优化国有资本布局结构，进一步加快推动国有资本监管从管企业转向管资本；第二，有利于加强铁路各领域企业间的整体战略协同，推动相互持股的企业结成稳定的战略联盟；第三，有利于实现企业股权结构上的多元化配置、在企业经营管理中获得新的管理理念与管理模式、避免产品同质化竞争、减少企业之间的内耗与非理性同业竞争等，并能够较好地求得平衡。

当前，国有企业改革已经步入深水区，中央企业之间推行交叉持股，有利于取长补短，形成产业联动效应，成为国有企业改革的一条新路径。在铁路领域推行交叉持股，实现铁路国有资本在各领域之间的流动与调整，也将成为铁路改革的一条新路径。

2．跨领域融合发展

中铁国投在全面深化铁路改革中起着关键作用。虽然笔者出于对我国铁路改革发展论述建议的需要而将铁路分为工程、装备、路网、运营、资本几大领域，且各个领域看似独立，但中铁国投的出现并不意味着各企业只能在其所属领域内"单枪匹马"作战。相反地，作为铁路工程、装备、路网、运营等领域企业的共同出资人，中铁国投除了支持和鼓励企业在其各自领域内发展壮大外，还应肩负起积极引导和鼓励各领域企业融合发展的重任。

除了以交叉持股的方式实现铁路国有资本在各领域之间的流动，还可在中铁国投的支持下采用重组整合的方式实现铁路企业跨领域发展。例如，中铁高新工业股份有限公司（简称"中铁工业"，SH.600528）是中国中铁股份有限公司（简称"中国中铁"）深入贯彻党中央、国务院深化国有企业改革战略，优化国有资本配置，推动产业聚集和转型升级，重组整合中铁山桥、中铁宝桥、中铁科工和中铁装备成立的 A 股上市公司。可见，除了原本主攻的铁路工程领域，中国中铁还通过重组整合的方式成立了中铁工业，实现了工程向装备的跨领域发展，这也为铁路企业跨领域发展提供了参考与借鉴。

铁路企业跨领域发展，可由中铁国投与有意向且有条件跨领域发展的企业共同出资，通过比较与考察等市场化的方式，筛选出几个适合的公司，将其重组整合为一个集多方资源综合发展，且具备一定竞争力的新公司。新公司完全按照市场化方式运作，其股权由中铁国投及原重组整合的几个公司共同持有，持股比例需结合新公司的发展定位及各公司出资份额确定，根据出资份额行使股东权利。

若在铁路改革过程中由于时机不成熟或其他原因暂未及时成立中铁国投，但又存在有条件且欲跨领域发展的铁路企业，则此时只能由各公司自行重组整合。如此一来，可能导致重组整合后的铁路国有企业大而全，且易出现主业不突出、核心竞争力不强、资源配置效率低等情况。由此可见，成立中铁国投，并由中铁国投统筹铁路各领域企业以实现其跨领域联合发展具有重要性和必要性，同时，由中铁国投来统筹协调相关发展事宜，也可进一步优化铁路产业布局结构，合理配置铁路资源，有效避免重复建设、恶性竞争、资源浪费、环境污染等问题。

总的来说，铁路企业跨领域发展需要综合考虑多方因素，既要继续发挥企业在原所属领域内的核心竞争力与优势，这是企业跨领域发展的前提和基础，又要考虑跨领域发展所面临的一系列问题。如何既不影响企业发挥原所属领域的竞争力，同时又使跨领域发展获得一定成效，成为铁路企业实现跨领域发展的关键。

铁路企业跨领域发展以市场为主导，企业为主体和与政府支持相结合，有利于发展行业先进生产力和淘汰落后产能、化解过剩产能，有利于做强做优做大主业并与相关产业融合发展相结合，还能有效提高产业集中度和优化生产布局，推进技术进步和升级。

3．在资本市场的直接交易

除了交叉持股和重组整合两种方式，中铁国投还可以在资本市场上（特别是二级市场）以直接买入或者卖出股票的形式，实现资本在各个领域的流动。

在这种情况下应当注意：由于中铁国投是大股东，手里持有的铁路各领域股权较多，如果允许中铁国投任意买卖，很容易引起这些领域上市公司股价异常波动，因此应该限制它的交易行为（如一年之内不得进行卖出、买入的反向操作），只能让中铁国投做被投资企业的战略投资者，而不能做依靠买卖股票挣取差价的财务投资者。

8.3　规范治理：中铁国投良好运行的保障机制

8.3.1　建立现代企业法人治理结构

中铁国投是财政部（或国资委）授权经营铁路国有资本的公司制企业，是以股权投资业务为主的自主经营、自负盈亏、独立核算的法人实体。因此，其法人治理结构应由 4 部分组成：股东大会（若为独资公司，则无股东大会）、董事会、监事会、经理层。

1．股东大会

中铁国投的股东会或股东大会由其全体股东组成，体现的是所有者对公司的最终所有权。

若国家为中铁国投的唯一出资人，此时，中铁国投为国有独资公司，由于只有国家这个唯一的投资主体，所以中铁国投不设股东大会，其出资人职责由财政部或国务院授权的国有资产管理机构(即国资委）履行。

若中铁国投的出资人不唯一，则各出资人根据出资份额履行股东职责，由出资人派出股东形成股东大会。

股东大会的主要职责：决定公司的经营方针和投资计划；选举和更换董事,决定有关董事的报酬事项;选举和更换由股东代表出任的监事，决定有关监事的报酬事项；审议批准董事会、监事会或者监事的报告、公司的年度财务预算方案和决算方案;对公司增加或者减少注册资本做出决议；对公司合并、分立、解散、清算或者变更公司形式做出决议；审议法律、法规和公司章程规定应当由股东大会决定的其他事项等。

2．董事会

若中铁国投为国有独资公司，财政部（或国资委）可将部分股东权利授予公司董事会，并且董事长及董事会的成员也由其出资人即财政部（或国资委）指定和委派（中管干部由中央管理）。

若中铁国投的出资人不唯一，则公司董事由股东大会通过选举产生，所有董事组成一个集体领导班子成为董事会。董事可以是股东，也可以不是股东。

董事会负责执行股东大会的决议，作为公司的决策机构，其主要职责：接受股东或股东大会的委托，做出公司的重大决策，决定公司的经营计划和投资方案，制订公司增加或者减少注册资本、发行债券或其他证券及上市方案，制订公司的年度财务预算方案、决算方案，制订公司的利润分配方案和弥补亏损方案，决定公司内部管理机构的设置等，同时将执行权委托给经理层，还拥有对高级经理人员的聘用、奖惩以及解雇权。

3．监事会

监事会是由股东大会选举产生的独立行使监督权，对企业经营生产管理运作情况、财务状况及其他影响企业发展的重大事项进行监督的法定监督机构，在企业治理结构上对股东大会负责[41]。监事会与董事会并立，独立地行使对董事会、总经理、高级职员及整个公司管理的监督权。

中铁国投的监事会成员的主要职责：检查公司财务；对董事、高级管理人员执行公司职务的行为进行监督，对违反法律、行政法规、公司章程或者股东会决议的董事、高级管理人员提出罢免的建议；当董事、高级管理人员的行为损害公司的利益时，要求董事、高级管理人员予以纠正；提议召开临时股东会会议，在董事会不履行本法规规定的召集和主持股东会会议职责时，召集和主持股东会会议；向股东会会议提出提案等。

4．经理层

经理层由董事会聘任，对董事会负责，执行董事会决策。中铁国投经理人应由董事会根据公司的发展需要，从市场中按照市场机制选择和聘任，其应为具备优秀管理者的各项素质与技能的职业经理人。职业经理人受中铁国投所有者委托，以公司绩效最大化为目标经营管理企业，维护中铁国投的正常运作，并承担公司资产保值增值的责任。

经理人的主要权责：实施董事会决策；负责公司日常管理，包括内部设置和管理规章；负责内部员工选聘、管理，并决定员工报酬等。

8.3.2　建立长效发展机制

1．选择适宜的出资人方案

在中国铁路国有资本投资运营公司的资本来源方面，笔者建议：

第一，由国务院或者地方人民政府授权的本级人民政府国有资产监督管理机构出资，或者由财政部出资。此时，中国铁路国有资本投资运营公司的投资主体为国家，是国有独资公司。

第二，由中国国家产业结构调整基金等国家级基金出资。铁路是国家重要的先导性、支柱性产业，由国家产业结构调整基金出资组建或参与中国铁路国有资本投资运营公司，体现了国家支持与重视铁路改革发展的意志，是关于铁路的国家所有权政策的重要体现。

第三，由铁路相关大型中央企业出资，如大型装备企业（如中国中车、中国通号）、大型工程企业（如中国铁建、中国中铁）、大型物资企业（如中国铁物）。铁路领域上述企业共同出资组建或参与中国铁路国有资本投资运营公司，对促进铁路路网、运营、装备、工程领域各类企业融合发展具有重要意义。

第四，由"大交通"领域中央企业以及各级地方国有企业分别出资，如大型民航企业（中国国航、东方航空、南方航空等）、大型港口企业（如大连港、青岛港、连云港、盐田港等）、大型航运企业（如中国远洋海运集团等）。我们特别建议，由有实力的快递快运企业出资，如顺丰控股、圆通速递、申通速递、中通速递、韵达速递、德邦快运等。上述企业共同出资组建或参与中国铁路国有资本投资运营公司，不仅有利于充分吸引各类资本投资铁路，而且从资本融合的角度对促进多式联运具有重要意义。

第五，由铁路运输上下游领域内中央企业以及各级地方国有企业分别出资，如大型煤炭企业（如中国神华）、大型钢铁企业（如宝武集团）、大型石化企业（如中国石油、中国石化）、大型汽车企业（如一汽集团、东风汽车、上汽集团等）。上述企业共同出资组建或参与中国铁路国有资本投资运营公司，不仅有利于充分吸引上述企业投资中国铁路，而且对上述企业"降本增效"具有重要意义。

第六，由一切对铁路感兴趣的社会资本（包括个人资本，甚至境外资本等）出资。

中国铁路国有资本投资运营公司的出资人可以不唯一，这是基于铁路国有资本不同于其他国有资本的特点决定的，铁路建设所需资金规模巨大，投资回报周期长，因而需要广泛吸纳一切可以利用的资本发展壮大铁路行业，进一步深化铁路改革。

在成立或组建中国铁路国有资本投资运营公司时，根据上述潜在出资人，笔者认为有以下几种出资人方案（见表 8-1）：

方案 1：由财政部（或国资委）出资成立或组建中国铁路国有资本投资运营公司。此时国家为唯一出资人，中国铁路国有资本投资运营公司为国有独资公司。

方案 2：由国家产业结构调整基金等国家级基金、各中央企业、国有企业共同出资来成立或组建中国铁路国有资本投资运营公司。此时，中国铁路国有资本投资运营公司为各大中央企业、国有企业、国家级基金共同参股的股份制企业。

方案 3：由财政部（或国资委）和国家级基金（如国家产业结构调整基金），以及各大国有企业、中央企业共同出资。此时中国铁路国有资本投资运营公司为财政部（或国资委）、国家级基金、各大中央企业、国有企业共同参股的股份制企业。

方案 4：由公有资本和非公有资本（即社会资本）共同出资来成立或组建中国铁路国有资本投资运营公司，形成公有资本与非公有资本共同参股的混合所有制企业。

表 8-1　中国铁路国有资本投资运营公司出资人方案及组成

方案编号	出资人	公司或企业形式
1	财政部（或国资委）	国有独资公司
2	国家产业结构调整基金等国家级基金+中央企业+国有企业	股份制企业
3	财政部（或国资委）+国家产业结构调整基金等国家级基金+中央企业+国有企业	股份制企业
4	公有资本+非公有资本（社会资本）	混合所有制企业

在成立或组建中国铁路国有资本投资运营公司时，其出资人组合

的方案并不局限于上述 4 种。在当前及今后一段时期内，在国有资本国有企业改革的背景下，上述 4 种情况是符合我国国情和铁路改革的出资人方案。对铁路国有资本的改革将是新时期铁路国有资本国有企业改革的关键环节，成立或组建中国铁路国有资本投资运营公司成为铁路国有资本改革的必然趋势。在实际改革过程中，究竟选择哪种出资人方案，取决于实际改革情况。不同的出资人组合方案各有优势。

针对方案 1，由于出资人为国家，此时中国铁路国有资本投资运营公司为国有独资公司，作为国有独资公司，其全部资本由国家投入。其优势在于，更能充分地体现国家的意志和利益，确保国有资产的保值增值，便于实现国家调节经济的目标，优化产业布局。但其不足之处在于，仅有国家唯一一个投资主体，此种模式将其他所有形式的资本拒之门外，阻碍了其他类型的资本进入铁路行业，未将各类资本充分利用起来，共同助力铁路国有资本改革，无法充分激发市场竞争活力。

针对方案 2，中国铁路国有资本投资运营公司是由国家级基金、各大中央企业、国有企业共同出资而形成的股份制企业，将多个利益主体以集股经营的方式结合在一起，能适应社会化大生产和市场经济的需要，有利于强化企业经营职能。虽然此种形式的投资主体相比国有独资公司更多元，但缺少了国家财政的投入，中国铁路国有资本投资运营公司资金运转的稳定性在一定程度上受到影响。再者，在体现国家意志和利益方面，其相比国有独资的形式就弱化了。

针对方案 3，出资人构成在原方案 2 的基础上增加了财政部（或国资委），在具备方案 2 优势的同时，弥补了其弱化国家意志和利益的不足，以及其资金运转可能出现不稳定的情况。但此种形式的企业运行机制仍然缺乏一定的灵活性，没有充分放开各类资本进入铁路行业的限制，无法放活市场竞争机制。

针对方案 4，由财政部（或国资委）、国家产业结构调整基金等国家基金、各大中央企业、国有企业、社会资本共同出资组建或成立的中国铁路国有资本投资运营公司为混合所有制企业。此种形式将各类资本充分调动和利用起来，共同助力深化铁路改革，不仅能实现铁路国有资本在各铁路国有企业之间的流动，还能确保铁路国有资产的保值增值，有利于优化铁路领域产业布局。这对加速我国社会主义市场经济体制、现代企业制度的建立和完善都起着重要作用。

不同的出资人组合方案各有其特点和优劣，结合当前及今后一段时期我国国资国有企业改革的背景，笔者建议选择方案 4 来作为新时期成立或组建中国铁路国有资本投资运营公司的出资人方案。需要注意的是，在此种方案中，各类投资主体依据出资份额履行出资人职责，其中，财政部（或国资委）与各大中央企业、国有企业的出资份额均应大于社会资本的出资份额，以便体现国家意志和利益，同时也便于实现国家在铁路各领域不同的所有权政策。

2．明确对铁路各领域企业的出资政策

中国铁路国有资本投资运营公司是财政部（或国资委）授权经营铁路国有资本的公司制企业，是国家与铁路各领域企业之间的"中间层"；同时，它也是铁路国有资本的直接出资人代表，拥有铁路各领域企业的股权，代替财政部（或国资委）履行出资人职责，致力于中国铁路国有资本的投资与运营，使铁路国有资本能够比较顺利地在各铁路国有企业之间流动，便于实现铁路各领域的发展目标和功能定位，也有利于铁路国有资本的保值增值。

国家委托财政部（或国资委）代理监管铁路国有资产，作为铁路国有资产的监管机构。财政部（或国资委）的主要职责：受国家委托，代理行使铁路国有资产的所有权，具体负责监管铁路国有资产的运作，其监管绩效受国家监督。

中国铁路国有资本投资运营公司以股权的形式参与铁路工程、装备、路网、运营、等领域实业企业，通过对铁路各个领域企业进行投资和运营，根据不同领域企业的特性而进行绝对控股、相对控股或是参股，不干预企业的生产经营活动，体现国家在铁路资本领域的所有权政策，实现铁路各领域企业的良好运营，合理规划、整合市场资源，优化铁路产业布局，进一步促进我国铁路发展壮大，同时也为出资人带来相应的收益。

近年来，我国铁路发展迅速，以中国铁建和中国中铁为代表的铁路工程领域企业也取得了一系列重大成就。新时期，我国对铁路工程

的所有权政策在很大程度上将会影响铁路工程相关企业的发展方向与规模。因此，为使铁路国有资本能够比较顺利地在各铁路国有企业之间流动，从而实现铁路各领域的发展目标和功能定位，切实保障铁路国有资本的保值增值，提高企业竞争活力，国家对铁路工程的控制力不应过度，但需保持较高股权，以体现国家意志，在保证国家对该领域仍具有一定控制力与影响力的同时，注意有效提高企业经营效率。中国铁路国有资本投资运营公司投入铁路工程领域有关企业的资金只需做到对其有一定的控制力和影响力即可，中国铁路国有资本投资运营公司代表国资监管机构履行出资人职责，不干预企业的运营。

中国铁路国有资本投资运营公司在国家管理铁路国有资本的过程中有着重要作用，它是国家对铁路国有资本的专业化管理平台，国家对铁路装备领域的控制力体现在中国铁路国有资本投资运营公司投入该领域的资金上。虽然当前我国铁路装备领域不断发展壮大，但铁路装备技术与管理经验与发达国家仍存在一定差距。为了进一步优化铁路装备领域产业布局，同时积极鼓励中国铁路"走出去"，国家对铁路装备领域投入的资金需做到对该领域有一定的控制力和影响力，在铁路装备领域保持较高股权，以体现国家意志，同时应充分利用市场配置资源，通过市场机制提高效率。由于国家对铁路装备领域需保持一定的控制力，但不能绝对控制，以便充分激发铁路装备企业的市场竞争力。因此，中国铁路国有资本投资运营公司应通过科学、合理的铁路装备投资计划决策手段，对铁路装备投资规模及投资方向进行把控，促进提升铁路装备管理水平，盘活既有铁路装备存量，提高铁路装备使用效率，进一步优化新增购置铁路装备结构，支持装备技术进步，提高投入产出效益。

新时期成立或组建的中国铁路国有资本投资运营公司在网运合一体制下无法充分发挥效用，国家对铁路路网和运营应该以怎样的方式来进行管理与控制也会受到网运合一体制的严重阻碍。总的来说，网运合一体制严重阻碍了社会资本进入铁路，以致无法提高我国铁路运输效率，不能充分激发铁路运输市场的竞争。要使中国铁路国有资本投资运营公司在铁路路网和运营领域充分发挥作用，网运分离成为必要前提。考虑到路网的整体性与运营的竞争性，国家对这两个领域的控制力度有所不同，为充分发挥路网基础设施的整体优势，中国铁路国有资本投资运营公司投入铁路路网的资金应做到对铁路路网的绝对控制；铁路运营是可以完全放开的竞争性业务，应具有充分的市场竞争性，为激发铁路运输市场活力，国家应适度降低对铁路运营的控制力度，中国铁路国有资本投资运营公司投入铁路运营领域企业的资金只需做到对其保持相对控制即可。国家对铁路路网和运营领域的控制力度不同，必然就需要在各领域采取不同的出资政策。因此，只有在网运分离的条件下，才能进一步体现出国家对铁路路网的绝对控制和对铁路运营的相对控制，进而充分体现出国家对铁路国有资本不同领域的所有权政策。

8.4 本章小结

本章的主要内容如下：

（1）随着国有企业改革的不断进行，国有资本管理体制不断完善，在重要领域、重要行业改组或组建国有资本投资运营公司，以国资改革深化国有企业改革，成为新一轮国有企业改革的重要举措。

（2）国有资本投资运营公司试点成效显著，在铁路领域成立或组建中国铁路国有资本投资运营公司，成为新时期进一步深化和促进铁路改革的必然趋势。

（3）中国铁路国有资本投资运营公司的运行机制是其存在和发展的重要前提，构建中国铁路国有资本投资运营公司运行机制将成为中国铁路国有资本投资运营公司成立或组建后的重要工作内容，铁路改革能否顺利进行，运行机制的构建成为关键。

我们建议：

（1）在新一轮国有企业改革的浪潮下，把握机遇，在铁路领域成立或组建中国铁路国有资本投资运营公司，通过中国铁路国有资本投资运营公司来对铁路国有资本进行投资与管理，优化铁路领域产业布局，使铁路国有资本能够比较顺利地在各铁路国有企业之间流动。这对实现铁路各领域的发展目标和功能定位具有重要意义，同时也能实现铁路国有资产的保值增值。

（2）充分发挥中国铁路国有资本投资运营公司在 3 级管理体制下作为"中间桥梁"的作用，切实履行好出资人代表责任的同时，也要注意对铁路工程、装备、路网、运营，以及其他领域实业企业采取不同的投资方式，从而实现国家对铁路不同领域的所有权政策。

（3）构建中国铁路国有资本投资运营公司运行机制。中国铁路国有资本投资运营公司是按照《公司法》成立的现代企业，除按照其有关规定运作外，还应具备现代企业的决策、激励、约束机制；同时，也应构建有利于中国铁路国有资本投资运营公司的长效发展机制，明确人才培养方案、资金来源以及对铁路各领域实业企业的出资政策。

第 9 章　结论与展望

本书重点阐述了铁路路网、运营、工程、装备、资本五大领域的企业运行机制，分析了各领域企业的发展现状，并结合国内外企业的发展经验，针对各领域目前发展的难题、困境提出解决策略。

9.1　主要研究内容

本书通过归纳我国国有企业改革发展的 4 个阶段（探索阶段、突破阶段、完善阶段、深化阶段）和我国国有企业改革的 4 个层次（国家所有权政策层次、国有资产管理体制层次、企业治理结构层次、企业运行机制层次），梳理了全面深化改革的整体逻辑，指出企业运行机制在全面深化铁路改革中的地位与作用。

在直接阐述五大领域运行机制之前，本书先从理论上介绍企业运行机制所包含的一般内容，主要有企业决策机制、企业激励机制、企业约束机制，以及企业人事、劳动、分配等制度。同时涉及部分企业法人治理结构的基本理论，以便对企业运行机制有更为完整的表述。

接着，本书分析了通信、航空、电力三大领域或优秀国有企业或改革典型企业的企业运行机制，探讨了其在企业运营策略和模式方面的可鉴之处。

本书重点研究内容为如下 5 个方面：

（1）在路网领域与铁路运营分离开来并作为单独的路网企业之后，

路网企业如何履行路网规划与建设、运行线路生产与销售、列车运行调度与指挥、海外系统集成供应商等职能，如何与运营、投资、装备、工程等领域协调运作。

（2）在运营领域，从运营企业的发展变革、多元经营、产品策略等方面对铁路运营企业的运行机制进行分析。主要阐述了在"统分结合的网运分离"的改革方案中，运营企业如何从附属走向主体，如何挖掘其在经营过程中实行多元化经营的潜力，并分析了客货运产品策略、三大专业运输公司运行策略。

（3）在工程领域，本书梳理了铁路工程企业发展的 3 个时期，从决策机制、动力机制、约束机制 3 个方面阐述铁路工程企业的优化策略，并从基础设施建设任务、勘察设计与咨询服务、工程设备及零部件制造业务、房地产开发业务等方面分析其产品策略。

（4）在装备领域，本书首先介绍了铁路装备领域重点企业的概况，并对我国铁路装备企业发展的时代机遇进行了分析，后以中国中车股份有限公司为重点研究对象，分析其发展过程的"内忧"与"外困"以及如何精益求精，打造国际优质品牌。

（5）在资本领域，本书首先对中国铁路国有资本投资运营公司的组建背景及成立时机进行了讨论；其次对中国铁路国有资本投资运营公司如何在铁路领域发挥作用，如何助力铁路实业发展进行了分析；最后对中国铁路国有资本投资运营公司的规范运行提出了建议。

9.2 主要研究结论

企业运行机制是直接实现国有企业效益的层次，其高效运作需要国家所有权政策的引导以及"资产管理"和"治理结构"的支撑。企业经营策略能否改善经营状况，不是企业经营策略单一因素作用的结果，只有在国家所有权政策层次、国有资产管理体制层次、企业治理结构层次的问题解决后，各类经营策略才能最大限度地发挥作用。

在路网领域，对铁总实行"瘦体健身"是实行国家所有权政策的需要、是充分发挥市场竞争优势的需要、是根本解决铁路深层次问题的需要。"瘦体健身"后的路网公司一共有三方面的职能:一是国家铁路基础设施的建设维护者;二是国家铁路基础服务的提供者;三是与其他各产业融合发展的主导者。在路网企业选择国有独资或是混合所有制各有利弊,无论是发展混合所有制还是国有独资,在企业内部建立现代企业经营制度才是企业长期良好发展的关键。

在运营领域,铁路客货运经营在铁路中正逐步走向主体地位,未来我国铁路运营企业可在 12306 旅行服务、房地产、旅游、百货等方面发掘铁路运营的多元价值。三大专业运输公司应当定位于:基于 18 个铁路局集团提供的路网资源,打造面向物流企业的网络化干线运输能力,继续创新管理机制、提升服务质量与运输效率,在现有混合所有制的基础上进一步引进社会资本,谋求上市。

在工程领域,铁路工程领域企业应当把业务重心继续放在基础设施建设、勘察设计与咨询等传统优势业务上,而对进军新制式轨道交通车辆市场的行为应当暂缓;同时,铁路工程领域企业应当退出房地产业务的直接经营,改为采用资本融合的方式适当参与房地产业务。

在装备领域,中国中车应当持续重视技术研发创新工作与管理,形成更为完善的企业技术创新体系;将单一的产品出口转变为"产品+技术+服务+标准"的全方位出口方式,实现从"产品输出"到"方案输出"的转变;缩短产品线,在产品研发上施行"大单品"战略;与铁总采用资本融合的方式合作,在优化资源配置的同时兼顾双方利益,促进整个铁路行业的融合发展。

在资本领域,成立或组建中国铁路国有资本投资运营公司,充分发挥该公司在各类资本与企业间"中间桥梁"的作用,切实履行好出资人代表责任。同时,也要注意对铁路工程、装备、路网、运营,以及其他领域实业企业采取不同的投资方式,通过该公司对铁路国有资本进行投资与管理,优化铁路领域产业布局,使铁路国有资本能够比较顺利地在各铁路国有企业之间流动,从而实现国家对铁路不同领域的所有权政策。

9.3 研究展望

企业运行机制与企业日常运作息息相关，与实际生产管理实践密不可分。本书中涉及铁路各领域企业的运行策略大多从宏观的角度予以建议，在实际可行性上还缺乏详细的论证和研究，对于实际生产管理上的困难或有疏忽之处。

未来，希望能够继续深入企业调研，与更多企业领导、职工交流探讨，更翔实地研究企业运行现状，给出更为合理、可行的对策和建议。

在研究内容上，企业股东大会、董事会、监事会、经理层具体的运作机制，以及五大领域实行不同的国家所有权具体政策、企业功能定位、法律形式等因素对企业运行机制的影响等内容，都有待下一步研究。

由于笔者能力有限，本书尚有不成熟之处，欢迎各界人士交流探讨。本书如有不妥，恳请指正。

参考文献

[1] 刘凤义. 现代企业运行机制系统论[J]. 福建论坛（经济社会版），2001：19-22.

[2] 张崇康. 国有企业市场定位的理性思考[M]. 北京：经济管理出版社，2001.

[3] 王鹏. 当前我国国有企业改革研究[D]. 济南：齐鲁工业大学，2015.

[4] 李嘉. 改革开放的又一里程碑[J]. 江西行政学院学报，2004（S1）：66-68.

[5] 张卓元. 30年国有企业改革的回顾与展望[J]. 企业文明，2008（1）：15-18.

[6] 新华社. 中共中央关于全面推进依法治国若干重大问题的决定[EB/OL]. 新华网. [2014-10-28]. http://news.xinhuanet.com/2014-10/28/c_1113015330.htm.

[7] 应届毕业生网. 十八届五中全会精神解读"五大发展理念"[EB/OL]. 应届毕业生网.（2015-11-10）[2016-11-18]. http://wenxue.yjbys.com/zawen/85337.html.

[8] 宁向东. 国有企业改革与董事会建设[M]. 北京：中国发展出版社，2013.

[9] 于璐，于骥. 现代企业经营机制的新探索[J]. 商业研究，2003（4）：59-61.

[10] 王莹. 现代企业制度设计中的激励与约束机制[J]. 企业研究，2006（10）：60-62.

[11] 张越. "铁塔"成立，"网业分离"的前奏[J]. 中国信息化，2014

（16）：50-51.

[12] 夏竞辉. "铁塔公司"深化行业改革的有力一步[J]. 中国信息化，2014（8）：6.

[13] 姜洋. 论中国民航业的市场化改革[D]. 成都：四川大学，2007.

[14] 熊巍. 我国民用机场管理体制与运营模式改革反思[D]. 上海：华东政法大学，2010.

[15] 兴业电新. 电力混改深度报告[EB/OL].（2017-06-12）[2018-02-26]. http：//www.sohu.com/a/148280032_619374.

[16] 陈楠. 我国铁路网运分离式管理体制改革研究[D]. 长沙：中南大学，2007.

[17] 陈鸿. 国有经济布局[M]. 北京：中国经济出版社，2012：101-105.

[18] 中国网. "十三五"期间，国企混改会走多远？[EB/OL]. 国务院新闻办公室网站. [2017-04-26]. http://www.scio.gov.cn/ztk/dtzt/2015/33681/33686/33693/Document/1455038/1455038.htm.

[19] 新华网. 习近平主持召开中央全面深化改革领导小组第十七次会议[EB/OL]. 新华网. [2017-04-26]. http://news.xinhuanet.com/fortune/2015-10/13/c_1116812201.htm.

[20] 左大杰,李斌,朱健梅.全面深化铁路改革目标与路径研究[J].综合运输，2016，38（8）：19-24.

[21] 佚名. 国务院机构改革和职能转变方案[EB/OL]. 中华人民共和国中央人民政府. [2017-11-29]. http://www.gov.cn/2013lh/content_2354443.htm.

[22] 简维. 铁路运输企业改革重组方案研究[D]. 成都：西南交通大学，2012.

[23] 王亚飞，罗万鹏，孙砚. 德国铁路列车运行线产品管理体系研究[J]. 铁道运输与经济，2015（6）：68-73.

[24] 福尔克尔·布茨巴赫，狄方良. 德国铁路路网股份公司的线路使用费体系[J]. 中国铁路，2006（3）：47-51.

[25] 陶海青. 知识认知网络与企业组织结构演化[M]. 北京：中国社会科学出版社，2010.

[26] 邱薇华，李健. 城市轨道交通企业管理[M]. 北京：中国铁道出版社，2011.

[27] 蒋科. 国家出资人代表制度研究[D]. 长沙：湖南大学，2014.

[28] 中国网. "十三五"期间，国企混改会走多远？[EB/OL]. 国务院新闻办公室网站. [2017-10-19]. http://www.scio.gov.cn/ztk/dtzt/2015/33681/33686/33693/Document/1455038/1455038.htm.

[29] 冯姗姗，吴文娟，周浪雅. 日本民营铁路商业经营模式的探讨[J]. 铁道运输与经济，2015，37（2）：68-74.

[30] 陈燕. 公司组织与管理[M]. 北京：首都经济贸易大学出版社，2013.

[31] 何达. 浅探铁路工程公司"走出去"策略[J]. 高速铁路技术，2016，7（2）：85-89.

[32] 唐光. 铁路工程项目管理激励约束机制研究[D]. 长沙：中南大学，2012.

[33] 国务院发展研究中心"深化国有企业改革中的突出矛盾与对策研究"课题组，马骏，张文魁，等. 深化国有企业三项制度改革的思考[J]. 发展研究，2015（11）：9-12.

[34] 菲利普·科特勒，凯文·莱恩·凯勒. 营销管理：中国版[M]. 北京：中国人民大学出版社，2009.

[35] 贺伟跃，于广亮. 国资委定位的理论思考——以国资委要求部分央企退出房地产市场这一事件为视角[J]. 上海市经济管理干部学院学报，2011，9（3）：26-31.

[36] 孙学军，田钢，王娇. 中国铁路装备企业"走出去"策略研究[J]. 中国工程科学，2017，19（5）：33-37.

[37] 本刊编辑部. 中国诚通：国资运营公司如何在结构调整中发挥作用[J]. 国资报告，2016（8）：70-71.

[38] 中国社会科学院工业经济研究所，中国投资协会国有投资公司专业委员会联合课题组. 国有资本投资与运营——国有投资公司的时间探索[M]. 北京：经济管理出版社，2015.

[39] 张彬. 铁总或不再投资城际铁路支线铁路等项目[N]. 经济参考报，2017-01-19（3）.

[40] 国家发展改革委员会. 中长期铁路网规划[EB/OL]. 中华人民共和国国家发展改革委员会.（2016-07-13）[2017-08-19]. http://www.ndrc.gov.cn/zcfb/zcfbtz/201607/W020170213333938328309.pdf.

[41] 范运恒. 浅谈国有企业监事会的作用、现状及对策[J]. 交通企业管理，2015（3）：48-50.

后 记

　　本书是"铁路改革研究丛书"中的一本，重点研究铁路企业运行机制。

　　我国国有企业改革经过了几十年艰难的摸索，历经探索、突破、完善和深化4个阶段，初步形成了较为系统的改革经验与改革逻辑。这些经验和逻辑同样适用于庞杂的铁路系统改革。因此，面对铁路改革错综复杂的现状，我们从全面统筹和整体规划的角度，将深化铁路改革面临的问题提炼为铁路国家所有权政策、网运关系调整、现代企业制度、混合所有制、投融资体制、债务处置、公益性补偿、定价机制、企业运行机制、监管体制、改革保障机制、改革目标与路径等12个关键问题。必须再次强调的是，只有突破了铁路国家所有权政策、网运关系调整、现代企业制度等体制障碍之后，企业运行机制层面的改革才能最大限度地发挥其效能。

　　本书将理论与实践、抽象与具体相结合，一般性地阐释了企业运行机制相关的现代理论，又具体分析了路网、运营、工程、装备、资本五大领域中各典型企业的运行机制。对于已经存在的企业，如三大专业运输公司、中国中车、中国中铁、中国铁建，分析其经营现状，有针对性地提出了企业运营策略；对还未实现但在我们总体改革设想当中的企业，如"瘦体健身"后的路网公司、开放市场后大量的铁路运营公司以及中国铁路国有资本投资运营公司。对这些企业，我们详细描述了其在未来的企业职能、企业形式及其运行方式。

　　总体来说，本书内容丰富，涉及面广，实践价值高，写作难度很大。但是，考虑到当前铁路改革发展的严峻形势，急需出版中国铁路改革研究丛书以表达作者的思考与建议。该系列丛书的初衷在于试图构筑全面深化铁路改革的完整体系，因而对于若干关键问题的阐述可能还不够深入，甚至存在不少错误之处，未来的研究还需要各领域的专家学者和相关从业人员从科学理论与实际运营经验出发共同探讨，恳请各位专家与读者提出宝贵意见和建议，以便再版时修改、完善。

西南交通大学黄蓉、陈瑶、丁祎晨、唐莉、王孟云、乔正、诚则灵、任尊、雷之田、戴文涛、曹瞻、胡万明、李斌、张瑞婷、池俞良、马寓、曾江、赵柯达、杨明宇、霍跃、宗小波、熊超、卓华俊、罗桂蓉、徐莉、孙晓斐、李岸隽、陆柳洋、谢媛娣、徐跃华、丁聪、石晶等同学在本书撰写工程中承担了大量的资料收集、整理工作。感谢他们为本书的撰写和出版所做出的重要贡献。

最后，本书付梓之际，衷心地感谢所有关心本书、为本书做出贡献的专家、学者以及铁路部门的相关同志！

左大杰

2018 年 11 月于成都